JN032822

WIZARD

ゼロから学ぶ モメンタム投資

長期的に市場を打ち負かす 合理的な方法

Stocks on the Move

Beating the Market with Hedge Fund Momentum Strategies by Andreas F. Clenow

アンドレアス・F・クレノー

長岡半太郎[監修]　山下恵美子[訳]

Pan Rolling

監修者まえがき

　本書は、ACIESアセット・マネジメントのCIO（最高投資責任者）であるアンドレアス・クレノーが著した "Stocks on the Move : Beating the Market with Hedge Fund Momentum Strategies" の邦訳である。クレノーの著書の邦訳としては、すでに『**トレンドフォロー白書——分散システム売買の中身**』（パンローリング）があり、それは先物市場におけるきわめて実践的な分散型トレンドフォロー戦略の解説書として広く知られている。

　前著に対して本書は株式市場におけるモメンタム戦略を扱っているが、両者の戦略を正しく区別して理解している人は、金融業界でも皆無に近い。これらの細部はかなり異なっており、双子ではなく従兄弟ぐらいの関係にあるとみなすべきだが、モメンタム戦略は、多くの人が先入主として保有する、株式を買い持ちするという素朴概念に適合しており、一般的には心理的にやりやすい戦略だと思われる。

　さて、株式市場で投資を行う場合、最も無難な方法は市場リスクのみをデルタ1でとるインデックストレースのパッシブ運用になる。そして、もしさらに付加的なリスクをとれるのであれば、すでにリスクプレミアムとしてコンセンサスを得ているバリューやサイズ、モメンタム辺りが有力な対象候補として挙がってくるはずだ。

　モメンタムはその再現性や可用性を考えると、株式投資において賭けるに値する優れたリスクプレミアムの1つだが、バリューやサイズはアネクドータルな説明が容易で、ゆえにそれを標榜するファンドが世界にはあまた存在するのに対し、モメンタム戦略をうたったファンドは、少なくとも日本では存在しない。これは、理論上ではバリューやサイズと同じくモメンタム効果も統計的有意に観察することができるものの、投資戦略を実装する段になると、イクスポージャーをとる

1

ために工夫が必要なことや、モメンタム戦略がトレンドフォロー戦略と同じくデータドリブンな思想に基づくために、資産運用業界の組織由来の旧習によって、不当にもその価値が関係者内で否定されるからである。

このため現状の日本では、モメンタム戦略を実行できるのは進取の精神と行動力がある個人投資家だけである。本書はこの分野において、トレード戦略構築の手順を詳述した初の実務的な手引書であり、類書は存在しない。前著と同じく、そのまま本文の内容をなぞるだけで、だれでも実践的なトレード戦略を構築し、運用することができるだろう。

翻訳にあたっては以下の方々に心から感謝の意を表したい。まず山下恵美子氏には正確で読みやすい翻訳を、そして阿部達郎氏は丁寧な編集・校正を行っていただいた。また本書が発行される機会を得たのはパンローリング社社長の後藤康徳氏のおかげである。

2022年4月

長岡半太郎

兄、マティアス・クレノー（1973年1月9日〜2015年6月30日）を偲んで

謝辞

　本書を書くのは非常に楽しい作業だった。それもひとえに偉大なる人々から多大なる支援を得たからにほかならない。彼らからの励まし、インスピレーション、コメント、提案は本書を完成させるうえで非常に貴重なものだった。特に感謝したい人々は以下のとおりである。

　フレデリック・バーナード、ジュリアン・コーエン、フィリップ・ハンギ、ジョン・ブーアマン、リカルド・ロンコ、ディディエ・アバット、パトリック・タン、トム・ロリンジャー、エルク・スバシ、キャスリン・カミンスキー、ラファエル・ルッツ、マイケル・ベネット、フランソワ・ルーカス、イブ・バルサー、ミーベイン・ファーバー、ニゴル・コウラジアン、グレッグ・モリス、ニティン・クプタ、ジョン・グローバー、アレス・ベセルカ、ジャニ・タリッカ、ニック・ラッジ、トーマス・ハックル、ラリサ・サスセンコバ。

　この場を借りて心より感謝する。

第1章 序文
Preface

　本書は1つのトレード戦略に関する本である。その戦略とは、「上昇している株を買う」である。考えそのものは非常にシンプルで、何ら新しいものはなく、概念としても目新しいものではない。本書は、モメンタム株ポートフォリオをマネジメントするという明確でシステマティックな方法を提供することが目的である。

　本書で提示するアイデアはクオンツヘッジファンドマネジャーとして働いてきた私の経験に基づくものである。私はこの10年にわたって、ファンドのポートフォリオをこの概念やほかの戦略に基づいて運用してきた。シンプルなアイデアというものは時の試練に耐えるものだ。だからと言って、必ずしも実行が簡単というわけではない。しかし、概念はシンプルなほうがよい。本書の場合、概念は至ってシンプルだ。しばらくの間、力強く上昇してきた株は、その傾向がもう少し長く続く傾向がある。これが中核となる考え方である。

　私は数年前にも『トレンドフォロー白書──分散システム売買の中身』（パンローリング）という本を書いた。これは私が長年にわたって使ってきた先物のトレンドフォロー戦略に関する本である。同書を書くとき私が思ったのは、「だれもこの本に気づきさえもしないだろうな。おそらく賛否両論あるに違いない」ということだった。私にとっての最大の懸念は、同書が300ページという長大な論文のようなも

のであることを問題視されることだった。しかし、それがむしろ良かったようだ。まさに的を射た本だったのである。

　驚いたことに、私が懸念したことを問題視する人はいなかった。一度たりとも問題視されることはなかった。それどころか、この本は売れて、私も出版社も驚いた。そして出版から2年後に、ファイナンス本の著者のトップ5％に入ったことを告げられた。予想もしていなかっただけに、とてもうれしかった。ここに至るまでの過程で私は多くのことを学んだ。

モメンタム投資

　本書はシステマティックな株式モメンタム戦略について書いたものだ。モメンタム投資は、弱気相場が発生したときに資金を保護できることから、お金をマネジメントする合理的な方法と言えよう。問題は、銘柄をどのように選ぶか、いつどれくらい買うか、いつ売るかといったルールを作成するのが難しいことである。実際に実行する前にトレード戦略の現実的なシミュレーションを構築したいと思っているのであれば、私はそれをぜひともお勧めする。しかし、モメンタム戦略はモデル化が非常に難しい。

　概念そのものは簡単だが、信頼の置けるシミュレーションを構築するのは非常に難しい。データは値段が高く、使うのが難しいし、現金配当、これまで指数に組み込まれたり外されたりしてきた銘柄、上場廃止になった銘柄を考慮する必要がある。さらに、大量のデータを処理できる強力なシミュレーションプラットフォームも必要だ。このシミュレーションについては私がすでに行い、本書では結果と分析結果のみを提示している。

　もちろん、必要なツールとデータを取得した人が私が行ったシミュレーションを再現することができるように、詳細も提示する。違う結

果になった人は、どんなことでも構わないので知らせてほしい。

　本書では株式モメンタムポートフォリオをマネジメントするための完全ルールを提示する。これらのルールは過去には非常にうまくいったが、これからもうまくいく可能性は高い。どうか安心して使ってもらいたい。

なぜ本を書くのか

　これは必ず聞かれる質問だ。なぜ私は本を書いて、極秘のメソッドを公開するのだろうか。この疑問は個人のトレードコミュニティーでよく見られる誤解に端を発する。私は自分や自分のビジネスを損なうようなものは公開しない。トレード手法というものはそれほど単純なものではない。

　株式のモメンタムトレードの世界には数十億ドルプレーヤーはたくさんいる。彼らは私が本書で書いているような原理に従ってトレードしている。まったく同じではないが、似た原理を使っている。彼らには多くのリサーチスタッフがいて、莫大な予算も付いている。本書には、彼らが知らないようなものや、理解できないようなものは何一つ書かれていない。だから、私は秘密を隠す必要などないのである。

　多くの人が本書を読んで、本書のアイデアに従ってお金を運用できるようになるのであれば、そんな素晴らしいことはない。それで私の収益が下がったり、彼らにお金を取られるようなことはけっしてない。モメンタム戦略ですでにどれくらいのお金が運用されているかということを考えれば、個人投資家が本書を使って運用するお金などたかが知れているのである。

　本書を読んだが、戦略を実行する時間がない人、あるいは忍耐力がない人は、私のアセットマネジメント会社にぜひとも資産運用をお任せいただければと思っている。本書で戦略を説明することには喜びを

感じるが、多くの人は依然としてプロの投資マネジャーを必要としているのが実情だ。

　私がなぜ本を書くのかという質問に戻ろう。私が本を書くのは、第一に楽しいからである。私は本を書くのが大好きで、最初の本を出版したあと多くの読者から反響があった。こうした読者とのつながりを大事にしたい。第二に、本を書いても何も失うものがないからである。私は自分にとって障害となるような秘密は漏らさない。私のアイデアがほかの著者のアイデアよりも少しばかり優れていることを願うばかりだ。私の本はアイデアを細かく説明している。第三に、アセットマネジメントに興味を持ってくれる新たな顧客を見つけられる可能性があるからである。

　そして、本を書くことがお金儲けのためなら、私は本を書いたりはしない。

第2章 投資信託の問題点

　先進国の人で投資信託に投資していない人はほとんどいないといっても過言ではないだろう。たとえ個人で投資信託に投資していなくても、あなたの年金ファンドは投資信託に投資しているはずだ。投資信託は論理的な解決策のように思えるし、政府や大学や銀行は、個人が株式市場に参加する完璧な解決策として投資信託を称賛してきた。

　しかし、投資信託を買う前に、投資信託がどういったものなのか、どのような仕組みなのかを十分に知っておく必要がある。しかし、投資信託が何を目指しているのか、その目的に対してどのように取り組んでいるのかを知る人はほとんどいない。もっと重要なのは、投資信託の過去の実績を知ることである。アセットマネジメントは数量化が可能なビジネスで、投資商品の実績を比較分析することは非常に簡単である。

　集団投資スキームは古くから存在するが、現在あるような投資信託業界が生まれたのは1980年代と比較的遅い。投資信託が作られたのは、だれでもできるかぎり簡単な方法で少ない資金で株式市場に参加することができるようにすることが目的だった。もちろん、個人でも株式バスケットを買うことで市場に参加することはできるが、実際上の問題がいくつかあることにすぐに気づくだろう。例えば、S&P500のような指数を見て、そのリターンが気に入ったので複製したいと思った

15

ら、500銘柄もの株式ポジションを持たなければならない。実際には指数におけるウエートが非常に低い銘柄もあるため、500銘柄の半分だけ買えば指数のほぼ完璧な複製はできるだろう。しかし、ウエートや指数に組み込まれる銘柄の変更を常に監視して、指数にマッチするようにポートフォリオをマネジメントしなければならない。こういったことをしなければ指数と同じリターンを得ることはできない。おそらく、リターンは指数を上回るか下回ることになり、指数とまったく同じリターンを得ることはできない。

それに、長期にわたる貯金目的で月100ドル投資したいとしたらどうだろうか。株式は端数では買えないため、これは不可能だ。わずか30銘柄で構成されたダウ平均を買いたい場合でも、月100ドルといった少ない金額では買うことはできない。たとえ買うことができたとしても、リバランスが必要になり、人がやりたがらないような、あるいはできないようなそのほかの面倒なこともやる必要もある。

こういったいろんなことを考えると、あまり資金のない人々の救世主であり、金融市場を民主化する投資信託を買ったほうがよいだろう。各投資信託は特定の指数に連動することを目指している。小口投資家のあなたは100ドルを投資すれば、ほかの投資家のお金とまとめられて、指数を複製するように投資される、ほとんどの場合は。

投資信託の運用目的は特定の指数のリターンを上回ることである。このように運用成績をベンチマークと比較する運用を相対投資という。つまり、投信会社の仕事は投資家のためにお金を儲けることではないということである。えっ？　投資家のためにお金を儲けないってどういうこと？　投信会社の仕事は特定の指数を上回るようにリターンを上げることなのである。指数が損失を出したとすると、ファンドマネジャーの仕事は指数よりも損失額を少なくすることなのである。強気相場では、ファンドマネジャーの仕事は指数を若干上回るリターンを上げることなのである。このことを知っていれば、それでよい。

投資信託の世界にはトラッキングエラーバジェットというものがある。ファンドマネジャーは指数を打ち負かすためなら何でもできるというわけではない。トラッキングエラーとは、投資信託のリターンが指数のリターンからどれくらい乖離しているかを測定したものだ。投資信託の日々のリターンは指数の日々のリターンと比較される。許容されるトラッキングエラー（またはトラッキングエラーバジェット）は通常は非常に小さい。投資信託のリターンは指数のリターンと大きく乖離することは許されない。

相互確証破壊

投資信託が実際にやっていることは、ファンドに集まったお金を指数のウエートと同程度の比率でアロケーションすることである。例えば、指数におけるある銘柄のウエートが5.2％だったとすると、投資信託におけるその銘柄のウエートは5％から5.4％になるといった具合だ。ファンドマネジャーは彼や彼の組織の投資に関する考えを考慮する余裕などほとんどない。時には、彼らは指数から若干大きく乖離することもあるが、これは非常に危険だ。

機関投資業界の格言で、「IBMを買って首になった者はいない」という言葉がある。これは、みんながやっていることと同じことをやっていれば安全だ、という意味である。あなたが損をすれば、ほかのみんなも損をしているので、あなた1人が責められることはない。一方、あなたが独自に判断して、最良と思うものを買って損をすれば、首になるかもしれないし、少なくとも非難はされるだろう。十分な収入の得られる仕事を持っているときの最も安全な道は、みんながやっていることと同じことをやることである。

その結果、みんなが同じことをやるという巨大な投資信託ビジネスが成立する。

これもそれほど悪いことではないかもしれない。結局、指数に連動して投資すれば、あなたは欲しいものが手に入る。そうではないだろうか？　しかし、そう断定するのは早すぎる。支払わなければならないものもある。優れたファンドマネジャーは年に7桁の収入を稼ぐ。銀行は管理報酬、信託報酬、アドミニ費用などを取る。もちろんファンドは投資信託を販売する銀行の投資銀行部門とも取引をするので、こうした手数料を下げるインセンティブはない。投資信託からお金を吸い上げる方法はたくさんある。銀行が投資信託を大好きなのはそういうことなのである。投資信託はおいしいビジネスなのである。

手数料が高くてもパフォーマンスが良ければ必ずしも問題になるわけではない。しかし、そのためにはファンドは指数を大きく上回る運用成績を上げなければならない。そうすれば、手数料を支払うことができ、投資家も満足する。投資信託業界が大成功したことを考えると、投資信託の長期的なリターンは非常に高く、顧客に対して明確な価値を示したことは間違いない。

こうしたことを監視するのを仕事にする人がいるのはよいことだ。SPIVA スコアカード（アクティブ運用の投信についてそれぞれのベンチマーク指数に対する一定の投資期間におけるパフォーマンスを示したもの）を考えてみよう。これはインターネットで簡単に入手可能だ（https://www.spglobal.com/spdji/en/research-insights/spiva/）。

表2.1を見てみよう。表の各数字についてはのちほど説明する。数字はあなたが考えているものとは違うかもしれない。

表の数字はベンチマークをアンダーパフォームしたファンドの比率を示している。つまり、求められる仕事をしなかったファンドの比率である。例えば、過去3年においてアメリカの全投資信託の77.53％が求められる仕事をしなかった。**表2.1**を見ると、ファンドの圧倒的多数が過去3年と過去5年においてはベンチマークをアンダーパフォームしていることが分かる。なかには90％を超えるものもある。過去

表2.1　2013年末のSPIVAリポートによる投資信託のそれぞれのベンチマーク指数に対するパフォーマンス

ファンドカテゴリー	比較指数	1年（%）	3年（%）	5年（%）
すべての米国株ファンド	S&Pコンポジット1500	46.05	77.53	60.93
米国の大型株ファンド	S&P500	55.80	79.95	72.72
米国の中型株ファンド	S&P中型株400	38.97	74.00	77.71
米国の小型株ファンド	S&P小型株600	68.09	87.32	66.77
米国のマルチ・キャップ・ファンド	S&Pコンポジット1500	52.84	80.38	71.74
大型成長株ファンド	S&P500成長株	42.63	79.78	66.67
大型コアファンド	S&P500	57.74	80.56	79.39
大型バリュー株ファンド	S&P500バリュー株	66.56	76.75	70.26
中型成長株ファンド	S&P中型成長株400	36.72	79.37	86.19
中型コアファンド	S&P中型株400	43.48	67.27	83.94
中型バリュー株ファンド	S&P中型バリュー株400	45.33	73.97	67.14
小型成長株ファンド	S&P小型成長株600	55.61	86.10	69.60
小型コアファンド	S&P小型株600	77.70	91.10	74.73
小型バリュー株ファンド	S&P小型バリュー株600	78.99	88.00	60.74
マルチキャップ成長株ファンド	S&Pコンポジット成長株1500	38.14	86.54	68.56
マルチキャップ・コアファンド	S&Pコンポジット1500	62.74	84.51	77.15
マルチキャップ・バリュー株ファンド	S&Pコンポジットバリュー株1500	49.21	70.68	67.98
不動産ファンド	S&P USリート	50.00	86.71	80.28

出所＝S&Pダウジョーンズ指数、CRSP（CRSPとは、Center for Research in Security Prices。シカゴ大学証券価格調査センター）。2013年12月31日現在のデータ。アウトパフォーマンスは均等加重のファンドの個数に基づく。指数のリターンはすべてトータルリターン

１年ではアンダーパフォームしたファンドが50％を下回るものもいくつかあるが、これは１年だけで見て幸運であった可能性があることを示しており、どのファンドも長期的なパフォーマンスは良くない。

　これらの期間はファンドがうまくいかなかった何らかの理由があるのではないかと思うかもしれないが、残念ながらそうではない。どの年も多かれ少なかれ同じような状態だ。これらのリポートはSPIVAサイトで入手することができるので、過去と比較してみるとよいだろう。これらの数値を見ると、投資信託業界は一貫して失敗したことが分かる。要するに、投資家の観点から言えば失敗だったということである。一方、銀行は大儲けしている。

　パフォーマンスが悪かったのは必ずしもファンドマネジャーの過失というわけではないことを理解することは重要だ。彼らは指数と同じ比率でほぼすべての資本をアロケーションすることが強いられるのである。もちろん、彼らは好きな銘柄のウエートを上げ、嫌いな銘柄のウエートを下げ、弱気のときは若干のお金を現金で保有することもできる。彼らはパフォーマンスに影響を及ぼすようなツールも持ってはいるが、手数料というハードルを乗り越えられるほど十分なものではない。毎年赤字からスタートし、手数料の分を稼ぐのがやっとである。私は彼らの仕事をうらやましいとは思わない。大変なフラストレーションのたまる仕事だ。支払小切手が切られるまでこれは延々と続く。

ETF

　ETF（上場投資信託）は優れものだ。ETFは最初は投資信託の背景にある考えを論理的に延長したものにすぎなかった。投資信託の導入によって一般大衆は広範な市場に投資することができるようになった。彼らは突然、広範に分散することができるようになり、少額でも株価指数に参加することができるようになったのである。それに個人

的な投資判断もする必要がなくなった。これはすべてファンドマネジャーがやってくれるからだ。しかし、これまでに見てきたように、ファンドマネジャーは宣伝どおりの運用成績は上げていない。

　この問題を解決してくれるのがETFである。ETFは指数を完璧に複製するようにコンピューターにファンドをマネジメントさせる。ETFに投じられたお金は、ファンドが連動する指数に含まれる全銘柄に、指数とまったく同じウエートで配分される。指数から乖離することはなく、遅延もなく、手数料もコストも安い。その結果、指数にほぼ完璧に連動する商品が出来上がるというわけだ。

　ETFを買うのであればパッシブETFがお勧めだ。パッシブETFは指数に連動しているので、指数に投資するのと同じだ。しかし、ここで指摘したいのは、指数を買うのはあまり魅力的とは言えないかもしれないということである。指数をベンチマークとするアクティブな投資信託を買うよりも、パッシブなS&P500ETFを買うほうがずっと魅力的だ。

　ETFは最初はすべてパッシブなインデックストラッカーだった。これは偉大な概念だ。ただし、ETFとしてパッケージされる仕組み商品が増えているので注意が必要だ。

　今や非常に危険で投資家をだますような仕組みデリバティブがたくさん存在し、普通のETFとして売られている。ETFを購入するときには、それがどういう商品なのか調べることが重要だ。ETFの名前にだまされないようにしなければならない。

　エンハンスト型ETFやインバース型ETFは買ってはならない。特定の指数に明示的に連動していないETFは避けたほうがよい。

　一例としてインバース型ETFを考えてみよう。S&P500のインバース型ETFを買ったとすると、リターンはS&P500と逆になる。S&P500が上昇（下落）したら、ETFの基準価格は下落（上昇）する。ダブルインバース型ETFだと、その効果は2倍になる。

基準日については確かにそうだが、基準日から離れるにつれてファンドの変動率は原資産の変動率から乖離していく。これらのファンドが基準日と同じような変動率を示すには、ファンドは毎日リバランスする必要がある。オプションに詳しい人は分かるはずだ。

通常のS&P500ETF、S&P500インバース型ETF、S&P500ダブルインバース型ETFの価格が長期的にどうなるかを見てみよう。**図2.1**を見ると分かるように、インバース型ETFは、指数が短期的に非常に大きく下落したときを除いて、常に下落する傾向がある。

インバース型ETFで理解しなければならないのは、あなたがトレードしているのはデルタではなく、ガンマであるということである。オプショントレーダーならすでにご存じのはずだ。つまり、インバース型ETFやダブルインバース型ETFは、価格の変化よりもボラティリティの変化に敏感に反応するということである。インバース型ETFを買うということは、実際にはボラティリティのショートポジションを取るのと同じなのである。

これがインバース型ETFの仕組みだ。インバース型ETFのパフォーマンスを1日で指数に連動させたい場合、リバランスが必要になるが、問題は、インバース型ETFを買った人々にそういった説明がなされるとは限らないということである。彼らは指数と逆のパフォーマンスが1週間にわたって、1カ月にわたって、あるいは1年にわたって得られると思っているのである。

簡単に説明しておこう。指数が100からスタートするとする。1日目、指数が10％下落する。したがって、指数の今の価格は90で、インバース型ETFの価格は110、ダブルインバース型ETFの価格は120である。インバース型ETFにとっては幸先の良いスタートだ。翌日、指数は100に戻る。11％の上昇だ。インバース型ETFはスタート時点に戻るとお考えだろうか？　しかし、そうではない。インバース型ETFは110から11％下落したので97.8になり、ダブルインバース型ETFは120

図2.1 インバース型ETF

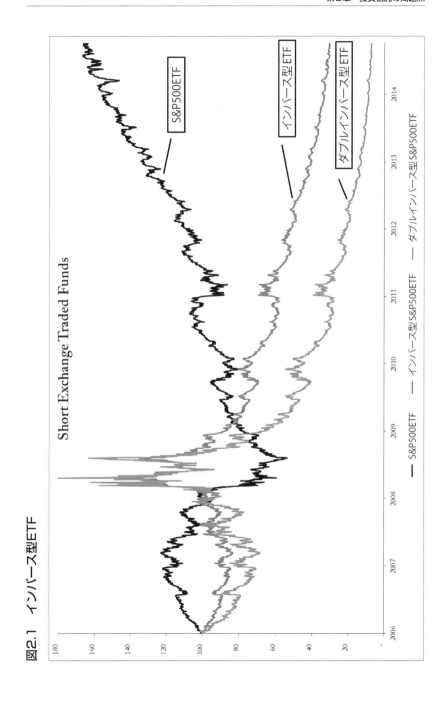

Short Exchange Traded Funds

—— S&P500ETF　　—— インバース型S&P500ETF　　—— ダブルインバース型S&P500ETF

から22％下落したので93.3になるのである。

　これがしばらく続くと、インバース型ETFの価格は**図2.2**のようになる。指数は、少し上下動しながら横ばいを続けるが、最終的には横ばいになる。こうした状況下ではインバース型ETFは下落し続け、ダブルインバース型ETFはもっと大きく下落する。

　インバース型ETFは悪いETFの典型例だ。インバース型ETFは誤解を与える商品で、仕組み商品のことを知らなければいとも簡単に損失を出す。ETFの世界はこのように投資家をだますようなデリバティブの巣窟なのである。

　ETFはプレーンバニラのインデックストラッカーなら素晴らしいものだ。しかし、ほかのタイプのETFには注意が必要だ。

図2.2 インバース型ETFのパフォーマンス

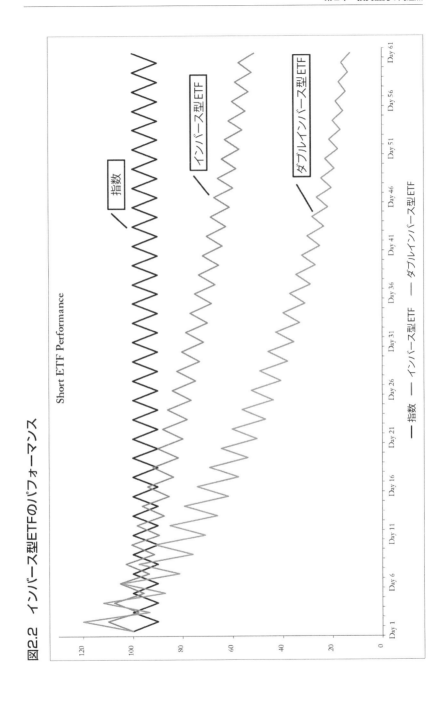

Short ETF Performance

── 指数 ── インバース型ETF ── ダブルインバース型ETF

第3章 株式は最も難しいアセットクラス

Equities is the Most Difficult Asset Class

　多くの投資家は株式に魅力を感じる。なぜなら、株式は最も簡単な
アセットクラスのように思えるからだ。私たちはみんな、多かれ少な
かれ、会社とは何か、そして会社の株とは何かを知っている。コモデ
ィティ価格、債券利回り、外国通貨などを考えるよりも、株式にかか
わったほうが楽なように思えるのである。

　ほとんどの人は自分が理解している会社の株を買う。毎朝スターバ
ックスに行ってコーヒーを飲めば、スターバックスの経営状態を理解
できるし、iPhoneが好きならアップルの株を買うだろう。もちろん
これは幻想にすぎない。スターバックスのコーヒーを飲んでも、アッ
プルのiPhoneを使っていても、将来の株価を予測するのには何の役
にも立たない。あとになって株価を予測したように思えるだけである。

　これはだまされやすい幻想にすぎない。上場企業の名前を見て、自
分の経験をその企業の名前と関連づければ、いとも簡単にその影響を
受ける。その企業の商品が好きなら、株価は上昇するはずだと思い、
その企業の商品が時代遅れであったり欠陥商品であれば、株価は下落
するはずだと思ってしまう。しかし、こういった考えはその会社の株
をトレードするのには何の役にも立たない。

　過去の大きな値動きを振り返って、それは自明だった、と思うこと
はよくあることだ。例えば、1990年代にはマイクロソフトの株価は10

年間で100倍に暴騰したが、そんな動きを見て、マイクロソフトはソフトウェア業界だけでなく、世界の株式市場をも支配したのだから当然だよ、とあなたは言うだろう。何せマイクロソフトはDOSという素晴らしいOSのメーカーであり、一般家庭にパソコンを普及させるきっかけとなったWindows95のメーカーだったのだから。たとえ1990年代に何らかの理由でconfig.sysやautoexec.batを使って拡張メモリーの使用率を常に最適化し直すことをしていなかったとしても、マイクロソフトは向かうところ敵なしであることは分かったはずだ。しかし、これは今だから言えることであり、そのときは分からなかった。当時は狂気がはびこり、人々は明日はないと言わんばかりに、たがが外れたようにハイテク株を買った。しかし、マイクロソフトを買った人は、ワールドコム、グローバルクロッシング、AOLをはじめ、急上昇しているそのほかの株も買った。今買わなければ乗り遅れるとばかりに。

　偉大な商品を擁し、偉大な戦略を持つ会社が株式市場では振るわないことがよくある。これとは逆に、バカげていると思える概念がもてはやされることもよくある。こんなときは、株価がヘッドラインを飾るほど上昇するまで待つことだ。そうすれば、なぜそうなったのかがはっきりする。週末に行われたアメリカンフットボールの試合について、だれもが月曜の朝にあれこれ文句を言うという古い言葉がある。ヨーロッパ人の私はクオーターバックが何をする人なのかよく知らないが、あとからあれこれ言うような人間にはなりたくないものだ。

　企業や業界のファンダメンタルズ分析が得意な人がいる。彼らは長期的な将来に何が起こるのかを予測する専門家で、極めて詳細な分析を行うのが普通だ。ファンダメンタルズ分析は非常に難しいゲームで、商品の好き嫌いをはるかに超えた深いものだ。これらのアナリストは１つのセクターや少数の株に特化して分析することが多い。会社の収入やBS（バランスシート）を事細かに分析する。これだけのハード

ワークを考えると、ファンダメンタルズ分析は金融市場を分析する完璧なアプローチだが、これはフルタイムのプロがやる仕事であって、本書のやるべき仕事ではない。

　似たような幻想に、自分が働いている会社の株をトレードするのは有利だと信じるというものがある。人々は、会社のインサイダー情報を知ることが市場を理解するうえで役立ち、トレードにおいてエッジ（優位性）が得られると思っているようだ。しかし、あなたが会社の経営陣や取締役会の一員でないかぎり、そんなことはあり得ない。たとえ経営陣でも、または社外取締役の場合、重要な発表の直前といった特殊な状況以外では有利になるとは思えない。もちろん一般的には、こういった特殊な状況を利用してトレードするのは違法だ。

　実際には、自社株買いは合理的ではない。第一に、他社の株を買うのに比べてけっして有利にはならない。もし有利になるのであれば、上場会社の社員は自社の株をトレードすることで、給料よりも多くを稼ぐことができるだろう。こんなものは幻想でしかない。さらに悪いことに、既存リスクが何倍にもなる。あなたはすでに自分が働いている会社に対してリスクイクスポージャーを抱えている。働きが悪ければ解雇されるかもしれないし、働きが良ければ昇給も昇進もあるだろう。何らかの合理的な理由もなく自社株買いをすれば、会社に対するリスクは上昇する。

同調圧力

　株式の世界は無限の可能性があるような印象を与える。トレード対象となる株は無数にある。つまり、ありとあらゆる業種の企業が存在するということである。コングロマリット、電気通信会社、製薬会社、金鉱採掘会社、インターネット会社、石油探索会社などいろいろな企業が存在する。事業分野はそれぞれに大きく異なるので、株価は独立

して動くと考えるのが論理的だろう。

　ただ、問題はそうなってはいないことである。トレード対象は無数にあるが、肝心なときにはどの株もトナカイのように同じように動く。えっ、何だって？　そもそも羊のたとえ話は大げさなことが多い。私はスカンジナビア人だ。トナカイに関しては私のことを信じてほしい。

　通常の市場状態では、株はある程度独立した動きをしているように見える。しかし、強気相場になると、ほとんどの株は上昇するが、良い株はもっと大きく上昇する。強気相場ではほとんどの株は株価指数と非常に高い相関性を持つため、巨大な株式ポートフォリオを持っていたとしても、市場全体に大きく依存する。指数が上昇すれば、あなたのポートフォリオの株もほとんどが上昇する。そして、指数が下落すれば、もちろんポートフォリオの株のほとんどが下落する。

　弱気相場では株式間の相関は、いきなり１に近づく。市場が突然暴落すると、もはや隠れる場所はなく、すべてのものが同時に下落する。そして、市場全体が大幅に下落したあとに一時的に戻ると、すべての株式が同時に上昇する。これでは分散のしようがない。今、あなたが保有しているのは、さまざまな値のベータなのである。

　これは株式戦略で最も難しい問題だ。すべてのアセットクラスを同時にトレードしているとすると、あなたは当然ながら分散しようとしているはずだ。トウモロコシ、原油、日本円、株式は共通点がほとんどなく、したがってそれぞれに独立した動きをするのが普通だ。しかし、株式だけをトレードしているとすると、分散なんて贅沢なことは言っていられない。

　株式における分散の欠如は注意しなければならない点だ。株式戦略の場合、必ず大きなベータポジションを取ることになる。保有する銘柄が多いほど、戦略は指数をより厳密に複製することができる。これは重要なことだが、このことをよく知り、これを念頭に入れて戦略を設計するかぎり、これは必ずしも問題にはならない。ベータリスクを

意図的にとることは悪いことではないが、そのことをよく知り、市場が悪くなっているときはベータを持たないようにすることが重要だ。

サバイバルバイアス

S&P500はモメンタム指数だ。ナスダック100、ダウ平均、ラッセルなど、そのほかの株価指数のほとんどもモメンタム指数だ。これから考えれば、株価指数は基本的には長期モメンタム戦略であることが分かってくるはずだ。

もちろん、S&P500は時価総額加重指数であって、「モメンタム」はS&P500指数の構成銘柄を決めるときには使われない。

S&P500の構成銘柄になるには、その銘柄は流動性が高く、NYSE（ニューヨーク証券取引所）かナスダックに上場し、時価総額は53億ドル以上でなければならない。時価総額とは企業の理論的価値を評価するときの指標で、上場企業の現在の株価に発行済株式数を掛けたものである。これの意味するものは明白だ。ある銘柄が指数に含まれるということは過去の値動きが大きかったことを意味する。ある銘柄が上場廃止になったということは、値動きが小さく、時価総額の条件を満たさなくなったからである。S&P500やそのほかのほとんどの指数がある程度はモメンタム戦略であるのはこういう理由からである。

こういった指数の長期チャートを見るとき、それはモメンタム戦略のチャートを見るのと同じである。株価が高い銘柄は指数に含まれ、株価が低い銘柄は指数から外される。銘柄はしばらくの間は株価が低くても指数に含まれるが、下落が長く続くと、指数からは外される。指数から外されたあと、その銘柄の株価が下落し続けても、指数は何らの影響も受けない。指数とはモメンタム株の銘柄選び戦略のようなものである。

つまり、指数とは株式市場を実際よりも良く見せるものなのである。

これはまたテンバガーを入手できるという幻想も生み出す。テンバガーとは買ったあと株価が10倍に跳ね上がる銘柄を意味する。いわゆる、大化け株だ。つまり、株価が1000％になるということである。S&P500の銘柄を見ていると、10年前に買わなかったことが悔やまれる銘柄もあるはずだ。しかし、10年前にはその銘柄はS&P500に含まれていなかった。その銘柄は10年間で驚くべき株価の上昇を遂げたので、今は指数に含まれているだけだ。10年前には聞いたこともなかった銘柄かもしれない。たとえ聞いたことがあったとしても、おそらくその銘柄はハイリスクな小型株の1つだっただろう。

　トレード戦略を構築してシミュレーションを行うときは、このことを考慮することが非常に重要だ。

　例えば、一定の状況になったら株を買うトレードモデルを構築したとしよう。一定の状況とは、あるレンジをブレイクしたり、売られ過ぎになったときになるのだろうが、ここではそんなことはどうでもよい。この戦略をシミュレーションプラットフォームにプログラミングして、現在のS&P500構成銘柄で過去20年にわたって検証すると、結果は素晴らしいものになるだろう。結局、この戦略は株価が過去に大きく上昇したバスケットから株を買う戦略なのだから。

　重要なのは現実的な株式ユニバースを使うことである。これの良い方法は、S&P500などの指数に含まれる全銘柄を検証することだが、過去に指数に含まれていた銘柄も検証に含めることだ。つまり、過去の任意の日に指数に含まれていた銘柄をシミュレーションプラットフォームに知らせるということである。こうすることで、過去の各日に指数を構成していた銘柄のみを考慮してシミュレーションすることが可能になる。これでサバイバルバイアスは削除か、大幅に減少させることができる。

　この方法で重要なのは、上場廃止した銘柄も含めることだ。10年前には上場していたが、今では上場廃止になっている銘柄はたくさんあ

る。おそらくは倒産したか、ほかの会社に吸収合併されたからだろう。
理由はどうでもよいが、重要なのはシミュレーションではできるだけ
現実的なパラメーターを使うということである。

　上場廃止になった企業の株価は惨憺たるものだっただろう。しかし、
これらの企業をシミュレーションに含めなければ、結果は良すぎるも
のになる。それでトレードを始めると、現実がシミュレーションとは
程遠いことを辛い経験を通して知ることになる

分割統治

　株価に影響を与えるコーポレートアクションにはいろいろなものが
ある。そのほとんどはシンプルで、簡単に調整できる。これらは通常、
実質的にすべてのデータソースのなかで自動的に調整される。例えば、
株式分割の場合、人工的なギャップが発生しないように自動的にバッ
クアジャストされる。これはこれでよいが、問題は現金配当である。

　一般大衆が入手できる時系列データのほとんどでは配当は無視され
ている。あなたがこれまでに見てきた株価チャートのほとんどかおそ
らくすべては、配当を完全に度外視している可能性が高い。プロの金
融関係者向けの高価な市場データプラットフォームのデフォルトチャ
ートでも配当は無視されている。

　通常、チャートは株式分割や似たようなコーポレートアクションで
は調整されている。調整されていなければ、それは簡単に分かる。一
例として、アップルの2014年の株式分割の例を見てみよう。その年の
6月、アップルは1対7の株式分割を行った。つまり、株価は突然7
分の1（それまでの株価の14.286％）になったが、保有株の数は7倍
に増えたということである。2014年6月6日の終値は645.87ドルだっ
たが、週明けの月曜日からは分割調整後ベースの92.72ドルで取引が
始まる。株価は大きく変わったが、実際には何も変わっていない。

株式分割を行っても実際には何も変わらないが、これはちょっとしたマーケティング上のトリックとして機能する。株式分割は、会社が株価が高くなりすぎたため、人々が簡単に買うことができなくなったと言っているのと同じである。もちろん、これは必ずしも正しいわけではない。なぜなら、株価水準そのものはその会社が安いか高いかを測る測度ではないからだ。発行済株式数もファンダメンタルズも将来的な展望も同じ2つの会社を比較したとすると、株価そのものはわずかに若干の関連性があるだけにとどまる。

　株式分割を行っても実質的には何も変わらず、分析的価値もないが、株価の時系列データには影響を及ぼす。アップルの場合、調整しなければ、650ドル辺りで取引されていた株価が1日で85％も下落することになる。株の保有者にとっては大きな損失を被ったかのように見えるが、実際にはそんなことはない。

　これを調整するには、過去の時系列データをすべて計算し直せばよい。1対7の株式分割の場合、分割前のすべての価格に0.142857を掛ける。図3.1を見ると分かるように、未調整の価格は意味をなさない。2014年の夏に株価が85％も下落したという事実はないし、時系列データにはギャップがあってはならない。でも、心配は無用だ。これは無料のインターネットサイトを含め、すべてのマーケットデータプロバイダーが自動的に行ってくれる。

　配当についても同じである。株価の実際の値動きを正しくとらえるためには、過去の時系列データをすべて調整する必要がある。株式分割の場合、通常は調整ファクターが0.5だが、配当の調整ファクターはこれよりもはるかに小さい。配当を調整するときの標準的な方法では、受け取った現金はただちに同じ株に再投資するものと仮定する。この方法を使えば、調整ファクターを簡単に計算することができるし、過去の時系列データは簡単に調整することができる。

　実際上の細々としたことはあまり気にする必要はない。こうした調

図3.1　アップルの株価（株式分割で調整した場合と調整しない場合）

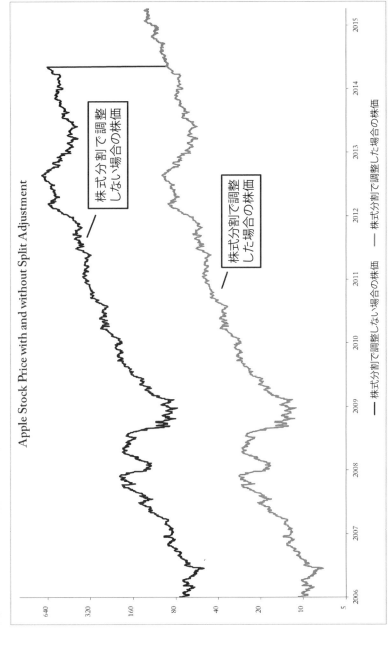

整の一般的なロジックと調整から得られるメリットを理解しておくことは役に立つが、こうした調整を自分でやろうとするのは現実的とは言えない。長期にわたる株価の時系列データをシミュレートしたり分析を行ったりするつもりなら、トータルリターンデータを買うことをお勧めする。トータルリターンデータとは、株式分割や配当など投資家に長期にわたって影響を及ぼすあらゆることに対して調整されたデータを意味する。

図3.2は1998年以降のAT&Tの株価を示したものだ。濃い折れ線は株式分割だけで調整したもので、これはほとんどのマーケットデータシステムでデフォルトで表示されるものだ。もう一方の薄い折れ線は株式分割と配当で調整したものだ。濃い折れ線は通常の価格チャートと呼ばれるもので、1998年に買って2015年まで持っていれば7％の損失を出したであろうことが分かる。問題は、この濃い折れ線が現実を表していないということである。この株は配当利回りの高い株で、高い配当を支払っている。したがって、1998年に買っていれば、配当を再投資すると仮定すれば、2015年までには価格は2倍になる。

なぜ配当は再投資すると仮定するのだろうか。これは配当の扱いについて、何らかの仮定が必要になるからである。しかし、仮定は仮定であって間違えることも多い。この場合、配当の再投資が標準的な仮定になる。これは論理的に理解できることであり、有益な調整値を生み出す。

現金は何もしないと仮定することもできるが、そんなことはない。これは、配当をもらったら、それをたんす預金しておくことを意味する。また、現金は無リスク預金にすると仮定したり、指数に投資すると仮定することもできる。いずれにしても現金については将来どうするかを仮定する必要があるわけである。現金を再投資するということは、得た配当を最初から配当がなかったかのように同じ株に投資することを意味する。したがって、会社の株価のより明確な推移が示され

図3.2　AT&Tの株価（配当調整した場合としない場合）

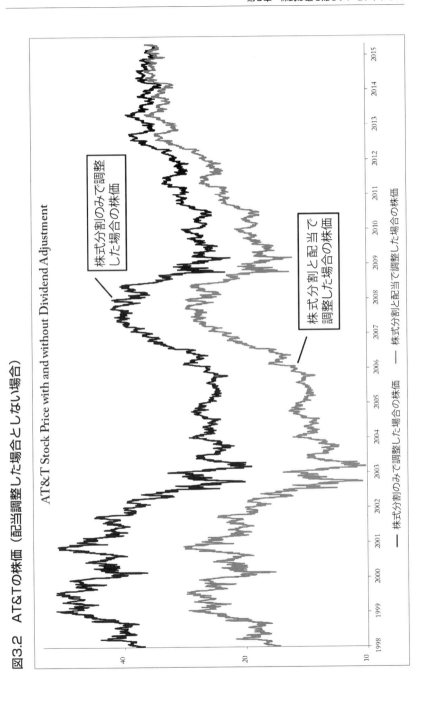

AT&T Stock Price with and without Dividend Adjustment

る。

　ここで示した例は極端な例で、分かりやすく説明するためにあえて選んだものだ。鋭い読者なら、これは日々のトレードや投資の意思決定に本当に重要なのだろうかと疑問に思うに違いない。戦略やメソッドによっては、それほど重要ではないこともある。投資期間が短く、株式分割や配当が発生する時期にトレードしていなければ、それほど重要ではない。

　しかし、本書で述べているような長期モメンタム戦略のような戦略では重要になる。こうした調整を無視すると2つの問題が発生する。1つはシミュレーションの問題で、もう1つは銘柄選択についての問題だ。

　トレードメソッドを開発するとき、数学モデルを構築して、そのアプローチの現実的なシミュレーションを行うのが普通だ。シミュレーションを行わなければ、何の裏付けもない状態でトレードすることになる。市場については非常に論理的な理論を持っているが、そのメソッドが過去にどれくらい有効に機能したかを検証しなければ、実際にトレードしたときにどういったことを期待できるのかは分からない。

　シミュレーションを未調整の価格データを使って行ったり、こちらのほうがよくあることだが、株式分割のみで調整して配当で調整していない価格データを使って行えば、時間がたてばリターンは現実とは程遠いものになる。配当金が支払われるたびにまるで損失を被ったかに見えるが、実際はそんなことはない。メソッドは素晴らしいかもしれないが、配当の調整を無視すれば、シミュレーション結果は実際よりも悪くなる。

　これよりももっと大きな問題は、銘柄のランキングと選択についての問題である。昨年のパフォーマンスに基づいて銘柄をランキングすれば、配当を支払った銘柄はランキングが下がる。業績が好調で、利益も常に上昇し、急拡大している会社でも、配当を支払えばランキン

グスクリーン上には現れないだろう。

　したがって、配当を考慮に入れなければ、悪い銘柄を選ぶことになる。ポートフォリオの銘柄選択を真剣に考えていて、依然として本書を読んでいるのなら（あなたが本書を読んでいるかどうかは推測の域を出ないが）、トータルリターンデータを入手すべきである。

指数の選択

　本書では株式市場はS&P500指数を指すものとする。S&P500は多くのアメリカ株を含む幅広い指数で、アメリカ市場の健全性を測る一般的なベンチマークとして便利に使える。

　正しい指数を選ぶことは思いのほか重要だ。選んだ指数はベンチマークとなる。指数をトラッキングしなければならないわけではないが、指数はあなたのポートフォリオのパフォーマンスを評価するときの比較基準となる。指数のパフォーマンスを下回るということは、あなたはあまり良い仕事をしていないということになる。指数の選択は、扱う銘柄の範囲を特定するうえでも役立つ。アメリカだけでも何千という銘柄が存在する。選べる銘柄がたくさんあることはある意味素晴らしいことだ。しかし、1つか、いくつかの指数に限定することも役立つことが多い。銘柄選択を1つか、いくつかの指数に限定すれば、銘柄を選ぶ範囲を限定することができるし、特に戦略をシミュレートするときに便利だ。範囲を明確に限定しなければ、10年前にどんな銘柄を選んだであろうかを現実的に仮定することは難しくなる。仮に株価が急上昇し始める前にその銘柄のことを聞いたことがあったとして、過去10年で1000％のリターンを上げたその銘柄に注目するのは典型的な誤謬だ。

　私がダウ平均を指数に選ばなかったのにははっきりとした理由がある。いくつかの理由があると言ったほうがよいかもしれない。ダウ平

均は非常にバカげた指数だ。バカげたと言う以外の言葉は見つからない。この指数を使う理由などほとんどない。ダウはテレビのビジネス番組のトークショーの司会者が言及する指数だ。彼らはダウ平均は一般大衆がよく知っている指数だと思っているのだ。

またダウ平均を構成するのはわずか30銘柄である。したがって、ダウ平均には厳しい限界があり、30銘柄の大型株ではアメリカの取引所の何千という銘柄を代表しているとは言えない。ダウ平均は非常に偏狭な指数なのである。

もっと重大な問題は、ダウ平均の計算方法である。ダウ平均は株価加重型指数だ。つまり、30銘柄の株価を足し合わせ、それを30で割るということである。厳密に言えば、30で割ったあと、指数の除数ででも割る必要があるが、これは連続性を保つためのテクニックである。

ちょっと立ち止まって考えてみると、この方法がいかにバカげているかに気づくはずだ。この方法だと株価の高い銘柄が指数に大きな影響を与えることは明らかだ。これは、株価そのものに分析上の重要性があるという古い考え方に根差したものである。株の価格が100の銘柄は株の価格が10の銘柄よりも重要なのである。

これは時価総額についての話ではないことに注意しよう。株価は会社の価値を示すものではない。株の価格が10の会社の発行済み株式数が1億で、株の価格が100の会社の発行済み株式数が1万ということもあるわけである。株価そのものには何の意味もないのである。

ダウ平均とその手法は遺物と言ってもよく、もっと良い方法はたくさんある。プロの間で人気なのがMSCI指数である。MSCI指数はグローバルベースで算出される指数で、先進国、新興国、フロンティア市場を含め、世界のほとんどの国・地域をカバーしている。MSCI指数は何百種類もあり、地域、スタイル、セクター別に分類されている。アセットマネジャーにとってMSCI指数は頼りになる指数だが、欠点は、指数を構成する銘柄の情報を取得する価格が高いことである。個人ト

レーダーにとっては割高なMSCI指数を購入する価値があるのかどうかは疑問でもある。ほとんどの人にとって構成銘柄の情報が無料で手に入る幅の広い指数を買ったほうが意味があるように思える。アメリカ市場の場合、スタンダード・アンド・プアーズ社の指数を買うのがよい。

　指数のなかで最もよく知られるのはもちろんS&P500指数である。S&P500指数はアメリカの取引所で取引される大型500株からなる指数だ。S&P400中型株指数やS&P600小型株指数も興味深い指数だ。これら3つの指数を合わせたものがS&P1500指数である。

　どの指数を使うかはそれほど重要ではないが、行き当たりばったりで選んではならない。自分は何を求めているのかをきちんと把握し、それに合った指数を選ぶことだ。

　本書では指数としてはほとんどの場合はS&P500を使うが、構成銘柄の多い指数ならどの指数を使ってもほとんど問題はない。構成銘柄の少ない指数は利用価値が違ってくるかもしれない。

時価総額

　時価総額とは企業価値を評価する指標となるものだ。これは非常にシンプルなものに対して、不必要に複雑に聞こえる言葉かもしれない。

　時価総額とは何かを理解するためには、その計算方法を見ればよい。まず、発行済株式数をチェックする。これは会社が発行した株式の数である。浮動株であるなしにかかわらず、会社が発行した株式の数を意味する。次に、発行済株式数に現在の株価を掛ける。得られた数値が時価総額で、これは会社の理論的価値である。理論的というのは、会社の合併や株式公開買い付けを見ると分かるように、会社全体を買うとなると価格は違ったものになるからである。

　銘柄を時価総額でグループ分けするのは意味がある。ほとんどの市

場指数は時価総額について厳しい規定があり、時価総額の範囲は１対
１で対応している。例えば、S&P500指数は大型株指数で、その基準
によれば、指数に含まれるには時価総額が最低53億ドルでなければな
らない。時価総額がこれよりも大きい会社であればこの指数に含まれ
るというわけではなく、53億ドルというのはこの指数に含まれるため
の時価総額の最低基準である。

　S&P500よりも知名度が低いS&P400指数は中型株指数である。こ
の指数に含まれるには、時価総額は７億5000万ドルから33億ドルの範
囲でなければならない。S&P600指数は小型株指数で、この指数に含
まれるには時価総額が４億ドルから18億ドルの範囲でなければならな
い。

　これらの指数はすべて時価総額加重型指数である。会社の価値が高
いほど、その会社の指数におけるウエートは高くなる。これが意味を
なすかどうかは、あなたの考え方による。この指数を使う目的が市場
全体の健全性と長期的な展望をチェックすることなら、これは大きな
意味を持つだろうが、目的がこれらの原理に基づいて投資することな
らば、あまり意味を持たないだろう。

　一般的に、大型株は小型株よりもボラティリティは低い。また、大
型株は小型株に比べると将来性は低い。だからと言って、大型株をト
レードするのは悪いというわけではない。これは単なる違いにすぎな
い。

　これはこのように考えるとよいだろう。アップルもほかの会社と同
じように創業当初は小型株だった。最初は２人のあごひげを生やした
ヒッピーがガレージで経営する時価総額が5000万ドルに満たない会社
だった。それが小型株から中型株、そして大型株へと次第に成長して
いったわけである。1976年以降、株価が何回２倍になったかは数えき
れないほどだ。会社の今の価値は5000億ドルほどである。これは１兆
億ドルの半分である。世界第２位の会社よりもおよそ1000億ドルも価

値が高い。株価が再び2倍になるときがやってくるだろうか。

　これはけっして不可能なことではない。ただ、時価総額が50万ドルのときよりも5000億ドルのときのほうが、株価が2倍になるのははるかに難しいだろう。

　小さな会社のほうがリスクは高いが、潜在力は大きいのだ。

セクター

　株式をセクター別に分類するのは、何をやっている会社かを把握するためだ。ファンダメンタルズ分析を使わないとしても、会社をセクターごとに考えるのは良いことである。業績の良いセクターもあれば、悪いセクターもある。業績の良しあしは、お望みなら定量的手法を使って調べることも可能だ。市場を動かしているものが何なのかに注意することが重要だ。セクターをまったく考慮しなければ、気づかずに1つのセクターやテーマに過剰に大きなイクスポージャーをとることもある。リスクをとることは必要だが、リスクは十分に考えたうえでとるべきである。

　本書執筆の2015年初期の時点では、エネルギーセクターは半年間にわたってさえなかった。この時期、S&P500をアウトパフォームするには、エネルギー株を買わないことで簡単に達成できただろう。

　産業分類にはいくつか方法があり、呼び方も若干異なる。しかし、どの方法も似通っており、どの方法を使うかは大した問題ではない。私はGICSを使っている。なぜならこれはグローバル標準で、ほとんどのマーケットデータプラットフォームで簡単に入手できるからだ。また、これは4階層で分類しており、ときとしてこれが非常に役立つこともある。

　GICSでは第1階層では世界の産業を10のセクター（エネルギー、素材、資本財、一般消費財、生活必需品、ヘルスケア、金融、情報技

術、電気通信サービス［現在は、コミュニケーションサービス］、ユーティリティー）に分類する。本書ではこのセクター分類を使っている。さらに、各セクターは産業グループ、産業、産業サブグループに分類されている。ほとんどの場合、セクター分類だけで十分だ。

第**4**章 トレンドフォローは株式でうまく機能するか

Does Trend Following Work on Stocks?

　トレンドフォローは元々は先物トレードのために開発されたものである。先物は株式市場とはまったく異なる世界である。正直言って、伝統的なトレンドフォローは株式ではうまくいかない。

　トレンドフォローは概念としては非常にシンプルだ。上昇でも下落でも、価格が一方向に動き始めたら、みんなと同じようにその流れに乗る。価格が上昇し始めたら買い、下落し始めたら売る。そして、そのトレンドが続いているかぎりはポジションを持ち続ける。手仕舞いはトレーリングストップを使って行う。つまり、最良価格から一定の損失を出したときのみ手仕舞うということである。底で買うことも、天井で売ることもないが、その中間に常に参加していることができる。

　トレード戦略としてのトレンドフォローは非常にシンプルである。これは、トレンドフォローをトレードするのは簡単という意味ではなく、この戦略は非常に少ない情報に基づくものであるということである。多くのファクターを考慮する複雑な戦略に比べると、トレンドフォローはシンプルだ。ところが、このシンプルな戦略が過去30年余りにわたって高いパフォーマンスを示してきたのである。あるリサーチによれば、過去何百年にもわたって強力なパフォーマンスを示してきた（アレックス・グレイザーマンとキャスリン・M・カミンスキー著『トレンドフォロー戦略の理論と実践──金融危機に負けない賢者の

図4.1　基本的なトレンドフォロー

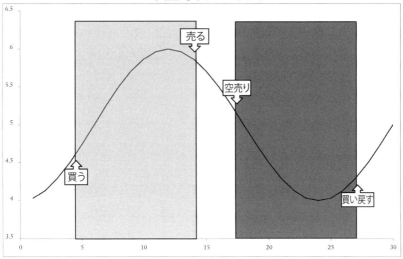

典型的なトレンドフォロー

投資法』［パンローリング］）。これまでには良かったときも悪かったときもあり、何年も続けて損失を出したこともももちろんあるが、全体的には過去数十年の実績は非常に良い。

　トレンドフォローを使ったヘッジファンドは急速に成長し、今や運用資産は3000億ドルを超える。こうした資産運用会社の多くは何十年も前から存在し、この業界で最高の複利リターンを上げてきた。クエスト・パートナーズ、フォート・インベストメント・マネジメント、チェサピーク、キャンベル、ISAM、マルバニー、トランストレンド、ウィントンなど挙げればきりがない。

　システマティックなトレンドフォローが先物でうまくいかないことを議論するのは時間のムダでしかない。経験的証拠が圧倒的な結果を示しているのだから。

　典型的なトレンドフォローの対象は先物だ。この戦略を実行する通常のやり方は、主要なアセットクラスをカバーするいろいろな先物市

場でトレンドに従ってトレードすることだ。プロのトレンドフォロワーはコモディティ、金利、通貨、そしてもちろん株価指数もトレードする。このアプローチを使う理由は実にシンプルだ。トレンドフォローモデルを１つの市場に適用すれば、それはギャンブルにすぎない。多くの市場に適用しても、それが１つのアセットクラスでしかなければ、成功する確率は低い。

　どんな市場でも、あるいはどんなアセットクラスでも、トレンドフォローが長期にわたってうまくいかない期間はある。市場が横ばいになったり、トレンドがすぐに変われば、トレンドフォロワーは損をする。どんな市場でもセクターでも、これが長年にわたって続くこともある。極端なケースでは10年にわたって続くこともある。したがって、トレンドフォローでは、分散することが基本的な前提となる。異なるさまざまなアセットクラスを同時にトレードすれば、どれかのアセットクラスが大金を稼いで、ほかのアセットクラスの損失を穴埋めしてくれる可能性は高い。

　トレードしているアセット間の相関が低ければ、もっと低リスクで大きなリターンが望めるだろう。重要なのは各ポジション単位で考えるのではなくて、ポートフォリオで考えることである。この考え方がプロとアマチュアとを分ける分岐点である。ポートフォリオレベルで考えることが重要なのである。相関が低いか、まったくない複数のアセットをトレードすれば、低リスクで高リターンを得ることができる。異なるアセットの損益のタイミングが違えば、同じリスクでもっと高いリターンが期待できるか、もっと低いリスクで同じリターンが期待できる。

　トレンドフォローで大金を稼ぐには大きなトレンドでトレードすることが重要だ。何カ月も続く、そして時には何年も続くトレンドは数は少ないが、桁外れのリターンを生み出す。利益が出続けているかぎり、トレンドに乗り続ける。トレードに失敗したら、小さな損失を取

って、すぐに手仕舞う。ときどき大きな利益を出せば、小さな損失は何度出してもよい。

結局、トレンドフォローは統計学なのである。許容可能なボラティリティで長期にわたって利益を出す確率を高めることが、トレンドフォローを成功に導く鍵なのである。

トレンドフォローで最も重要なことは、どれくらい分散するかである。トレンドフォローがうまくいくにはさまざまな市場をトレードする必要がある。これはいくら言っても言いすぎることはない。トレードする市場が少なすぎたり、似たような市場ばかりトレードすれば、運に左右されることになる。素晴らしい結果になることもあれば、散々な結果になることもあるが、すべてが運任せになる。正しい年に正しい市場を選べばうまくいくだろう。結果を運任せにしたくない人にとって、トレンドフォローアプローチに対する十分な統計的根拠を得るためには、さまざまな市場でトレードする必要があるのである。

標準的なトレンドフォローモデルを株式に適用すれば、失敗する可能性が高い。このモデルは1つの株に適用するように設計されたわけではないので、うまくはいかない。分散された先物市場用に設計されたアプローチを株式に適用するとうまくいかない理由はいくつかある。

株式も先物も分析することができる価格の系列データを持つ。一見すると、株式と先物には大した違いはないように思える。結局、トレードする時系列が違うだけである。しかし、いくつかの大きな違いが存在する。

その1つは、実践上の性質の違いである。先物トレードは高いレバレッジを使うことができる。それだけではない。レバレッジを完全に無視することもできる。レバレッジは拘束条件ではないのである。大きな名目イクスポージャーをとることができることは、伝統的なトレンドフォローの重要な部分である。先物をトレードする場合、ポジションサイズを決めるときにはリスクを見て決める。例えば、その商品

48

のボラティリティ、現在のポジションに対する相関といったファクターを見るわけである。現金はファクターには含まれない。先物トレーダーは常に巨額の現金を持っている。プロのトレーダーのほとんどは証拠金として現金の10〜20％しか使わず、残りはマネーマーケットや債券に投資している。これはお金を安全に保存するためと、金利収入を得るためである。これにはいくつかのメリットがある。1つは、余剰資本から比較的無リスクなリターンを得ることができることである。利回りが史上最低の今はこれはそれほど重要ではないかもしれない。今のところは余剰資本からは大きなリターンを得ることはできないかもしれないが、過去においては、余剰資本を短期マネーマーケットや財務省証券に投資すれば収益を増大させることができた。

　もう1つは、どのくらいの現金が利用可能かを考えることなく、特定のリスク水準を目標にすることができることである。マネーマーケットや債券のように動きがゆっくりした市場では大きなポジションを取ることができる。つまり、先物をトレードするときはレバレッジはまったく無関係なのである。

　もちろん、レバレッジとリスクを混同してはならない。レバレッジとリスクはまったく異なるもので、レバレッジが高いからと言って必ずしもリスクが高いわけではなく、イクスポージャーが低いからと言ってリスクが低いわけでもない。リスクは重要だが、レバレッジそのものは、株式のような現物商品をトレードしていないかぎり、あまり役立つものではない。

　株式の場合、購入代金をある程度前払いしなければならない。ほかの株式を担保にしてお金を借り入れれば、多少のレバレッジは得ることはできるが、これは非常に限定的だ。現物商品を扱うときは、常に現金不足に陥る可能性を考える必要がある。要するに複雑さは増し、制約も受けるわけである。しかし、これは株式と先物の最も大きな違いではない。

最大の難題は相関である。株式は同質のものがグループとしてまとまったアセットだ。株式は内部相関が非常に高い。つまり、株式は多かれ少なかれ似たような動きをするということである。個々の株式の間には当然ながら違いはあるが、実情はと言えば、強気相場ではほとんどの株が上昇し、弱気相場ではほとんどの株が下落する。分散は大して役には立たない。

　10銘柄を保有していようが、50銘柄を保有していようが、ほとんどの場合ベータをロングしていることになる。ベータをロングしても、慎重にやれば問題はない。正しいときにベータをロングすればお金を儲けることができる。これは素晴らしい戦略だ。しかし、問題が発生するのはベータで儲けていることに気づかないときだ。強気相場になるたびに、どこからともなく銘柄選択の天才が突然現れる。正しい株を買ってお金を儲けたという武勇伝はメディアやブログで繰り返し語られる。ところが弱気相場になると、同じ人々が大失態をやらかすのである。

　株式でも分散は多少は行うが、それほど多くはない。分散は必ずすべきだが、株式の場合、分散効果は瞬く間になくなってしまう。5銘柄を保有するよりも、20銘柄を保有したほうがよいが、50銘柄を保有しても大した効果はない。

　株式が高い相関を持ち、ベータ値も高いことを考えると、あなたのリターンが指数に依存しないと考えるのは現実的ではない。株式市場が全体的に上昇や下落しているかどうかにかかわらず、毎年同じリターンが得られると期待するのはやめたほうがよい。株式をトレードしているときは、あなたのリターンは全体的な市場環境に大きく依存するのである。

　次は売りサイドの問題だ。たとえ複数のアセットクラスを扱っていたとしても、売りは非常に難しい。プロの先物トレンドフォロワーでも長期的に見ると、売りではあまり儲けていない。儲かるときも時に

はあるが、ほとんどの場合は儲からない。売りが難しいのにはいろいろな理由がある。これはチャートを上下逆さまにするといった単純な話ではない。売りが買いと違う点は2つある。

　1つ目は、少し驚くかもしれないが、トレンドフォローのような戦略は長期にわたる戦略であることと関係がある。アセットを買って、それが思惑どおりに動けば、利益は増大する。利益の増大に伴い、イクスポージャーも増大する。ポジションが1日に1％上昇すれば、ポジションの増大に伴いドル価での利益は次第に増大する。

　売りの場合はこれの逆だ。価格が毎日あなたの思惑どおりに動くたびに、ポジションは収縮する。売りポジションが1日に1％下落すれば、イクスポージャーも下落するので、利益もどんどん少なくなる。長期的にはこの効果は売りポジションにとって悪い影響を及ぼす。

　売りポジションが問題となる2つ目の理由はもっとシンプルだ。つまり、振る舞いがあまり良くないのである。株式は弱気相場ではボラティリティが急激に拡大する傾向がある。順調に動いていたかと思ったら、突然動きが乱れる。強気相場でも時には驚くことはあるが、弱気相場では驚きしかない。過去3カ月の弱気相場でチャネル内で動いていた株が、突然上昇して、それまでの利益を1日で吹き飛ばしてしまうのである。ポジションサイジングのために計算したリスクはもはや無用の長物だ。

　それに当然ながら追加的な借り入れコストもかかるし、売るために借り入れることができる株式の入手にも制約があることが多い。

　ロングかショートかを問わず、弱気相場のときに株式を保有することは、ポップコーンが電子レンジのなかではじけないかどうかを見張っているようなものだ。どんなによく見張っても、はじけないで静かにしていてくれることを願っても、あなたの目の前でコーンがランダムにはじけていくのは時間の問題だ。

　どんなアセットクラスであっても売るのは難しいが、なかでも株式

は特に難しい。例えば、コモディティは時としてキャリーコストによって強い負のバイアスがかかることがあるが、株式ではそういった好都合なことはない。保管コストやそのほかのファクターによってコモディティ先物は何年にもわたってスムーズなラインに沿って下落することがある。しかし、株式ではそういったことは起こらない。弱気相場にある株式は、強気相場にあるときとまったく違った動きをする。長期的には売って稼げる人はほとんどいない。

　そして当然ながら、トレンドフォローモデルにどの銘柄を適用するかという問題もある。先物ではすべてを含むことができる。100以上の先物市場をあなたの戦略に投じても何の問題もない。しかし、株式はそういうわけにはいかない。トレードするいくつかの銘柄を裁量で選ぶのか、指数をトレードするのか、指数に含まれるすべての株式をトレードするのか。どういったイクスポージャーで？

　株式は先物とは異なるので、特別なケアが必要だ。それに、株式をシンプルなトレンドモデルでトレードするのはあまり良い考えとは言えない。

　要するにトレンドフォローは株式ではうまくいかないのである。でも、モメンタムモデルは株式でうまくいく。

株式におけるトレンドフォローの問題点

　トレンドフォローは株式ではうまくいかないといった主張をするときには、頭を引っ込めて、飛んでくる生卵や腐ったトマトに当たらないように気をつけよう。読者のなかにはすでに本書を閉じて、私に向かって投げる鈍器を準備している人もいるかもしれない。多分、実例を挙げて説明するのがよいだろう。いくつかのトレンドフォローモデルを使って、これらのモデルが株式でどのようなパフォーマンスを上げるのかを見てみることにしよう。

　本セクションで示すトレードモデルは概念的に正しいものばかりだ。投資対象は任意の日のS&P500指数に含まれる株式とする。つまり、投資対象となるのは、これまで指数に含まれてきたすべての株式ということである。買うことができるのは対象日に指数に含まれている株式のみで、指数から外された株式はただちに売られる。

　これまで指数に含まれてきたすべての株式が投資対象となるので、指数から外された株式も含まれる。何年も前に倒産した会社であってもシミュレーションに含まれる。正しいシミュレーションを行うには、現実をできるだけ正確に再現しなければならない。私たち同様、シミュレーションも将来のことは知らない。

　シミュレーションには合併、株式分割などのコーポレートアクションも含める。もちろん配当も含める。配当は無視すればエラーの主要原因になる。シミュレーションは現実をできるだけ正確に再現するように構築する。

標準的な株式トレンドフォローモデル

　まずは典型的なトレンドフォローモデルから見ていこう。このトレードモデルは先物トレード用のシンプルで対称的なトレンドフォローアプローチだ。これは中期モデルで、幅広い先物市場で実行したとき、CTA（商品投資顧問業者）業界が過去30〜40年をかけて達成してきた非常に高いリターンに近いリターンを達成した。

　ちなみにこのモデルは私が最初の本で使ったのと同じトレンドフォローモデルである（アンドレアス・クレノー著『**トレンドフォロー白書――分散システム売買の中身**』［パンローリング］）。このモデルのトレードルールは非常にシンプルだ。まず概念を説明して、そのあとで細かく見ていこう。

　このトレードモデルは買いにも売りにも使える。上昇トレンドのと

きには買い、下落トレンドのときには売る。ある銘柄が上昇トレンド
で、50日の高値を更新したときには買う。また、ある銘柄が下落トレ
ンドで、50日の安値を更新したときには売る。通常のトレードレンジ
の3倍のトレーリングストップを使う。ポジションサイズは、ATR（真
の値幅の平均）に基づくシンプルな公式を使って、各ポジションでリ
スクがほぼ同じになるように算出する（ATRについては詳しくは第
8章で説明する）。

ルール

- 50日移動平均線と100日移動平均線をトレンドフィルターとして使う。
  50日移動平均線が100日移動平均線を上回ったら上昇トレンドとし、
  50日移動平均線が100日移動平均線を下回ったら下落トレンドとする。
- トレンドの方向に50日移動平均線をブレイクアウトしたら仕掛けシ
  グナルが出される。
- ポジションサイジングはリスクパリティ。
- 現在のATRの3倍のトレーリングストップを置く。
- その日にトレードできるのは、その日にS&P500指数に含まれてい
  た株式のみ。シミュレーションには過去に指数に含まれていた株式
  や上場廃止になった株式も含まれる。
- またシミュレーションには配当を含むすべてのコーポレートアクシ
  ョンが含まれる。

　このシンプルなモデルは、幅広いリスク資産の先物に適用すれば、
非常に高いパフォーマンスを示す。この戦略は今ではCTA業界全体
で用いられているが、元々はシカゴの数人のトレーダーが始めたもの
で、大金を稼ぎ始めるまではだれにも見向きもされなかった。かつて
は非主流のトレードメソッドだったものが、今や3000億ドルのグロー
バル産業になった。経験的証拠によれば、このようなモデルは少なく

図4.2　シンプルなトレンドフォローを先物に適用したときの結果

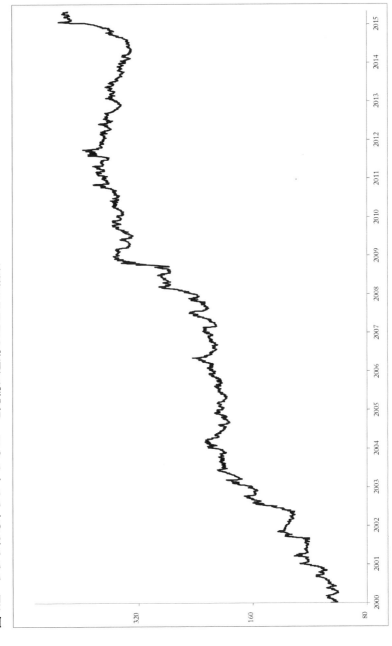

表4.1 シンプルなトレンドフォローを先物に適用したときの月ごとのパフォーマンス（%）

	1月	2月	3月	4月	5月	6月	7月	8月	9月	10月	11月	12月	年
2000	3.0	0.1	1.1	-4.3	0.8	2.6	3.3	1.0	5.2	-2.1	0.2	1.9	13.3
2001	14.3	-3.2	3.8	7.8	-7.2	1.3	1.3	3.0	-2.0	17.9	4.7	-3.0	42.4
2002	-2.9	-2.7	-0.8	2.6	-0.5	5.2	9.1	-4.8	4.3	5.7	-6.5	0.3	8.0
2003	-0.3	9.1	5.2	-7.0	5.1	5.0	-3.5	2.6	5.2	0.3	6.2	-4.0	24.8
2004	4.7	1.9	9.2	-1.6	-6.1	-0.7	-4.1	1.7	-2.5	0.6	0.9	7.7	11.0
2005	-0.6	0.2	0.3	-2.1	-1.8	5.5	0.4	1.3	-0.4	-0.2	-0.9	3.6	5.2
2006	-3.6	5.5	-4.3	9.7	3.7	-3.4	-3.0	-4.3	3.6	-0.3	3.6	5.4	11.8
2007	0.5	-0.1	-7.1	-0.2	3.8	8.3	3.4	-4.3	3.5	2.0	5.3	0.4	15.6
2008	3.9	6.8	24.4	-9.5	0.0	4.2	4.7	-9.1	2.1	7.2	26.7	11.5	91.6
2009	0.7	-1.2	1.9	-9.5	-0.2	7.8	-7.2	1.0	0.8	3.7	-2.2	7.6	1.8
2010	-4.2	-4.2	2.6	3.5	0.7	-0.8	2.8	3.4	0.8	2.1	10.8	-3.7	13.8
2011	7.1	4.0	-1.4	-1.6	5.2	-5.1	-6.0	3.9	4.0	10.5	-12.5	-0.2	5.8
2012	-1.3	-0.4	3.2	-0.9	-2.3	9.4	-9.0	5.7	-1.3	-3.8	-3.3	-2.3	-7.3
2013	2.9	6.0	-3.6	-0.5	2.2	-2.9	0.2	-1.2	-4.9	-1.3	1.5	1.5	-0.8
2014	-5.7	-1.3	4.6	-2.8	0.8	3.9	3.3	1.7	4.2	10.4	-2.4	4.9	22.4

とも先物ではうまくいくことが分かっている。

　簡単な実証として、こういったシンプルなモデルを幅広い先物市場に適用するとどうなるかを見てみよう。上記のルールはこのアセットクラスでうまくいくと主張するだけでは根拠に欠けるので、実際に示していきたいと思う。**図4.2**はこのシンプルなトレンドフォローモデルをすべてのアセットクラスを含む70の先物市場に適用したときの結果を示したものだ。直近の数年はあまりうまくいっていないが、全体的なリターンは非常に良い。年複利リターンはおよそ17%で、最大ドローダウンは27%だった。

　この結果はこの原理が有効であることを示している。トレンドフォローは少なくとも先物ではうまくいく。

　これは先物ではうまくいくが、株式ではあまりうまくいかない。**図4.3**は、この標準的なトレンドフォローモデルで株式を長期にわたっ

図4.3　S&P500構成銘柄に適用した標準的なロング・ショートのトレンドフォローモデルとS&P500の
パフォーマンス

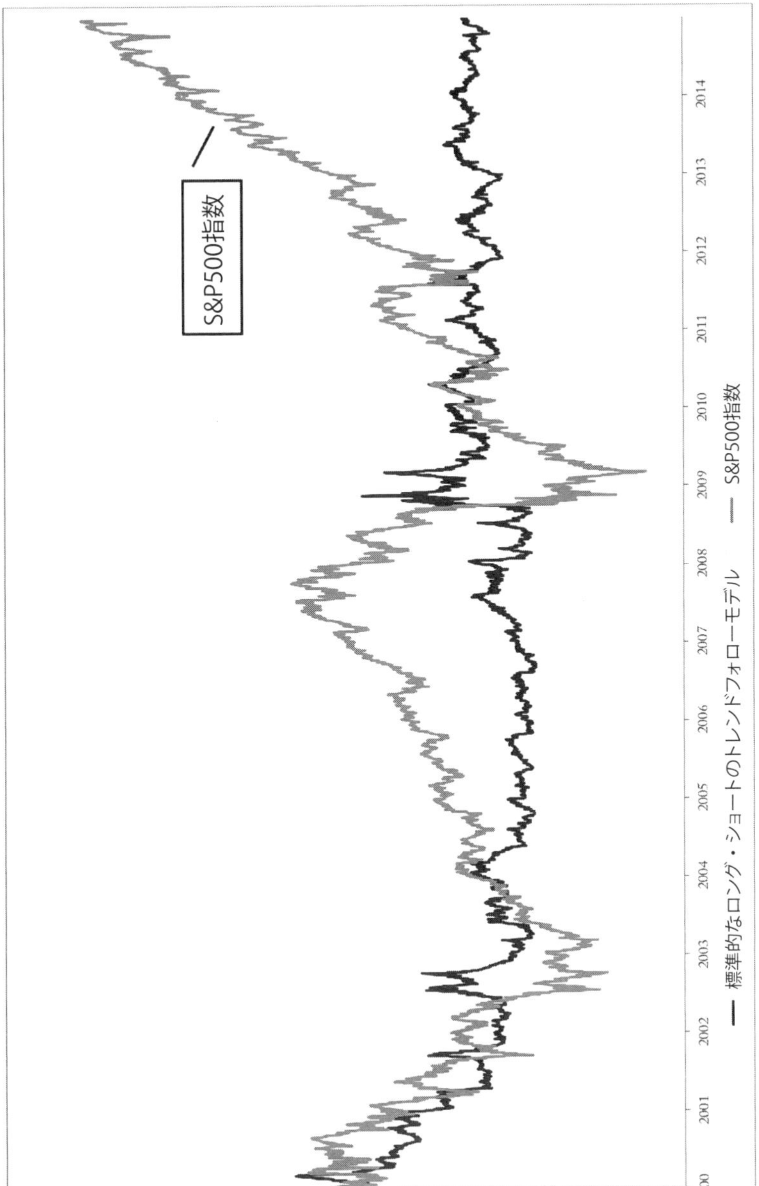

標準的なロング・ショートのトレンドフォローモデル　　S&P500指数

S&P500指数

表4.2　S&P500構成銘柄に適用した標準的なロング・ショートのトレンドフォローモデルのパフォーマンス（％）

	1月	2月	3月	4月	5月	6月	7月	8月	9月	10月	11月	12月	年
2000	3.0	-4.6	8.8	-7.6	-5.0	1.6	-2.4	-2.2	-2.1	3.4	-3.4	3.3	-7.9
2001	-0.6	-7.9	-0.6	-0.5	-7.9	-0.4	0.1	1.6	1.3	8.1	-10.5	-3.6	-20.3
2002	1.3	0.0	1.5	-3.2	1.9	0.0	5.6	5.6	-2.8	1.5	-5.8	-4.2	0.7
2003	-3.0	-2.7	1.4	-2.6	0.0	6.5	0.5	0.1	3.9	-6.0	4.2	0.5	2.3
2004	1.4	0.2	2.6	-4.3	-2.4	-5.4	1.2	0.2	-0.6	-0.8	-2.3	4.4	-6.0
2005	0.7	-2.2	0.4	0.0	1.0	-3.3	1.8	2.4	0.0	2.1	-4.4	-1.0	-2.8
2006	-0.2	3.0	-1.9	-0.2	0.7	-1.3	1.0	2.3	-4.3	-1.0	1.2	2.6	1.6
2007	1.0	1.0	-1.3	1.0	0.8	3.6	1.4	2.2	-4.4	2.0	-1.1	-0.7	5.4
2008	2.2	-8.0	1.4	-0.9	-1.4	0.5	6.1	-3.2	-3.3	5.9	12.5	11.4	23.3
2009	-10.8	3.0	9.4	-9.7	-3.2	0.5	-3.7	-0.7	-0.8	3.0	-0.2	4.0	-10.5
2010	1.0	-3.5	0.3	2.6	4.2	-3.4	-1.9	-6.3	-0.8	-1.2	1.2	2.2	-5.7
2011	2.0	2.4	-0.2	-1.9	-2.8	-0.3	-2.8	1.2	2.3	4.2	-8.0	-3.5	-3.9
2012	-0.4	1.7	3.1	3.4	-1.5	3.6	-4.9	-1.4	-0.4	0.6	0.1	-3.1	0.5
2013	1.5	4.1	0.8	2.3	0.3	0.5	-2.4	2.1	-2.9	-0.6	1.1	0.9	7.8
2014	1.3	0.3	-2.8	-0.1	-1.5	1.2	2.1	-4.0	1.5	-0.6	-1.6	2.7	-1.5

てトレードしたらどうなっていたかを示したものだ。2000～2014年の終わりまででおよそ30％の損失を出していただろう。いや、実際にはこれ以上の損失を出したかもしれない。なぜならこのシミュレーションには手数料が含まれていないからだ。したがって、これは最悪の戦略ということになっただろう。

　原因はシミュレーションに使われた設定ではない。たとえトレンドフィルターやブレイクアウト期間や損切りを変えたとしても、最悪の結果は変わらなかっただろう。これは細部の問題ではないし、最適化で対応できる問題でもない。シミュレーションを何百回繰り返しても、同じような結果になるだろう。これはコアとなる概念の問題である。

　図4.4と**図4.5**はこのモデルを株式に適用したときの典型的なトレードのチャートを示したものだ。良いトレードもあれば、悪いトレードもある。

　これらのトレードのチャートでは、損切り幅が狭すぎるように思える。おそらくそうだろうが、これはそれほど大きな問題ではない。損切り幅を2倍にしても結果はほとんど同じだっただろう。損切り幅を2倍にすれば、勝ちトレードはもっと長く保有できて利益は増えるだろうが、それと同時に負けトレードの損失も多くなるだろう。

　最大の問題が何なのか立ち止まって考えてみよう。このモデルにはいくつかの問題点があるが、大きな問題点が1つある。

　それは売りサイドの問題である。標準的なトレンドフォローの売りを幅広いリスク資産の先物に適用すると問題が生じるのだ。ベテランのトレンドフォロワーでも売りサイドではほとんどか、まったくお金を儲けられない。しかし、通貨、金利、コモディティ、そのほかの主要なアセットクラスなどを含むすべての先物市場に分散投資すれば、売りサイドには明確なメリットがある。売りの主な目的は、戦略の長期的なリターンスキューを改善することである。お金を儲けることそのものが目的ではない。しかし、株式だけをトレードしているのなら、わざわざ深入りする必要はない。いずれにしても株式は先物のようにうまくはいかない。

　理解しなければならないことは、トレンドフォローを株式の売りに適用するのはあまり良い考えではないということである。そんなことをしてもお金は儲からない。トレンドフォローは株式の売りではうまくいかない。ただそれだけだ。

　それでは売りは無視したほうがよいのだろうか。まったくそのとおりである。本書の残りでは、もう売りについては言及しない。

　今度は上記のモデルを設定を1つだけ変更してシミュレートしてみよう。今回は買いのみを行う。**図4.6**はこのシミュレーションの結果を示したものだ。ちょっと面白くなったのではないだろうか。リターンがポジティブというだけではなく、最終的には指数よりもリターンが高くなっている。

図4.4 オートゾーンをトレンドフォローでトレードしたとき

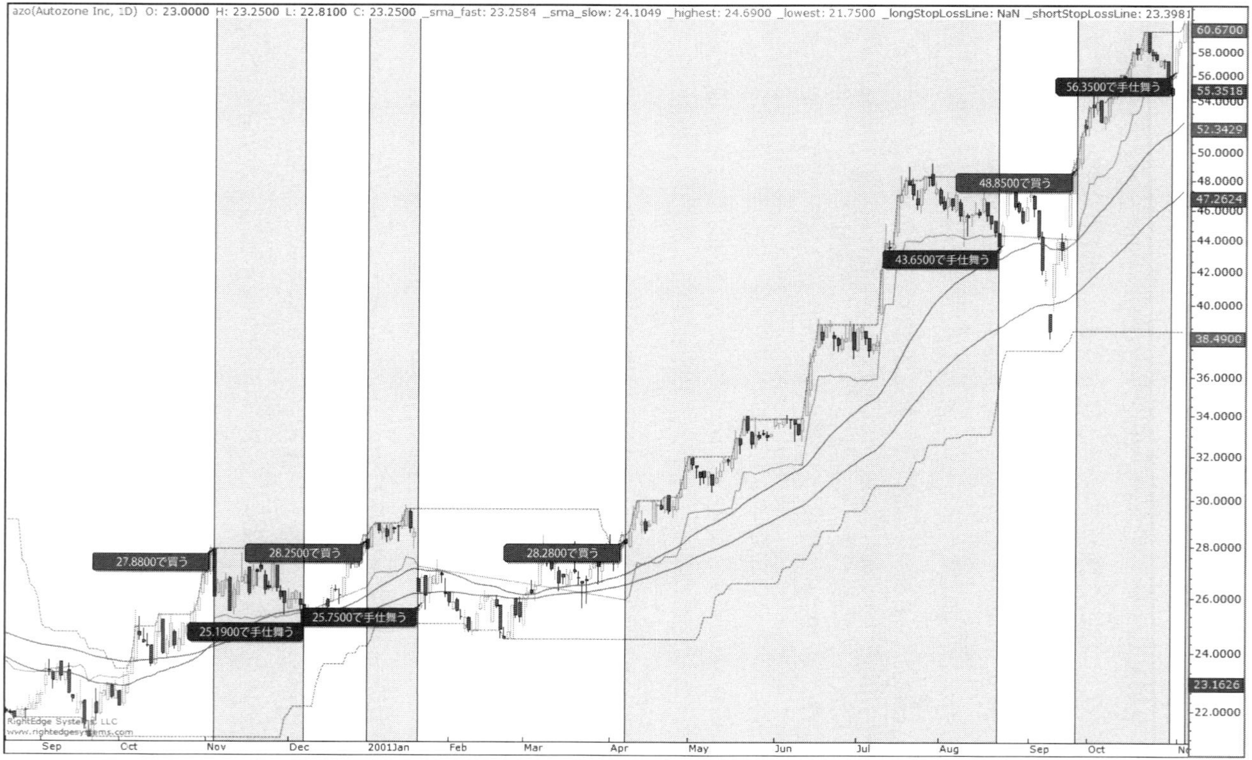

図4.5　AMDをトレンドフォローでトレードしたとき

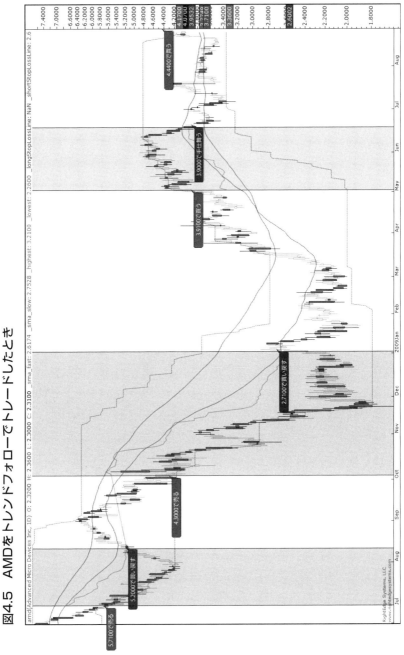

図4.6　S&P500構成銘柄に適用したロングオンリーの標準的なトレンドフォロー

S&P500指数

―― 標準的なトレンドフォローのロングオンリー　　―― S&P500指数

表4.3　S&P500構成銘柄に適用したロングオンリーの標準的なトレンド
　　　　フォローの月ごとのパフォーマンス（％）

	1月	2月	3月	4月	5月	6月	7月	8月	9月	10月	11月	12月	年
2000	3.0	-8.3	9.1	1.3	-4.8	3.0	-3.9	-1.8	3.6	2.4	-2.4	1.2	1.1
2001	1.3	-4.5	-2.7	-3.7	1.9	1.1	-0.2	-0.6	-1.8	-7.5	-2.7	0.3	-18.0
2002	1.2	0.4	1.4	-0.1	0.5	-3.3	-4.0	-5.3	-1.6	-1.6	-0.7	-2.2	-14.3
2003	-2.0	-5.6	-1.0	2.3	2.7	8.3	1.1	0.5	5.7	-3.4	6.3	1.5	16.6
2004	1.1	2.0	2.4	-2.4	-1.1	-1.4	1.6	-1.2	-1.2	2.5	0.0	5.0	7.3
2005	-0.3	0.8	2.5	-3.2	-2.0	2.3	0.7	3.7	-1.3	2.7	-4.7	4.7	5.6
2006	-0.3	3.8	0.8	1.3	-0.1	-1.2	-0.4	0.9	2.0	0.0	2.6	2.8	12.9
2007	1.1	2.0	-1.0	4.2	4.3	5.3	-0.4	-3.6	-4.6	4.7	-0.1	-1.5	10.4
2008	-0.3	-7.9	0.1	-1.2	2.5	2.0	-3.3	-6.2	0.9	-7.1	-4.7	0.0	-22.9
2009	0.2	-0.6	-1.7	1.3	1.2	2.2	-2.7	4.4	-0.7	3.4	0.1	6.1	13.5
2010	1.8	-2.6	3.6	5.4	4.7	-11.4	-3.7	2.2	-0.6	4.0	1.5	1.7	5.6
2011	3.5	0.6	0.5	1.8	2.9	-0.4	1.1	-4.0	-4.4	-3.7	0.3	-0.4	-2.4
2012	1.3	2.5	3.0	4.5	1.0	-6.3	4.6	-0.5	0.2	2.5	1.2	-1.6	12.7
2013	3.4	4.8	2.0	4.6	2.3	3.7	-1.9	6.7	-4.4	4.0	3.5	0.9	33.0
2014	2.6	-3.2	6.1	-0.7	0.2	1.8	3.4	-2.1	2.3	-2.4	1.6	1.7	11.4

　しかし、実際には指数よりもリターンは高くはない。要点を述べる
ためにちょっと悪戯をしてみた。**図4.6**における比較では問題が2つ
ある。1つは、トレンドフォロー戦略にコストが含まれていないこと
である。14年間にわたるコストが追加されれば、パフォーマンスカー
ブは若干下がるはずだ。しかし、これは大きな問題ではない。

　株式は配当で調整されているが、S&P500指数は調整されていない。
シミュレーションでは発生した配当についてはすべて調整されている
ので、パフォーマンスは上昇する。しかし、指数は配当がまるでなか
ったかのように無視している。一方で配当を考慮すれば、もう一方で
も配当を考慮しなければならない。したがって、プライスリターンイ
ンデックスとの比較は大きな誤解を生みやすい。トータルリターンイ
ンデックスと比較する必要がある。

　トータルリターンとは、実際のリターン源（配当や値上がり益など）

をすべて含めたリターンのことを言う。配当落ち後は1株当たりの配当分だけ株価が下落する。これが起こると、投資家の観点からすれば価値には何の変化もないが、標準的なプライスリターンインデックスは悪影響を受ける。この場合、株価は下がるが、下がった分だけ現金でもらえる。トータルリターンインデックスは、指数を構成する銘柄の値動きだけでなく、各構成銘柄の配当も加味したリターンを示したものである。

　つまり、トータルリターンインデックスはプライスリターンインデックスよりもリターンは高くなるということである。短期間では違いはそれほど大きくないかもしれないが、長期間（何年、何十年）になると、大きな違いが出てくる。メディアでS&P500指数という言葉を聞いたら、それはプライスリターンインデックスを指している。1日だけの動きなら大した問題にはならないが、10年で何％動いたということになると、誤解を招くどころの話ではない。

　では、最後の比較を見てみよう。今回はS&P500はトータルリターンインデックスを使う。結局はこの方法がパフォーマンスを比較する最も適切な方法なのである。**図4.7**の結果はお世辞にも良いとは言えない。14年間にわたって指数をアンダーパフォームしてきた。ただし、最大ドローダウンは適度な水準にある。なぜなら、ロングオンリーのトレンドフォローモデルは2008年のリーマンショックのときには買わなかったからだ。とは言え、これは良い戦略とは言えない。これと同じようなリターン曲線を得たいのなら、パッシブインデックス連動型ETFを買ったほうがよい。

　トレンドフォローは株式でも利益を出しているじゃないか、と指摘する人が必ずいるものだ。これは**図4.7**を見れば明らかだ。少なくともロングオンリーのときは確かにそうだ。問題は、それが何の付加価値ももたらさないことだ。ハードワークを必要とし、潜在的リスクが高い割には、メリットはない。インデックストラッカーのパッシブ運

図4.7 S&P500構成銘柄に適用したロングオンリーの標準的なトレンドフォローとトータルリターンインデックス

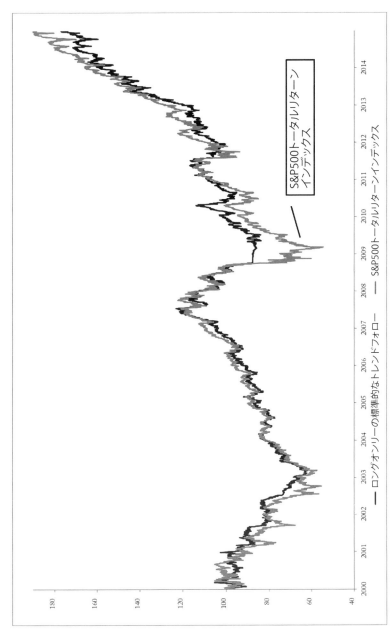

用に比べると、伝統的なトレンドフォローを株式に適用しても、それ
ほど魅力的には思えない。

史上最高値モデル

　それでは別のアプローチを見てみよう。これは2005年にロングボー
ド・アセット・マネジメントのコール・ウィルコックスとエリック・
クリッテンデンが提唱したメソッドで、仕掛けの基準として史上最高
値（オールタイムハイ）を使うというものだ。2005年に発表した彼ら
の研究では、巨大な株式ユニバースを使って、史上最高値で買い、40
日ATR（真の値幅の平均）の10倍のトレーリングストップを置いて
手仕舞う。彼らの論文にある詳細に基づいてできるだけ厳密にそのポー
トフォリオを複製してみたが、彼らとは1つだけ大きな違いがある。
私はS&P500指数に含まれる株式のみを使った。これはS&P500指数
をベンチマークとして使っているためだ。

　論文には、指数に新たに組み込まれる株と指数から外される株を調
整するために、すべてのオープンポジションにかかわるすべてのシグ
ナルを受け入れると書かれている。これは何百もの株式を同時に保有
することができることを意味する。しかし、これはほとんどの投資家
にとっては現実的とは言えない。そこで私は、リスクパリティという
もっと現実的なポジションサイジングの方法を使うことにした。この
場合、1銘柄につき日々の平均リスクが10ベーシスポイント（bp）
になるようにする。これは非常にシンプルだが効果的なメソッドで、
これについては第8章で詳しく説明する。今のところは、彼らが行っ
ている、ポジションのリバランスも行わない。ただし、リバランスは
良いアイデアであり、結果の向上にも役立つ。これについてはあとの
章で説明する。

　以下のトレードシステムは彼らのモデルを簡易化したものだが、コ

アとなるロジックは同じである。

トレードルール

● 現金があるかぎり、史上最高値で買う。

● レバレッジは使わない。

● 各銘柄の初期リスクが同じになるように、シンプルなリスクパリティを使ったポジションサイジングを使う。

● リバランスは行わない。

● トレーリングストップは50日ATRの10倍のところに置く。

このトレードモデルの結果はまずまずといったところだ。これはお勧めのアプローチではないし、やるべきこともたくさんあるが、伝統的な先物モデルを使うよりはマシだろう。**図4.8**に示したシミュレーション結果からは、ここで使ったモメンタムアプローチが効果的なのは明らかだ。史上最高値のブレイクアウトで買うことには成果があった。もう1つ明らかなのは、このモデルはショータイムへの準備がまだできていないことである。しかし、公平を期すために言えば、これは概念を示すためのデモにすぎない。デモと考えれば、このモデルは正当なものだし、良い研究だと言えるだろう。

予想どおり、このモデルは2000〜2003年のような弱気相場では損失を出している。弱気相場ではこのモデルのパフォーマンスは株式市場全体とほぼ同じである。強気相場ではアウトパフォームする傾向が高い。ただし、2009年に始まった株価上昇よりも、2003〜2007年にかけての強気相場のときのほうがアウトパフォーマンスの度合いは大きかった。

2008〜2009年にかけてはパフォーマンスは平坦だが、これは特に問題ではなく、おかしな点はどこにもない。2008年のリーマンショックのあとに株価が再び史上最高値に達するまでには若干の時間がかかる

図4.8　史上最高値モデルとS&P500

史上最高値モデル

—— 史上最高値モデル　　—— S&P500トータルリターンインデックス

表4.4　史上最高値モデルの月ごとのパフォーマンス（%）

	1月	2月	3月	4月	5月	6月	7月	8月	9月	10月	11月	12月	年
2000	3.0	-3.7	13.8	-1.8	-2.6	0.3	1.1	0.5	9.2	0.2	-5.4	-7.3	5.5
2001	4.6	-4.9	-3.0	-5.6	4.3	1.7	-1.6	-0.4	-2.3	-4.4	0.0	1.6	-10.1
2002	4.1	0.8	1.1	1.1	2.8	-1.6	-2.7	-11.5	-1.1	0.4	-0.8	-4.2	-11.8
2003	0.9	-3.2	0.2	4.2	1.8	5.1	1.3	1.1	4.1	0.9	5.1	2.4	26.4
2004	2.5	2.3	3.9	1.6	-1.1	-0.9	1.6	-2.1	-0.9	5.3	1.0	6.5	21.4
2005	2.3	2.7	5.2	-1.5	-2.2	1.9	0.5	3.2	-0.7	4.1	-1.6	6.0	21.4
2006	0.5	2.1	-0.6	0.4	-1.8	-1.0	-2.4	-1.2	2.8	-0.1	3.2	2.0	3.8
2007	0.8	2.6	-2.3	4.0	2.9	4.4	-2.2	-3.9	0.4	6.5	-3.1	1.5	11.6
2008	-0.5	-5.2	1.4	1.7	2.3	3.9	-0.9	-10.0	-0.5	-8.4	-13.6	-1.8	-28.7
2009	-0.8	0.3	-1.1	0.6	-0.1	-0.1	0.0	0.1	-0.4	0.1	-0.3	4.1	2.1
2010	1.5	-2.5	3.9	2.9	1.7	-2.9	-1.1	1.9	0.0	4.4	3.7	2.1	16.5
2011	1.1	-0.4	1.5	3.3	3.6	0.6	2.1	-3.4	-2.6	-2.7	4.5	3.2	11.0
2012	0.6	0.4	3.3	2.0	3.3	-3.9	4.4	1.7	-1.3	1.9	-1.5	-1.4	9.4
2013	1.5	3.1	2.3	4.7	2.1	-0.2	-0.4	7.4	-3.8	4.2	1.5	1.8	26.6
2014	1.6	-2.8	3.0	-1.0	-1.3	3.6	2.9	-2.5	4.7	-1.7	4.2	1.6	12.7

だろう。したがって、イクスポージャーが再び増加するまでにも時間がかかるだろう。

　図4.9はこのトレードモデルを使った数あるトレードの一例を示したものだ。太線は史上最高値水準を示しており、点線は損切りの位置を示している。これはアップルのトレードチャートだが、このチャートではアップルが最初に史上最高値を付けたときにどのように買われ、どこに損切りが置かれたかが分かる。翌日にポジションを手仕舞うためには、終値が損切りの下にある必要がある。

　この史上最高値アプローチにはいくつか問題がある。1つは、銘柄選択に規則性がないことだ。現金がなくなるまで、株価が史上最高値を更新した銘柄を買うのだが、市場最高値を更新したからと言って、その銘柄がほかの銘柄よりも優れた候補であるとは言えない。もう1つは、選ばれた銘柄は損切りに引っかかるまで保有され続けることで

図4.9 史上最高値モデル——アップル

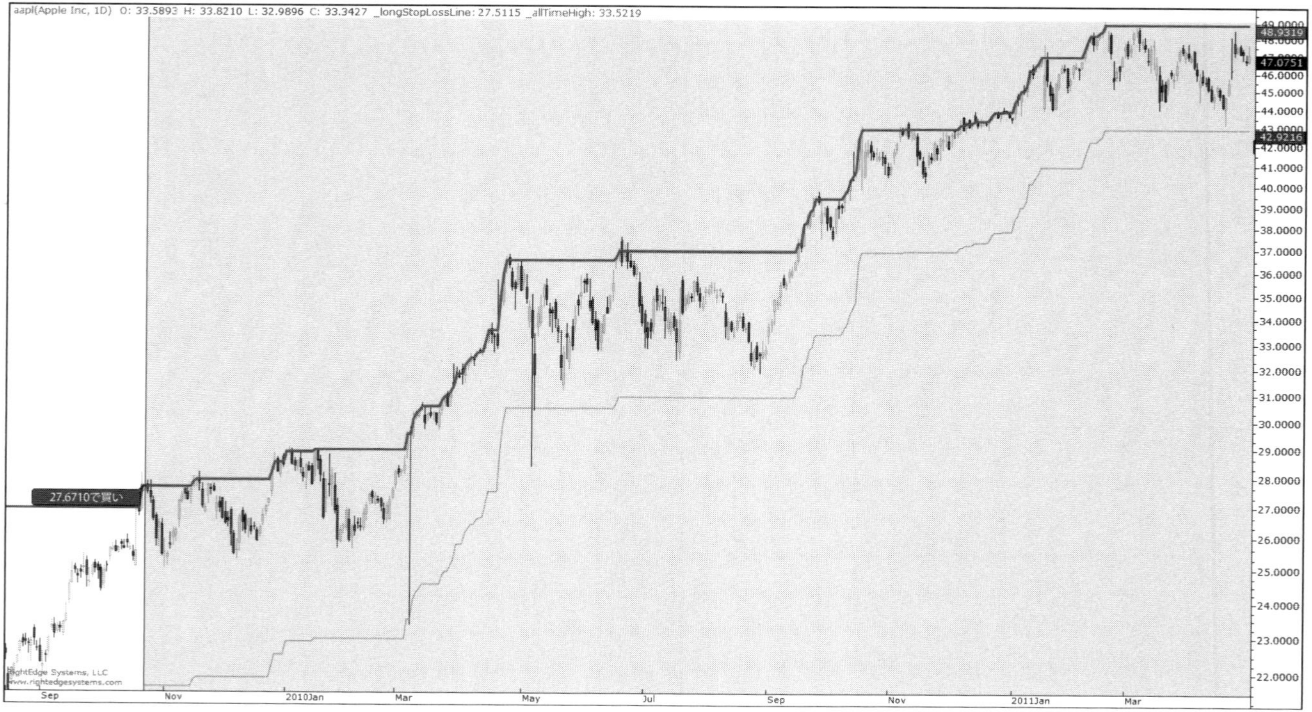

aapl(Apple Inc, 1D) O: 33.5892 H: 33.8210 L: 32.9896 C: 33.3427 _longStoptLossLine 27.5115 _allTimeHigh: 33.5219

ある。理論的には何年も横ばいを続ける可能性もあり、その場合、そのままポートフォリオにとどまることになる。

　つまり、その銘柄はパフォーマンスに貢献することなく貴重な現金を使い続けることになる。たとえ株価が上がっても、そのほかの銘柄の株価が速く上昇するのに対して、その銘柄の株価の上昇はゆっくりだろう。したがって、ポートフォリオにはパフォーマンスの悪い銘柄を意味のある期間よりも長く保有することになる。

　しかし、このモデルからは一般的な概念のようなものが得られるかもしれない。このメソッドはもっとよく調べてみる必要はあるが、このモデルには何か重要な点がありそうだ。このモデルが示しているものは、市場が普通の状態から強い状態のときは、モメンタム株は市場をアウトパフォームするように思えるということである。もう少し充実した内容が導けないかどうか調べてみる価値はありそうだ。

１つの銘柄に対するトレンドフォロー

　トレンドフォローをある１銘柄に適用するのはよい考えとは言えない。成功するかどうかは完全に運任せになる。

　１銘柄のトレンドフォローとは、銘柄を１つか、いくつか選んで、それにトレンドフォローモデルを適用するということである。このアプローチの提唱者は、このアプローチが過去にアップル、グーグル、マイクロソフトなどでうまくいったことを指摘するだろう。通常はこれらの銘柄が例として挙げられるが、それはこれらの銘柄が過去に素晴らしいパフォーマンスを上げたからである。これらの銘柄は有名な会社ばかりだ。1985年にマイクロソフトを買って、15年間保有するのはトレンドフォローではない。正しい時期に正しい株を買えばどうなるかを示す希望的観測にすぎない。

　こうした素晴らしいパフォーマーでさえも、ほとんどのトレンドフ

ォローモデルはそれほどうまくいったわけではない。もちろん、株価は過去10年とか20年で大きく上昇したかもしれないが、その途中のボラティリティは非常に高かった。ポジションを取っては手仕舞いを繰り返すため、利益は減少する。損切りの位置を現在価格からはるか遠くに移動させることもできただろうが、そうすればそれはトレンドフォローというよりもバイ・アンド・ホールドに近いものになる。

アップルの例を見てみよう。アップルはこうした議論で取り上げられることが多い銘柄だ。用いるのは標準的なトレンドフォローモデルだ。強気相場で上にブレイクアウトすれば買い、弱気相場で下にブレイクアウトすれば売る。トレンドフォローモデルでは通常、トレーリングストップを使うので、ここでもトレーリングストップを使う。私たちは、過去に極端に価格が上昇した銘柄を慎重に選んでいるということに注意しよう。過去に価格が上昇した銘柄はうまくいくからだ。

何十年にもわたって先物で素晴らしい成果を示してきた伝統的な中期のトレンドフォローモデルをアップルに適用すると利益が出た。年次リターンはおよそ10％だ。悪くはない。このモデルはATRの３倍の位置に損切りを置く。この損切り幅は中期モデルとしては適正だ。

損切り幅をこの２倍の６倍の位置に置くと結果はもっと良くなり、年次リターンは15％になった。トレンドフォローはうまくいったかに見える。

しかし、実際はそうではなかった。

最初の問題は、損切り幅をATRの３倍にしたときの平均年次リターンは10％だったが、最大損失は48％で、これは取り戻すまでに何年もかかった。このリスクに対して年次リターンがたかだか10％なのは、それほど魅力的とは言えない。損切り幅をATRの６倍にしたときの年次リターンは15％で、儲けは多いように思えるが、最大損失は60％だった。

しかし、こんなことは大きな問題ではない。問題は、トレンドフォ

ローモデルをいじるのをやめて、単にバイ・アンド・ホールドにすれば、年次リターンは26％になっていたということである。**図4.10**は標準的なトレンドフォローモデルをアップルに適用したときと、バイ・アンド・ホールドのパフォーマンスを比較したものだ。

　アップルのような超強気の銘柄でさえこうなのだから、普通のオールド銘柄だとパフォーマンスはさえないものになっていただろうことは容易に想像がつく。

　ここで私が言わんとしていることは、トレンドフォローを1つの銘柄に適用しても良いパフォーマンスは得られないということである。過去にパフォーマンスが良かった銘柄を見つけ、それにトレンドフォローモデルを損切り幅を極端に広くして適用すれば良いパフォーマンスを得られると結論づけるのは簡単だ。おそらくはそうだろう。それに1980年代には不動産を買えば良いパフォーマンスを得られただろう。

　これはいわゆるテンバガー（株価が10倍ほどに跳ね上がる大化け株）の幻想にすぎない。トレンドフォローを株式に適用すれば1000％のリターンを得ることができると思うかもしれないが、そんなことはない。残念ながら、それはトレンドフォローではない。それは過去にパフォーマンスが極端に良かった銘柄を厳選して、それを20年前に買って、売らずに持っていただけである。

トレンドフォローの意味

　なぜ株式モメンタム戦略とトレンドフォロー戦略を区別しなければならないのかと、あなたは思うかもしれない。なぜ違う言葉を使うのか。なぜトレンドフォローは株式ではうまくいかないと言うのか。

　理由は、これら2つは異なる戦略だからである。トレンドフォローの意味を「お金の儲かるものなら何でも買う」に拡大すれば、トレンドフォローはあなたが考えつくありとあらゆるトレード戦略になる。

図4.10 トレンドフォローをアップルに適用したときのパフォーマンス

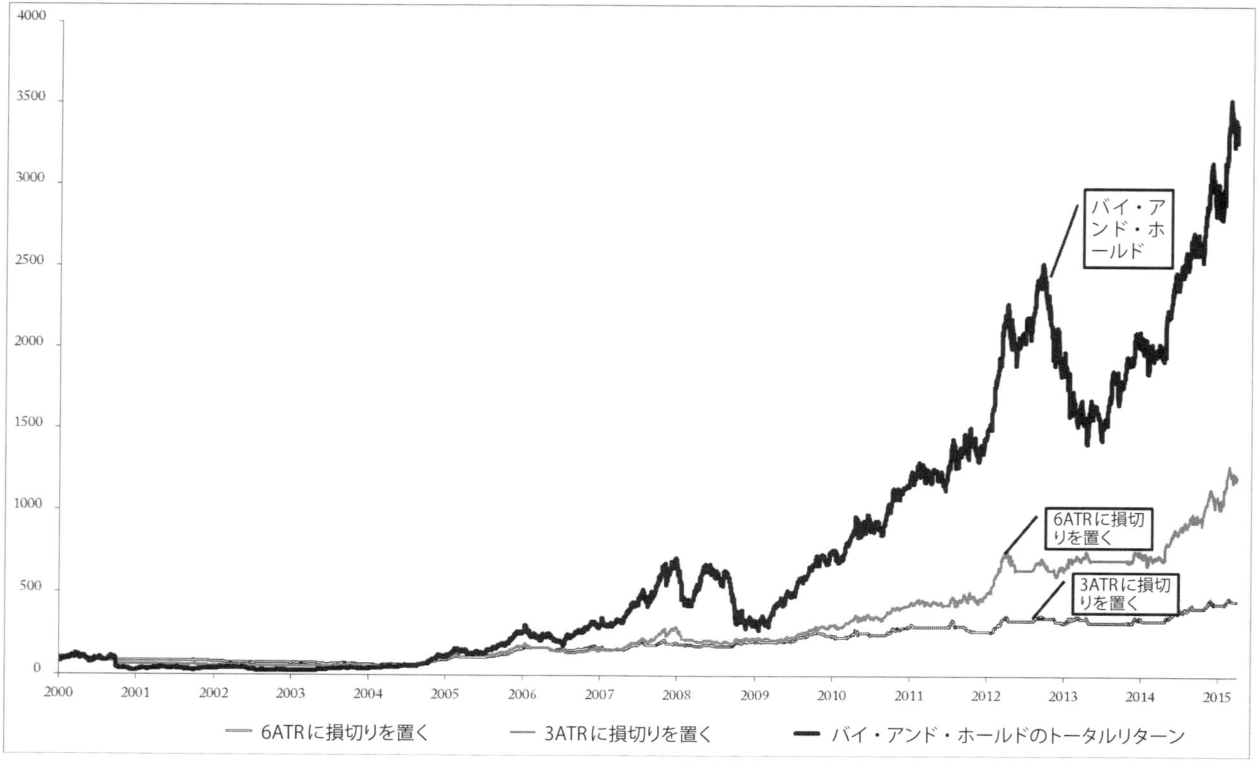

—— 6ATRに損切りを置く　　　—— 3ATRに損切りを置く　　　—— バイ・アンド・ホールドのトータルリターン

74

トレンドフォローはアセットマネジメントビジネスで使われる用語であり、元々は先物市場のために開発されたものである。これは上昇トレンドで買い、下落トレンド売る戦略であり、通常はトレーリングストップで手仕舞うか、トレンドが弱まったら手仕舞う。トレンドフォローが長期にわたってうまくいくためには、幅広く分散された市場が必要で、単独のアセットクラスでのパフォーマンスは悪いのが普通だ。

　時として、プロのアセットマネジャーが株式のトレンドフォローのことを話しているのを聞くことがあるかもしれない。彼らは実際のトレードで高いパフォーマンスを出している。しかしよく見ると、彼らがやっているのはトレンドフォローというよりもモメンタム戦略であることが多い。彼らはトレンドフォローという言葉をマーケティング目的で使うこともある。なぜなら、トレンドフォローという言葉はよく知られており、説明の必要がないからである。彼らが何を買っているのか投資家が理解していれば、これは問題はない。しかし、ソースがどのようにして作られ、あなた自身の戦略をどのように構築すればよいか知りたいときは、トレンドフォローとシステマティックな株式モメンタム戦略の違いを理解することは不可欠だ。

第5章 モメンタム効果

The Momentum Effect

　株がしばらくの間上昇していたとすると、反転するよりも上昇し続ける確率のほうが高い。値上がりした株がさらに勢いを増して上昇したり、値下がりした株がさらに勢いを増して下落するなど、相場が一方向に進みやすい傾向のことをモメンタム効果という。

　モメンタム効果が信頼の置ける現象であるのは、過去にうまくいったというだけではなく、論理的に意味をなすからでもある。これは基本的な人間の本質を示す現象なので、市場から消えてなくなることはない。だれも勝ちトレードが大好きだ。これは人間の本質なのである。

　若干時代遅れの学術理論によれば、公開された情報はただちに株価に織り込まれるとされている。したがって、株価は常に公正な価格で取引されることになる。株を買ったり売ったりしたことがある人は、もちろん実際にはこうはならないことを知っている。株価は常に上下動する。価格がなぜ動いているのかを、リアルタイムで説明するのは非常に難しい。強気相場や弱気相場を何年かさかのぼって、何がなぜ起こったのかを説明するのは簡単だ。しかし、何かが起こっている最中にそれを説明するのは難しい。金融情報は今やコンピューターやインターネットが使える人にとってはすぐに入手できるが、何が起こっているのかは分からない。

　例えば、忙しい日の金融ニュースを読んでみよう。これは時には滑

稽なこともある。特に、重大なニュースが発表されたときはそうだ。まず、朝に市場が0.2％下落する。ニュースでは「市場はFRB（連邦準備制度理事会）が不安を示したために下落」と流れる。2時間後、市場は0.2％上昇する。するとニュースには「市場はFRBが期待を示したため上昇」という文字が躍る。最終的にFRBの発表があり、市場は0.5％下落する。ニュースは、市場はFRBが失望したために下落していることを伝えている。市場が最終的に0.5％上昇して引けると、ニュースは、市場はFRBが肯定的な発表をしたために上昇したと結論づける。

　こうしたニュースを追いかけているとイライラする。このビジネスではユーモアのセンスが必要だ。上の例のように、短時間でニュースがコロコロと変わる場合、ほとんどの人々がニュースに無関心になる。市場は実質的には動かなかった。FRBの発表の効果がもしあったとしても、どんな効果があったのかはだれにも分からない。しかし、もっと長期にわたる期間でも同じような現象は発生する。あと知恵のメリットを得るために十分に長く待てば、おそらく価格が大きく動いた本当の理由が分かるだろう。しかし、そのときにはもう遅すぎる。値動きの理由を見つけることは、実用価値がほとんどない学術研究の仕事になる。

　もちろん、多くの優秀な研究者やファンダメンタルズな投資家を無用だとして追い出そうというわけではない。これらの分野には本当に能力を持った人々がいるし、彼らは素晴らしい仕事をしている。ニュースやファンダメンタルズなファクターやマクロなファクターを分析して長期にわたってお金を儲けている人々は高いスキルを持ち、専門性が高い。しかし、そこには2つの問題点がある。1つは、真剣な調査努力が求められることである。大量の読書や批判的思考や分析が求められる。会社のリポートや背景文書を詳細に調べる必要がある。これが好きな人もいれば嫌いな人もいる。これは夜間にちょっとやるよ

うな運動でないのは明らかだ。

　もう1つの問題は、熟練したファンダメンタルズリサーチャーになるということは、非常に高い専門性を持つことを意味するということである。その分野が新しく注目を浴びてきた分野ならよいだろう。しかし、時代遅れで注目されなくなった分野の場合は不運としか言いようがない。

　重要なのは、株がなぜ動くのかを見つけることであるように思えるが、実際にはこれは空しくて利益の出ない努力でしかない。真実を求めることなどムダでしかない。つまるところ、私たちが求めているのはお金なのである。お金を儲けさせてくれるような情報はどんな情報でも大歓迎だ。しかし、その情報もそれほど多くは必要ない。あなたの必要な情報は価格だけなのである。

　モメンタム投資は上昇しているものを買う戦略だ。価格が上昇していれば、上昇し続けることを期待して買うのである。

モメンタム投資の理論的根拠

　モメンタムファクターがリターンをもたらす要因については、これまでさまざまな研究が行われてきた。モメンタム効果が機能しているとか、モメンタム効果が少なくともこれまでは機能してきたことを示すのはそれほど難しいことではない。それがなぜなのかを説明するのが難しいのである。

　このことについてレビーが1967年に最初に影響力のある論文を発表した。これ以降、この結果を裏付けたり、この研究結果をさらに発展させた興味深い研究がいくつか発表された。そのなかの1つが1993年に発表されたジャガディーシュとティトマンによる論文だ。この論文では、モメンタム投資がうまくいくことについて2つの理論が論じられている。

最初の理論は、過去の勝者を買い、敗者を売る投資家の取引によって価格が一時的に長期的な価値から逸脱し、そのため価格が行きすぎる、というものだ。

　もう1つは、市場は会社の短期見通しに関する情報に対しては過小反応し、長期見通しに関する情報に対しては過剰反応する、というものだ。

　このテーマについてはこれまでにも多くの議論が重ねられ、勝者がなぜ勝ち続けるのかについてはそのほかにも多くの理論が発表された。理論のなかには、一般ファクターに対して株価の反応が遅いことを挙げるものもあるが、これについてはジャガディーシュとティトマンの意見は異なる。勝者が注目を集め、さらに多くの投資家を引きつけるのは、もちろんポジティブフィードバックループによって結果が増幅されることによるものだ。しかし、純粋に実用的な観点から考えると、こういったことについて考えることが本当に重要なのかどうかを自問自答すべきである。モメンタム効果が存在し、過去に超過リターンを生み出したことを示すことができれば、それがこれからも続く可能性は高い。根本的な理由をあれこれ推測することは時間つぶしにはなるだろうが、それは自分のトレードに本当に必要なことなのだろうか。

　モメンタム効果を裏付ける研究は学術研究者の間でも実務家の間でも数多く行われており、パフォーマンスの高い株式モメンタム商品にも事欠かない。したがって、モメンタム投資がうまくいかないと主張するのは難しい。

　ある銘柄がしばらくの間上昇していたとすると、最近あまり上昇しなかった銘柄よりも上昇し続ける可能性が高い。

　注意しなければならないのは、モメンタム効果は弱気相場では強気相場のときとは異なる働きをするということである。強気相場や退屈な市場状態のときは、モメンタム効果はうまく機能する。なぜなら、強気相場のような良い市場状態では、株式は互いに独立して動くから

である。強気相場では市場全体よりも個別株のほうが注目される。

　弱気相場では、市場レベルのファクターがたくさんあるのが普通だ。弱気相場では市場の下落を誘発する何かが存在し、それがすべての株式を動かす決定的要素になる。それはハイテクバブルの崩壊かもしれないし、グローバルな信用の崩壊かもしれないし、国の債務不履行かもしれない。弱気相場では何が起こるかというと、すべての株式が同じような動きをし始める。分散など幻想でしかなく、すべての株式が同じ日に上昇や下落する。こうした市場ではモメンタム効果はまったく役に立たない。

システマティックアプローチのメリット

　これまでモメンタム投資が良い方法であることをあなたが納得するように説明してきたわけだが、ここまでは理解してもらえただろうか。問題は、どのようにしてそれを行うかである。

　1つの方法は、あなたが知っている銘柄を見て、どの銘柄が上昇しそうかをチェックする。上昇している銘柄を買い、上昇していない銘柄は買わない。問題は、あなたが知っている銘柄が、興味深い銘柄ではないということだろう。あなたが通常見ている銘柄だからと言って、それらの銘柄がモメンタム投資に向く銘柄だとは限らない。これらの銘柄をこれまでトレードしたことがあるとしても、それは何の意味もない。それまでは最高のモメンタム株だったかもしれないが、これからもそうであるとは限らない。

　もう1つの方法は、何百というチャートを1つひとつ調べるというものだ。各銘柄のチャートを1つずつ見て、上昇モメンタムに乗っているかどうかをチェックし、そのなかから強いモメンタムの銘柄を絞り込み、最もモメンタムが強いものを買う。このアプローチでは視野を広げることはできるかもしれないが、完璧な良い方法とは言えない。

チャートを視覚的に見るということは、かなり裁量的要素が含まれることを意味する。したがって、どちらの方向にもスイングする可能性のあるランダムな要素を取り込むおそれがある。

　一歩進めて、テクニカル指標を使ってみるというのはどうだろうか。例えば、50日移動平均線が100日移動平均線を上回る銘柄のみに注目するといった具合だ。それでもまだ選べる銘柄はたくさんあり、買う銘柄を厳選することはできない。結局、テクニカル指標を使っても、裁量的要素は大きく、したがってランダムな要素が取り込まれる可能性が高い。

　50日移動平均線と100日移動平均線の距離を測定するというのはどうだろうか。これによってモメンタムを定量化することができる。これはもっと簡単にすることもできて、価格と移動平均線との距離を測定してもよい。銘柄の大きなグループのなかで距離のパーセンテージを比較すれば、モメンタムの基本的なランキングが得られる。これはものすごく素晴らしいランキング方法ではないが、良い出発点にはなる。

　私たちの構築したいものがモメンタム株ポートフォリオだとすると、現金がなくなるまでランキングリストの上位から買っていけばよい。これは候補となる銘柄を見つけるのには役立つが、全体的な方程式のほんの一部でしかない。疑問点はまだまだたくさんある。各銘柄はどれくらい買えばよいのか。買った銘柄はどれくらい保有し続ければよいのか。銘柄はいつ入れ替えればよいのか。

　ランキングは重要だが、これは戦略の１ピースにすぎない。ランキングは戦略にとって必要なものだが、ランダムな要素はまだたくさん残っている。例えば、今日最も強い銘柄を買ったとしても、翌週か１カ月後にほかの銘柄のほうが強くなったらどうなるのか。より強い銘柄といつ入れ替えるのか、どういう条件で入れ替えるのかについてのプランが必要だ。

　重要なのは、各銘柄をどれくらい買うかである。ポートフォリオの全資産の５％を使って20の銘柄を買うといったのんびりとした方法ではうまくいかない。こうしたシンプルな方法には欠点がたくさんある。最大の問題は、ポートフォリオが最もボラティリティの高い銘柄の影響を受けるということである。

　ランダムな要素の別の例を見てみよう。

　弱気相場のときにモメンタム株を保有するのは良い考えでないことは前に述べたとおりである。これは言うは易く、行うのは難しだ。全体的なポートフォリオリスクをいつ、どのように増やしたり減らしたりするかについてプランが必要だ。モメンタム株をいつ買い、いつ買い控えるのかについてのプランが必要なのである。

　これらの要素をすべて網羅するプランが出来上がったら、本当のトレード戦略を手にしたことになる。これを正しく行えば、ヒストリカルデータで検証可能な定量的戦略が得られる。シミュレーションを慎重に行えば、過去にどのファクターが重要であったかを検証することができ、何がうまくいき、何がうまくいかなかったのかをチェックすることができる。このプロセスは、利益に貢献するだけでなく、株式市場を長期にわたって大幅にアウトパフォームする、信頼の置けるトレードメソッドを設計するうえで役立つ。

　次の第６章ではこういったメソッドの構築方法について説明する。このメソッドは何年にもわたるヒストリカルデータで検証しただけでなく、長年にわたる経験に基づいて検証したメソッドでもある。

第6章 マーケット・レジーム・フィルター
Market Regime Filter

　第4章は、シンプルなトレンドフォローモデルをいくつか紹介したが、それらが株式では満足のいく結果を出せなかったことを示した。実はこれらのモデルを大幅に改善する簡単な方法がある。これは非常にシンプルで、簡単な考え方に基づくものだ。なぜ多くの人がいまだにこの考えを取り入れないのか理解に苦しむばかりだ。

　これは非常に簡単で、弱気相場では株を買わない。ただこれだけだ。

　株式のトレード戦略で最も重要な指標は株価指数である。株式はそれぞれ独立している、つまり、それ自身の力で動いているかのように思えるが、それは幻想と言ってもよいかもしれない。ほぼすべての株式は日々市場の全体的な状態に影響される。ポジティブなニュースや買い圧力によって後押しされるモメンタム株でも市場の全体的な状態の影響を受ける。強気相場ではほとんどの株は上昇する。モメンタム株はほかの株よりもより大きく上昇する可能性が高いが、そのほとんどは同じ方向に動く。

　横ばい相場では、上昇する株もあれば下落する株もある。数カ月間にわたるチャートを見ると、株価指数は横ばいのように見えるかもしれないが、上昇した日の多くの株式は株価指数よりもパフォーマンスが若干良い。モメンタム株は、ボラティリティが高すぎないかぎり、横ばい相場では非常にうまくいく。

弱気相場ではどの銘柄を保有しているかはもはや問題ではないように思える。株価指数が下落しているときは、ほとんどの株が下落する。これは程度の問題でしかない。2008年の最も強い株を探そうとしても、当時上昇していた株を見つけるのは実質的に不可能だっただろう。

　市場が下落すると、何もかもが突然下落する。以前は独立して動いていたように思えた株は犬に追われる羊のように同じ方向に動きだす。弱気相場では、相関はいきなり1に近づくため、どの銘柄を選択したかなどもはや問題ではなくなる。どんな銘柄も下落するのだ。

　モメンタム株のポートフォリオでも、そのほかの株のポートフォリオでも、ポートフォリオを保有したい場合、そのときに支配的なマーケットレジームに注意する必要がある。

　マーケットレジームを測定する方法はたくさんある。どの方法で測定するかは問題ではない。市場が強気相場なのか、横ばい相場なのか、弱気相場なのかを見極めるのはそれほど難しくはない。重要なのは、今が弱気相場かどうかである。横ばい相場は通常、モメンタム戦略をトレードするのには打ってつけの相場だ。

　アプローチについて時間を使ってあれこれと考えるのはまったく意味がない。アマチュアトレーダーがよく犯す過ちは、目的を忘れ、ツールボックスにばかり気を取られることだ。自分が何を達成したいのかをよく考え、そのためのシンプルで簡単な方法を見つけることが重要だ。

　私たちが今やりたいのは、長期にわたる全体的な市場の方向性を示してくれるものを見つけることである。そのためにはどうすればよいだろうか。価格が長期移動平均線を上回っているかどうかをチェックする。過去1年間の変動率を測定する。2つの移動平均線を使う。ボリンジャーバンドを使う……。方法はいろいろあるが、どれを使っても大きな違いはない。重要なのは、長期のマーケットレジーム指標を使うことである。

　市場の長期的なトレンドをとらえる指標ならどんなものでも構わないが、私は非常にシンプルなアプローチを使う。物事を不必要に複雑にする必要などない。

　私はS&P500指数が200日移動平均線を下回っていたら弱気相場であると判断する。これは非常に長期のフィルターだ。市場が今、弱気相場なのかどうかは、こうしたシンプルなアプローチを使えば簡単に知ることができる。おそらく株式ポートフォリオ戦略はシンプルなルールを1つ加えるだけで大幅に改善できる。そのルールとは、株価指数が弱気相場にあるときは株式は買わないことだ。

　図6.1は1980年以降のS&P500に200日移動平均線を重ねたものだ。これを見ると、S&P500はほとんどの時間帯で長期移動平均線を上回っていることが分かる。これは大して驚くほどのことではない。つまり、ほとんどの時間帯で株式を買えるということである。

　このチャートでもう1つ気づくのは、S&P500は何度も移動平均線を下回っているが、すぐに移動平均線を上回る位置に戻るということである。そこで、私がここで提唱しているのと逆のことをやると、どうなるかを調べてみるのも面白いかもしれない。つまり、S&P500が移動平均線を下回ったときに買ったらどうなるかである。

　これはまったく異なるアプローチだ。これは私が提唱する方法よりもはるかに難しく、またリスクも高い。1987年の株価大暴落の直後に買ったら、大金を、しかもすぐに儲けることができた。しかし、S&P500が移動平均線を下回った2000年に株式を買っていたら、3年後にはお金は半分に減っていただろう。

　しかし、私がここで提唱しているのはもっとはるかにリスクの低いものだ。ここでは移動平均線をマーケットレジーム指標として使う。この指標は1つのシンプルな質問——市場は上昇しているか——に確実に答えてくれる。価格が移動平均線を上回っていたら、答えはイエスである。

図6.1　S&P500と200日単純移動平均線

S&P500　　　200日単純移動平均線

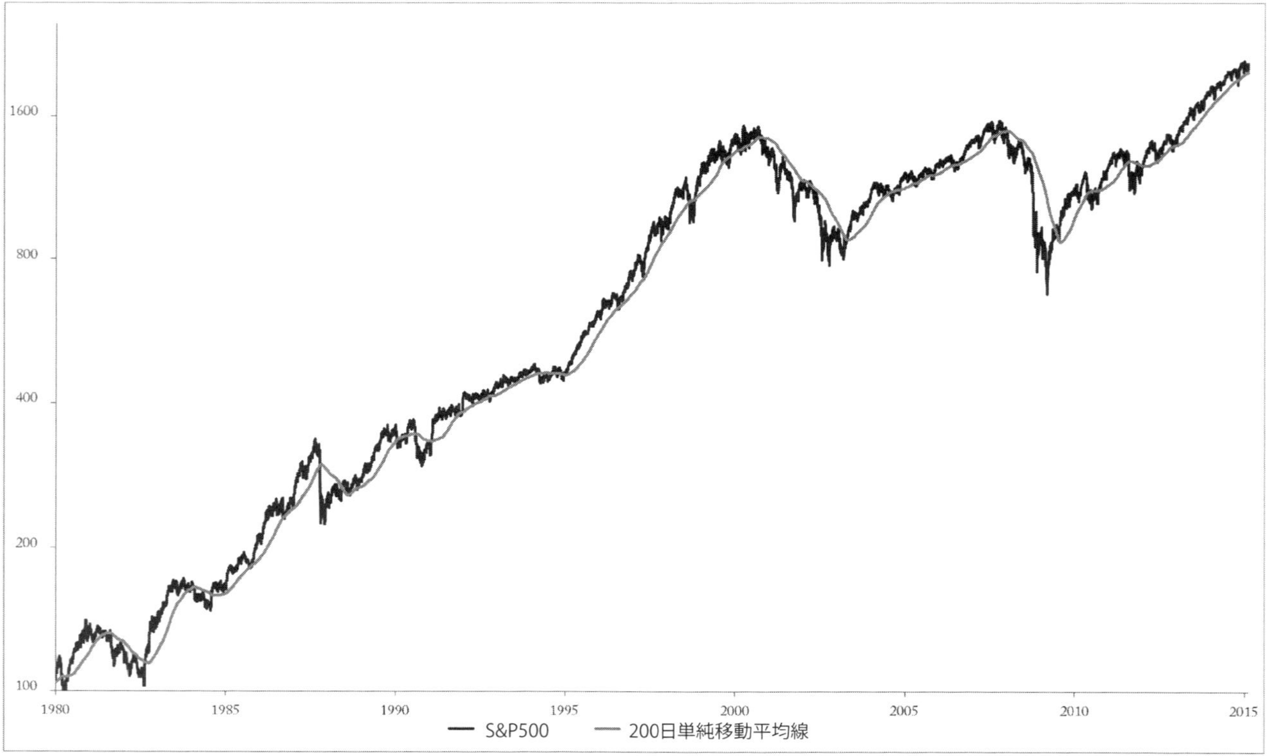

　ここで議論したアプローチでは、S&P500などの指数とその移動平均線はトレードとは直接的な関係はないことに注意したい。指数やその移動平均線は、買えとも売れとも言っているわけではない。指数が移動平均線を下回ったからといって売るわけではない。しかし、ここが重要なところなのだが、指数が長期移動平均線を下回っていたら、新たなポジションは建ててはならない。

　弱気相場では株式を買ってはならないのだ。

第**7**章 銘柄のランキング

Ranking Stocks

　トレードする銘柄が多いときは、それらをランキングする良い方法を見つけることが重要になる。トレードする銘柄がS&P500の構成銘柄のとき、トレードする銘柄を行き当たりばったりに選ぶことはできない。第15章ではできるかもしれないと言っているが、それはもっとあとになってからの話である。よく知っている銘柄や新聞で読んだ銘柄を買うのはもっと悪い。500枚のチャートをめくって、あなたの好きなパターンを見つけようなんてバカなことを考えるのもやめよう。そんなことをすれば、あなたの視覚に左右されることになり、どんなに一貫性を保とうとしても、違う日には別の銘柄を選ぶことになるだろう。あなたのその日の気分、集中力の持続時間などのファクターがあなたの判断を決める主要な要素になり、一貫性のある結果は得られない。

　まず第一にやらなければならないことは、あなたが達成したいことは何なのかをはっきりさせることである。本書は主としてモメンタムについて書かれたものだが、その原理はほかのスタイルでも使うことができる。あなたが本書のことを気に入り、本書が提示するアイデアも気に入ったのなら、モメンタムを研究してみるのがよいだろう。

　モメンタム戦略とは、基本的には株価が最も上昇した株を買うことを意味する。したがって、銘柄は上昇率の高い順にランキングすると

いうことになる。私はシンプルな解法が好きなのだが、これでは少し シンプルすぎるかもしれない。重要なのは、なぜそうなのかを理解す ることである。

インターネットのウェブサイトでよく見るランキングを見てみよう。 人気のあるのは価格と移動平均線との乖離率に基づいてランキングす るというものだ。長期のランキングでは、現在価格と200日移動平均 線との乖離率に基づいてランキングするということになる。しかし、 この種のアプローチには２つの大きな問題がある。

第一に、銘柄の通常のボラティリティがまったく考慮されていない ことである。したがって、非常にボラティリティの高い銘柄を選んで しまうことになる。移動平均線から大きく乖離し、そのあと再び下落 するのは、これらの銘柄にとってはいつもどおりの動きにすぎないか もしれない。第二に、こちらのほうが重要なのだが、移動平均線を大 きく上回ったのはなぜなのかが、まったく考慮されていないのだ。た った１日で価格が移動平均線から大きく乖離したのは、買収見込みの ような大きなイベントによるものであったのなら、そのイベントによ ってその銘柄はランキングのトップに躍り出たのだろう。

トレードにおいてボラティリティは非常に重要だ。これは１年間で だれが最も高い絶対リターンを上げたかを競うゲームではない。これ はボラティリティ対比で最も高いリターンを上げることを競うゲーム なのだ。ボラティリティはパフォーマンスを買うのに使う通貨である ことを忘れてはならない。私たちが望むのは、できるだけ低ボラティ リティでできるだけ高いパフォーマンスを上げることである。リター ンだけ見てリスクを見ないのはギャンブルであり、これは私たちがや っていることとは違う。

これから導かれる結論は明らかだ。つまり、規則正しく大きく上昇 している銘柄を見つける必要があるということである。私たちの求め る銘柄は、長期にわたって大きく上昇しているだけでなく、スムーズ

に動いている銘柄だ。したがって、ランキングには2つの基本的要素が必要になる。それがモメンタムとボラティリティである。

　まずモメンタムを測定する方法を見つけよう。これはそれほど難しくなく、どちらかと言えば好みの問題だ。怪しげなテクニカル分析ツールを見てしまうというよくある過ちに陥らないように注意しよう。アマチュアのトレーダーは過去数十年に出版された数々のテクニカル分析の本を読んで考えが行き詰まることが多い。これらのツールの多くは異なる目的で異なる時代に作られたものである。テクニカル分析用語にこだわることなく、自分自身の目的に合った測定法を一から設計しよう。たとえ、従来からあるテクニカル分析ツールに似たものが出来上がったとしても、測定法を設計する良い練習にはなったはずだ。使い古されたテクニカル指標を使うのとは違って、これによってこれらの方法をもっと深く理解できるようになるはずだ。

　私は自分の測定法は信頼の置ける数学とロジックに基づき、直観で理解でき、必要なときには簡単に視覚化できるものにしたいと思っている。あなたの選んだ方法は私のものとは異なるかもしれないが、それでもまったく構わない。重要なのは、自分の目的に合ったものを見つけることである。自分の測定法を編み出したら、正しいシミュレーションを行い、それが付加価値を与えてくれるものであるかどうかをチェックしよう。

指数回帰を使った銘柄のランキング

　私が普段使う銘柄のランキングは、人によっては複雑すぎるように見えるかもしれない。しかし、この方法に含まれる基本的な統計計算を理解すれば、それほど複雑なものではない。このセクションが難しすぎると思う人は、少し時間を取ってこの背景にあるロジックをまず理解することをお勧めする。統計分析をあまりやったことのない人に

とっては、使われる公式や用語は実際よりも複雑に感じるかもしれない
いが、それほど怖がるほどのことではないので安心してほしい。

　それでもやはりこの概念が難しすぎると思う人は、自分が選んだ方
法を使っても構わない。ロジックと私たちが達成しようとしているも
のを見て、もっと簡単にできるものがあれば、それを使うとよい。こ
こでは私が使っている方法と、なぜこの方法を使うのかを説明する。

　私はモメンタムの測定には指数回帰を使う。ここで２つの疑問が生
じる。回帰とは何か、そして、なぜ指数なのか。なぜ指数なのかを考
える前に、まずは線形回帰を理解する必要がある。ここでは線形回帰
については細かく説明するつもりはなく、簡潔に説明するにとどめる。
この説明がシンプルすぎると感じるクオンツの人には謝罪する。

　線形回帰とは、観測データに最もよく当てはまるラインを求めるこ
とを言う。このケースの場合は、価格の時系列データに最もよく当て
はまるラインを見つける。**図7.1**はこの例を示したものだ。チャート
上には価格の時系列データに最もよく当てはまる線形回帰ラインが引
かれている。これはトレンドラインではないので注意しよう。トレン
ドラインは非常に主観的なもので、いろいろに引くことができる。私
たちが今議論しているのは価格点に基づいて算出される線形回帰ライ
ンである。

　図7.1は1990年代終わりのマイクロソフトの線形回帰ラインを示し
たものだ。線形回帰の公式（ y = ax + b ）を使って、回帰直線を引
くのに必要な２つの値を求める。１つは切片（ b 。どこから直線を引
き始めるか）で、もう１つが傾き（ a 。データ点が１進むと、直線は
どれくらい上下動するか）である。こうして得られたラインが、価格
データに最もよく当てはまるライン、つまり観測点と予測点の誤差が
最小になるラインということになる。

　傾きは株価の方向を教えてくれるので私たちにとって関心の高いも
のだ。

図7.1 マイクロソフトの株価と線形回帰直線

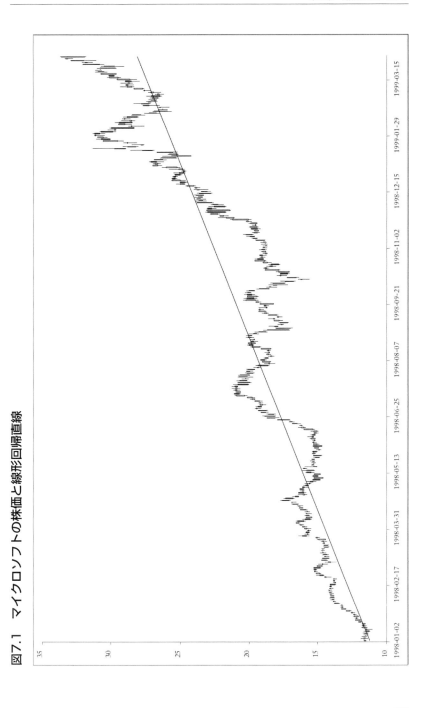

日々のデータの場合、傾きは１日に価格がどれくらい上下動するかを教えてくれる。線形回帰という名前が示すとおり、このラインは直線になる。したがって、日々の価格の線形回帰の傾きを計算するということは、同じ期間において価格が１日に平均的にどれくらい上昇したかや下落したかを計算することを意味する。

　つまり、線形回帰の傾きとは、株価の動くスピード、すなわち株価のモメンタムを測定したものになる。問題は、傾きが価格で表されることだ。株価が10ドルの株が１日で２ドル上昇したとすると、株価が100ドルの株が１日で同じく２ドル上昇するよりもより重要性は増す。

　これが指数回帰を使う理由である。線形回帰の傾きは価格で表されるが、指数回帰の傾きはパーセントで表される。つまり、指数回帰の傾きは、ラインが何％上下動するかを示しているわけである。あるいは、１日当たりの平均変化率と言い換えてもよい。

　この傾きの値は通常は小数点以下の非常に小さな値だ。ほとんどの銘柄は傾きが１％、あるいは0.5％さえ超えることはない。ある銘柄の傾きが１日に１％だったとすると、１年に200％以上動くことになる。しかし、傾きは通常0.000435といった数値になり、ほとんど意味を持たない。したがって、傾きは年次換算するのがよい。

　傾きを年次換算すると、その銘柄が同じ傾きで動き続けたとすると、１年間で理論的にどれくらい上昇するかや下落するかが分かる。

　おそらく株価は同じ傾きで動き続けることはないだろうから、こういった仮定をすることはできないが、指数回帰の傾きが0.0006と言われてもこれが何を意味するのかは分からない。しかし、これは年次換算で16％を意味すると言われれば理解しやすいだろう。

　数学よりも概念のほうが重要だが、この16％という数字がどのように導き出されたか簡単に説明しておこう。最初に、指数回帰の傾きを計算した。これは標準的なチャート作成パッケージやエクセルのようなスプレッドシートアプリケーションを使えば簡単に算出できる。

　この例における指数回帰の傾きは0.0006である。これは平均的な日にこの銘柄の株価は0.06％上昇することを意味する。1年間の営業日が250日だとすると、これを年次換算すると以下のようになる。

$$（1＋0.0006）^{250} = 1.16178$$

　1日の上昇率が0.06％で、これを1年（250日）複利で計算すると16％になる。この数値だと直観的に理解できるはずだ。

　金額で考えるよりもパーセンテージで考えたほうが分かりやすい。XYZ株が先週30ドル上昇したと言われてもピンとこないが、30％上昇したと言われればピンとくる。

　前にも述べたように、年次換算した指数回帰の傾きを使うことの良い点は、直観的に理解できるという点だ。現在の傾きが年間何％に相当するのかが分かる。重要なのは、このリターンが実現することを期待しているわけではないということである。実現リターンはもっと小さいかもしれないし、もっと大きいかもしれない。この方法は、直近の過去を意味のある方法で見ることができるところに妙味がある。

　本書で私たちが求めているのは中期のモメンタムによるランキングである。回帰計算はすべて過去90日（の営業日）を使って行う。90日という期間は、最適化に頼ることなく回帰計算できる期間である。

　図7.2を見てみよう。下のチャートのラインがゼロを上回っているとき株価は上昇し、ゼロを下回っているときは下落している。数値が大きいほど、モメンタムは強い。

　私たちがトレードを考えているすべての銘柄の指数回帰の傾きを計算し、その値を年次計算し、それらの数値に基づいて銘柄をランキングすれば、素晴らしいランキングの出来上がりだ。完璧ではないが、かなり良いランキングだ。

　図7.2はエセックス・プロパティ・トラストの株価チャートを示し

図7.2　エセックス・プロパティ・トラストの株価と年次換算した指数回帰の傾き

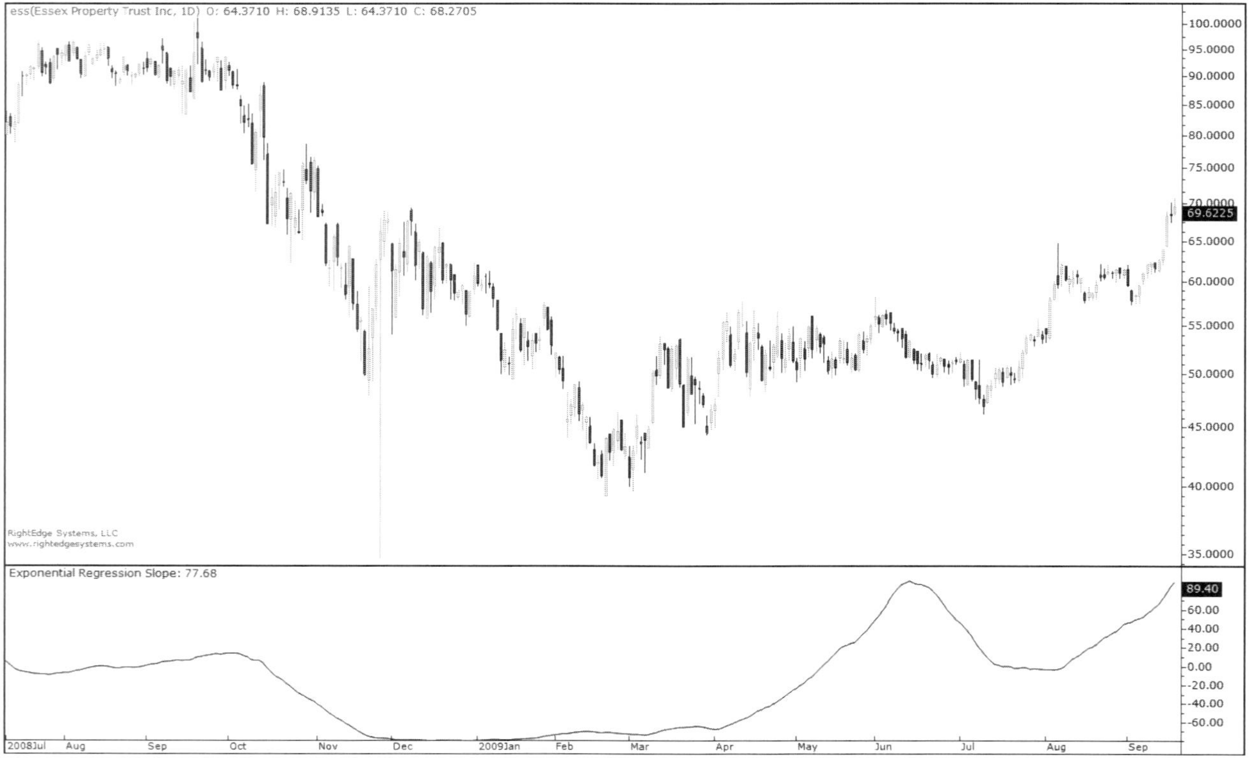
ess(Essex Property Trust Inc, 1D) O: 64.3710 H: 68.9135 L: 64.3710 C: 68.2705
100.0000
95.0000
90.0000
85.0000
80.0000
75.0000
70.0000
69.6225
65.0000
60.0000
55.0000
50.0000
45.0000
40.0000
35.0000
RightEdge Systems, LLC
www.rightedgesystems.com
Exponential Regression Slope: 77.68
89.40
60.00
40.00
20.00
0.00
-20.00
-40.00
-60.00
2008Jul
Aug
Sep
Oct
Nov
Dec
2009Jan
Feb
Mar
Apr
May
Jun
Jul
Aug
Sep

たものだ。下のチャートは年次換算した指数回帰の傾きを示している。目盛りのゼロ水準に注目しよう。

　傾きの最も大きな銘柄がランキングリストのトップになる。大きく上昇している銘柄ほど、ランキングの上位に来る。これは純粋なモメンタムランキングだ。

　このランキングによるアプローチには1つだけ小さな問題がある。年次換算した指数回帰の傾きを使ってランキングするということは、データに対するラインの当てはまりの良さを無視していることになる。例えば、ある銘柄が数カ月にわたって横ばいを続けていたが、突然1日だけ50％上昇したあと、再び横ばいに戻ったとすると、ランキングは混乱するだろう。では、ランキングを作ることは不可能なのだろうか。そんなことはない。買収を発表した会社の株価はこういった動きをするのが普通だ。株価は買収価格に近い価格に跳ね上がり、そのあと取引が完了するまでボラティリティを失って横ばいになる。これは買いたくない状況だ。おそらくはこれよりももっと変わったシナリオが発生することもあるだろう。

　いきなり大きく高騰した銘柄は買いたくない。できるだけスムーズに上昇した銘柄を買いたい。できれば買ったあとスムーズに上昇し続けるような株を買いたい。私たちが求めているのは本当にモメンタムのある銘柄であって、いきなり大きく上昇して、バカげたギャップを発生させるような銘柄ではない。

　注意深い読者なら、これを解決するためのヒントが少し前のパラグラフにあることに気づいたはずだ。注目の言葉が「当てはまりの良さ」である。ここでは回帰分析を使っているので、価格データがどれくらいよく回帰ラインに当てはまっているかを測定する完璧な方法がある。それが決定係数（R^2）と呼ばれるものだ。

　R^2は価格データがどれくらい回帰直線に当てはまっているかを示すものだ。価格データ点があちこちに散らばっていても、回帰直線は計

算することは可能だが、結果はナンセンスなものになるだろう。なぜなら、こうした価格データ点には関連性がないからだ。実際の傾きは予測することはできない。このような場合のR^2はゼロに近い数値になる。

これとは逆に、価格データ点がほぼ完璧に直線上にあるような場合、前の結果とはまったく逆の結果になる。ほぼ完璧な直線上にあるような価格データに基づいて算出した回帰の傾きのR^2はほぼ1になる。

R^2は0と1の間の値を取る。R^2が1ということは、データが直線に完璧に当てはまっていることを示す。R^2の値が低くなるほど、回帰直線のデータ点に対する当てはまり度は悪くなる。公式を知るよりもロジックを理解することのほうが重要であることを忘れてはならない。

そこで今日のクイズだ。2つの数値があったとすると、どちらを使えば良いランキングが行えるだろうか。1つは年次換算した傾きで、もう1つはR^2の値だ。

こんなときは2つの数値を掛け合わせてみる。回帰直線の当てはまり度が低い場合、数値は下がる。高い場合、数値はそれほど下がらない。これは、純粋なるモメンタムを回帰直線の傾きで測定し、ボラティリティで罰を与えることを意味する。ボラティリティが高いほど、罰は大きくなる（数値は下がる）。

ランキングリストはほとんどの場合、似たようなものになるだろう。違いは、極端によくフィットした銘柄はランキングが大きくシフトするだろうということである。高ボラティリティの下で株価が大きく上昇した銘柄はランキングリストが下がり、候補から外される。R^2（当てはまりの良さ）を使って私たちが達成したかったのはまさにこれなのである。

図7.3の下から2番目のチャートは年次換算した指数回帰の傾きを示している。これは純粋なるモメンタムだ。下から1番目のチャートは当てはまりの良さ（決定係数）を示している。下から3番目のチャ

ートはこれら２つを掛け合わせたものだ。

　ボラティリティが上昇するとR²が素早く下落していることが分かる。**図7.3**の下の真ん中のチャートのように、価格がスムーズなトレンドで動いているときは、R²は高いままだ。その場合、モメンタムのランキングはそれほど大きな影響を受けない。これとは逆に、価格が方向を変えたり不安定になると、R²の値は下落し、したがってランキングは下がる。

　このように、私たちのモメンタムのランキングは、モメンタム（回帰の傾き）と質（R²）を組み合わせたものだ。指数回帰の傾き（モメンタム）に決定係数（R²）を掛け合わせることで、銘柄をランキングする素晴らしい方法が得られるのである。

　エクセルはこれらのランキングを計算するのには向かないが、スプレッドシートを使って手動でやればやれないことはない。これらの表を自動化するのにエクセルを使うのは実用的ではないが、ロジックはよく理解できる。

　図7.4は調整済み傾きをエクセルで計算する方法を示したものだ。私たちはこの調整済み傾きを使って、モメンタム戦略の全銘柄をランキングする。ここでやっているのは、価格の対数（ln）を取って、それに標準的な回帰方程式を適用しただけである。

　A列は時系列の開始からの日数、B列が日付、C列が価格である。ここまでは何の計算も行っていない。

　D列で価格の自然対数を計算する。この数値が指数回帰の計算の基礎になる。E列ではエクセルの標準的なSlope()関数を使って、自然対数の回帰の傾きを計算する。

　F列では年次換算した傾きを求める。傾きにExp()関数を適用して傾きの１日における変化率を求め、それを250乗すると年次換算した傾きを得ることができる。

　G列ではRSQ()関数を使ってR²を求め、H列では傾きとボラティリ

図7.3 エクスペディターズ・インターナショナルの株価と回帰の傾きと当てはまり度

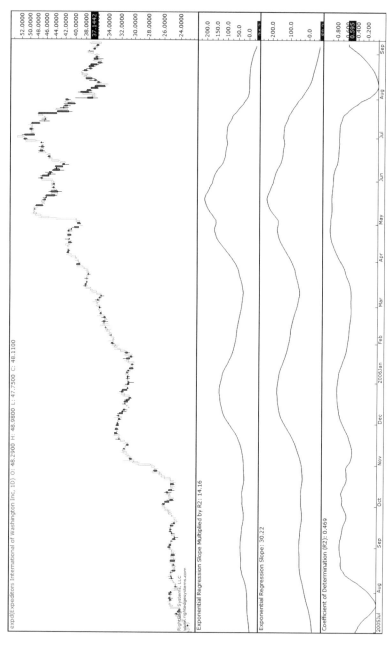

ティを掛け合わせて調整済み傾きを算出する。

　得られた結果は、選択したユニバースの全銘柄を調整済み傾きに基づいてランキングしたリストである。この場合、株式ユニバースとしてはS&P500に含まれる銘柄を使った。**表7.1**は本書執筆の時点におけるランキングのトップ30を示したものだ。もちろんトップ銘柄は常に変化する。あなたが本書を読むころにはこのリストは古くなっているだろう。

　表7.1で重要なのは右側の３列である。調整済み傾きは、年次換算した指数回帰の傾きにR²を掛けたものである。その次の列はATR（真の値幅の平均）で、この場合は20日ATRを使っている。最後の列はポートフォリオにおける目標ウエートである。目標ウエートは非常に簡単だが、非常に重要な計算で、これについてはポジションサイズを扱った第８章で詳しく説明する。

　このランキングリストを使ってポートフォリオを構築するのは非常に簡単だ。

　現金がなくなるまでリストの上位から買っていく。こうして出来上がったポートフォリオが最初のポートフォリオだ。現在のリストでは現金がなくなるまで買える銘柄は最初の23銘柄だ。ポジションサイズはリスクパリティになるように算出する。つまり、各ポジションのリスクが同じになるようにするということである。各銘柄はボラティリティが異なるので、アロケーションされる現金の額は異なる。これについては詳しくは第８章で説明する。

　上位銘柄から買っていくのはリスキーではないか、と指摘する人もいるだろう。バイオテック銘柄が25も占めるポートフォリオになったらどうするのか。これが心配なら、セクターごとの上限を設けるとよいかもしれない。しかし、そういった極端なポートフォリオになったことは、シミュレーションでも私の経験でもない。**図7.5**は2015年２月現在におけるこのアプローチのセクターアロケーションを示したも

図7.4　エクセルでの回帰の計算法

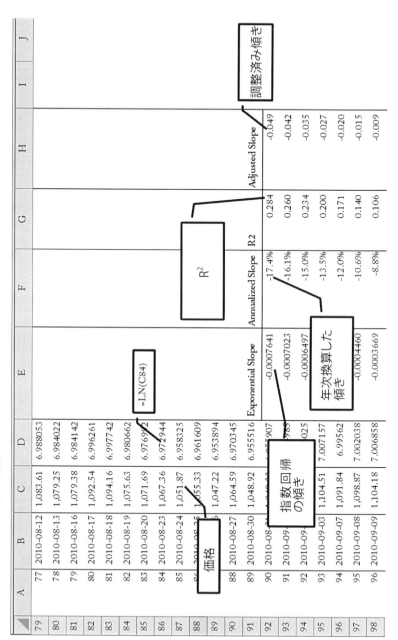

104

表7.1　銘柄ランキングのトップ30

ランク	ティッカー	会社名	セクター	調整済み傾き	ATR	目標ウエート
1.	SPLS	ステープルズ	一般消費財	257.94	0.70	2.4%
2.	EA	エレクトロニック・アーツ	情報技術	240.75	1.53	3.6%
3.	MAC	マセリッチ	金融	177.92	1.59	5.5%
4.	WFM	ホールフーズ・マーケット	生活必需品	174.24	1.20	4.4%
5.	WHR	ワールプール・コーポレーション	一般消費財	156.52	5.14	4.0%
6.	AVGO	アバゴ・テクノロジー	情報技術	147.28	3.66	2.9%
7.	LOW	ロウズ・カンパニー	一般消費財	144.55	1.44	5.0%
8.	KR	クローガー	生活必需品	143.62	1.05	6.8%
9.	KMX	カーマックス	一般消費財	138.51	1.42	4.6%
10.	LUV	サウスウエスト航空	資本財	137.14	1.53	2.9%
11.	GLW	コーニング	情報技術	132.43	0.58	4.3%
12.	HSP	ホスピーラ	ヘルスケア	130.84	2.14	4.1%
13.	GGP	ジェネラル・グロース・プロパティーズ	金融	126.00	0.54	5.5%
14.	SHW	シャーウィン・ウィリアムズ	素材	124.95	4.83	5.8%
15.	PCG	PG&E	ユーティリティー	120.13	1.13	5.0%
16.	STZ	コンステレーション・ブランズ	生活必需品	116.21	2.03	5.6%
17.	LB	エル・ブランズ	一般消費財	115.18	2.03	4.6%
18.	DAL	デルタ航空	資本財	113.50	1.67	2.7%
19.	MHK	モホーク・インダストリーズ	一般消費財	108.91	3.68	4.6%
20.	DLTR	ダラー・ツリー	一般消費財	106.75	1.69	4.5%
22.	NOC	ノースロップ・グラマン	資本財	106.64	3.02	5.5%
23.	SCG	スキャナ・コーポレーション	ユーティリティー	103.42	1.16	5.3%
24.	PNW	ピナクル・ウエスト・キャピタル	ユーティリティー	101.75	1.25	5.4%
25.	HCN	ヘルス・ケア・リート	金融	100.14	1.49	5.2%
26.	TGT	ターゲット・コーポレーション	一般消費財	99.44	1.60	4.8%
27.	SEE	シールドエアー	素材	95.83	1.13	4.0%
28.	BXP	ボストン・プロパティーズ	金融	94.80	2.26	6.3%
29.	DRI	ダーデン・レストランツ	一般消費財	93.55	1.08	5.7%
30.	PDCO	パターソン・カンパニーズ	ヘルスケア	93.36	0.90	5.5%

編集部注＝21番が欠番で不明

図7.5　セクターアロケーション——初期サンプルポートフォリオ

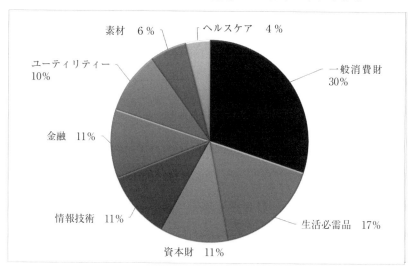

のだ。インデックスポートフォリオでないのは明らかだが、特に問題はない。非常に論理的でさえある。エネルギー株は1銘柄も含まれていないが、このセクターが半年以上にわたってひどい状態であったことを考えるとうなずける。電気通信サービスセクターの株も含まれていない。なぜなら、このセクターはかなり前から死んだ状態だったからだ。一般消費財と生活必需品はこの時期パフォーマンスが良かったので、ウエートは高い。

　このポートフォリオは全体的に見てベテランのファンダメンタルズのアナリストが構築するようなポートフォリオだ。このポートフォリオは私にとっても安心していられるポートフォリオで、不眠になることはなさそうだ。

追加的フィルター

　ここで紹介したランキングの方法は素晴らしいものだ。しかし、銘柄を選択するうえではあと2つ基準を設けたい。非常にシンプルで論理的な基準だ。

　1つは、価格が100日移動平均線を上回っていることである。100日移動平均線を上回っていなければ、モメンタムがあるとは言えないからだ。普通の市場状態では、モメンタムランキングの上位にいる銘柄は大概は100日移動平均線を上回っている。このルールを設けることで、上昇している銘柄がないからといって、横ばいや下落している銘柄を買うことはない。このような状態は弱気相場のときや、特に強気相場から弱気相場に反転するときに発生することが多い。したがって、100日移動平均線を下回っている銘柄は候補としては失格だ。

　もう1つは、ギャップだ。ギャップは私を不安にさせる。過去90日において15％以上の大きな動きがあった銘柄もまた候補としては失格だ。ギャップの大きな銘柄を選んでしまえば、モメンタム株ではない銘柄を選んでしまうリスクがある。短期的なショックは大きな動きを発生させることがあり、時にはボラティリティ調整済みモメンタムランキングリストの上位に入ってしまうこともある。私たちが望むのは、突然のギャップで大きく動く銘柄ではなく、長期的にスムーズに動く銘柄なのである。

　したがって、本章で紹介したランキングの方法の要素は以下のようになる。

● 90日の年次換算した指数回帰の傾きに決定係数を掛けたものが大きい順にランキングする。
● 価格が100日移動平均線を上回る銘柄のみを候補に入れる。
● 過去90日間に15％を超える大きな動きがあった銘柄は候補から外す。

第8章 ポジションサイズ

Position Size

　どの株を買うかは決まった。今のところは順調だ。しかし、ここで１つ重要な意思決定をしなければならない。これは非常に重要だが、無視されることが多い。それはポジションサイズだ。ポジションサイズとそれが時間とともにどう変化するかによって、物事は大きく変わってくる。

　ポジションサイズはお金のアロケーションではないことに注意しよう。ポジションサイズはリスクのアロケーションである。これはポジションサイジングを理解するうえでの鍵となる。使用する現金の額は重要ではない。現金の額は株式のような現物商品を買うときには拘束条件となる。なぜなら、現物商品を買うときは全額を支払う必要があり、レバレッジをかけることはできない。したがって、現金の額はポジションサイジングを考えるときの基準とはならない。

　ポジションサイズを考えるときに、キャッシュアロケーションで考えるのがなぜ悪いのかを理解することが重要だ。これは個人トレーダーや投資家が犯す過ちであるばかりでなく、多くのファンドマネジャーやアセットマネジャーも犯す過ちでもある。キャッシュアロケーションは簡単なので、ついつい使いたくなってしまう。

　キャッシュアロケーションの典型的な方法は、ポートフォリオに20銘柄を組み込むことを想定し、それぞれの銘柄に全資産の５％ずつを

配分するというものだ。20銘柄は適度な分散を達成するのにちょうど良い数値のように思えるし、表面的には良いプランであるかに見える。問題は、この方法はリスクの確率密度分布を考慮すると、ポートフォリオがボラティリティの高い銘柄に偏ることである。

　ポートフォリオに含まれる全銘柄が同じようなボラティリティならば、この均等加重アプローチはうまくいく。しかし、実際には全銘柄が同じボラティリティということはあり得ない。1日の値動きが0.5％という銘柄もあれば、2％を超える銘柄もあるのが普通だ。ボラティリティの異なる銘柄を同じポートフォリオに組み込んで、同額の現金をアロケーションすれば、実際には高ボラティリティ銘柄のウエートが高くなる。ポートフォリオの全体的な利益は高ボラティリティの少数の銘柄に大きく依存することになり、低ボラティリティ銘柄はポートフォリオの利益にあまり寄与しなくなる。

　キャッシュアロケーション・アプローチとリスクアロケーション・アプローチを使ってモメンタム株のポートフォリオを作成し、構成がどのように違うかを見てみよう。**表8.1**は、本書執筆の時点におけるS&P500のトップのモメンタム銘柄を示したものだ。もちろん本書が出版されるころにはこのリストは古くなっているだろう。最初の例は各銘柄に同額の現金をアロケーションするという古い手法を使ったものだ。各銘柄にはボラティリティを完全に無視して、同額の現金をアロケーションする。

　これは有名な会社で構成され、よくバランスが取れ、さまざまなセクターに分散されたポートフォリオのように見える。含まれていないセクターもあるが、それには理由がある。例えば、エネルギーセクターは2014年中ごろから原油価格が下落し始めてから大きくアンダーパフォームしたセクターだ。ユーティリティーセクターと電気通信サービスセクターも含まれていないが、これらのセクターはしばらくの間、人気がなかったセクターだ。素材セクターも同様だ。

表8.1　シンプルな均等加重ポートフォリオ

ティッカー	会社名	セクター	均等ウエート
SPLS	ステープルズ	一般消費財	5%
EA	エレクトロニック・アーツ	情報技術	5%
MAC	マセリッチ	金融	5%
WFM	ホールフーズ・マーケット	生活必需品	5%
WHR	ワールプール・コーポレーション	一般消費財	5%
KMX	カーマックス	一般消費財	5%
DAL	デルタ航空	資本財	5%
LUV	サウスウエスト航空	資本財	5%
KR	クローガー	生活必需品	5%
LB	エル・ブランズ	一般消費財	5%
DLTR	ダラー・ツリー	一般消費財	5%
HSP	ホスピーラ	ヘルスケア	5%
STZ	コンステレーション・ブランズ	生活必需品	5%
LEG	レゲット・アンド・プラット	一般消費財	5%
TGT	ターゲット・コーポレーション	一般消費財	5%
VTR	ベンタス	金融	5%
CELG	セルジーン・コーポレーション	ヘルスケア	5%
ROST	ロス・ストアーズ	一般消費財	5%
PDCO	パターソン・カンパニーズ	ヘルスケア	5%
MNST	モンスタービバレッジ	生活必需品	5%

　このポートフォリオのセクター構成は意図的なものではなく、裁量も含まれていない。特定の日のトップのモメンタム銘柄を選んで構成しただけである。

　選んだ銘柄は当時としては良いモメンタムポートフォリオを作り上げている。これらの銘柄は有効なモメンタム基準で選ばれた銘柄だ。しかし、ウエートには改善の余地がある。銘柄によってはほかの銘柄よりもボラティリティの高い銘柄がある。各銘柄に同額の現金をアロケーションすれば、ポートフォリオはボラティリティの高い銘柄に支配されてしまう。普通の市場状態の日は、ポートフォリオはボラティ

リティの高い銘柄の影響を受ける。つまり、均等加重ウエートにすると出来上がったポートフォリオは非常にバランスの悪いものになってしまうということである。

これはリスクパリティアロケーションにすることで解決することができる。各銘柄のボラティリティに基づいてポジションサイズを決めるのである。ボラティリティの高い銘柄のポジションサイズを小さくすることで、各銘柄がポートフォリオに及ぼす影響を理論的に等しくするのである。

表8.2はボラティリティを考慮したときの各銘柄のウエートを示したものだ。ウエートの計算は本書執筆の時点における市場データに基づいている。したがって、本書を読むころには数値は古くなっている可能性が高い。

表8.2を見ると分かるように、リスクパリティに基づくサイズはバリエーションに富んでいる。サイズが最も小さな銘柄のウエートはわずか3.1％で、最大サイズは7.6％だ。つまり、サウスウエスト航空はクローガーよりもボラティリティが高いということである。サウスウエスト航空は大きく動く可能性があるため、大きなリスクはとりたくない。サウスウエスト航空で大きなリスクをとりたいと思わないかぎり、これら２つの銘柄を同額だけ買うのは無意味でしかない。

株式モメンタム戦略のような投資戦略のポジションサイジングでは、詳細はそれほど重要ではない。重要なのはセルジーンを3.4％買うか、3.6％買うかではない。重要なのは概念を理解することである。各銘柄に同額の現金をアロケーションするのがなぜ悪いのかを理解できれば、ポジションサイジングの問題を解決するうえで大きな進歩を遂げたことになる。ある銘柄における１ドルは、ほかの銘柄における１ドルとリスクは同じではない。重要なのは、各銘柄のノーマルボラティリティを考慮することである。

表8.2で使われた手法は非常にシンプルで、だれでも簡単に計算す

表8.2　リスクパリティを使ってポジションサイズを行ったポートフォリオ

ティッカー	会社名	セクター	リスクパリティウエート
SPLS	ステープルズ	一般消費財	3.5%
EA	エレクトロニック・アーツ	情報技術	4.1%
MAC	マセリッチ	金融	6.2%
WFM	ホールフーズ・マーケット	生活必需品	5.1%
WHR	ワールプール・コーポレーション	一般消費財	5.0%
KMX	カーマックス	一般消費財	4.8%
DAL	デルタ航空	資本財	3.1%
LUV	サウスウエスト航空	資本財	3.1%
KR	クローガー	生活必需品	7.6%
LB	エル・ブランズ	一般消費財	5.3%
DLTR	ダラー・ツリー	一般消費財	4.8%
HSP	ホスピーラ	ヘルスケア	5.5%
STZ	コンステレーション・ブランズ	生活必需品	6.1%
LEG	レゲット・アンド・プラット	一般消費財	5.3%
TGT	ターゲット・コーポレーション	一般消費財	5.1%
VTR	ベンタス	金融	6.7%
CELG	セルジーン・コーポレーション	ヘルスケア	3.4%
ROST	ロス・ストアーズ	一般消費財	5.2%
PDCO	パターソン・カンパニーズ	ヘルスケア	6.4%
MNST	モンスタービバレッジ	生活必需品	3.6%

ることができる。資産運用業界のプロが使う手法はもっと複雑だが、結果はそれほど変わらない。高価なツールをすでに持っている人は複雑な手法を使ってももちろん構わないが、リスクパリティサイジングは簡単な公式でポジションサイズを算出することができる。

株数＝（トレード口座の資産額×リスクファクター）÷ATR

ATRとはアベレージ・トゥルー・レンジ（真の値幅の平均）の略で、その銘柄の平均的な1日の値動きを意味する。トゥルーレンジ（TR。

真の値幅）とは、「当日の高値と安値との差」「当日の高値と前日の終値との差」「当日の安値と前日の終値との差」のうち最大のものである。トゥルーレンジの過去ｎ日間の平均を取ったものがATRである。ｎ日として何日を使うかは好みと目的によって異なるが、それほど重要ではない。**表8.2**では20日を使った。ATRは簡単に計算することができるし、金融ソフトウェアアプリケーションを使えば自動的に算出することができる。

　リスクファクターは任意の数値で、１つの銘柄がポートフォリオに与える１日の目標インパクトとして設定される。この数値を0.001に設定した場合、１つの銘柄がポートフォリオに与える日々の目標インパクトは0.1％（10ベーシスポイント［bp］）ということである。当然ながら、ATRは直近の過去においてはほぼ同じ水準に維持されているものと仮定する。

　リスクファクターの値を小さく設定するほど、その銘柄のポジションサイズは小さくなる。ポートフォリオを構築するうえでこれが何を意味するのかは明らかだ。つまり、リスクファクターが小さいほど、ポートフォリオに組み込む銘柄数は増えるということである。なぜなら、私たちは現金がなくなるまで買い続けるわけだが、リスクファクターが小さいほど各銘柄に配分する現金が少なくなるからだ。

　したがって、リスクファクターが小さいほどポートフォリオは分散されたものになる。しかし、株式の世界では分散は一定の効果しかないことを覚えておこう。５銘柄を保有するよりも10銘柄を保有したほうが分散という意味では明らかに有利だが、30銘柄を保有するよりも40銘柄を保有するほうが有利かどうかは分からない。

　このアプローチによるポジションサイズの計算方法の例をモンスタービバレッジを使って見てみることにしよう。**図8.1**はモンスタービバレッジの株価チャートを示したもので、その下には20日ATRが示されている。この企業のポジションサイズを算出するには、最新の

図8.1　モンスタービバレッジの株価と20日ATR

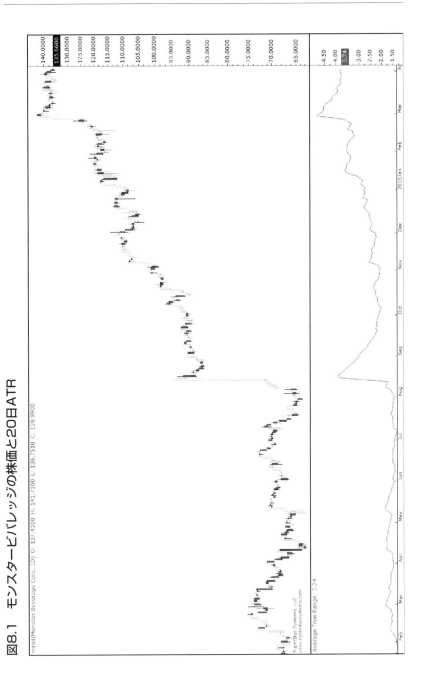

ATRの値を用いる。最新のATRの値は3.26である。つまり、この銘柄は過去20日で1日平均3.26ドル動いたということである。したがって、平均的な日にはこの銘柄は3.26ドル動くということになる。適正なリスクファクターを10ベーシスポイント（0.1％）とする。リスクファクターは任意の数値で、値が高いほど銘柄数は少なくなり、ポジションサイズは大きくなることを覚えておこう。

トレード口座の資産額は10万ドルとする。したがって、モンスターの株は次のように30株買えばよい。

（10万ドル×0.001）÷3.26＝30株

この式の分子は日々の目標インパクトだ。10万に0.001を掛けると100になる。これは重要な数値だ。つまり、このポートフォリオに含まれる各銘柄は1日に平均で100ドル動く（上下動）ということである。100ドルは各銘柄が1日にポートフォリオに与えるインパクトである。

この銘柄は1日に平均で3.26ドル動くので、このポジションの目標とする動きを、この銘柄の1日の平均的な動きで割る必要がある。100を3.26で割ると30.67になる。端数を切り捨てると30になるので、30株買えばよい。

現在の株価は118.93ドルなので、これを30株買うと3567.9ドルになる。したがって、このポジションのポートフォリオウエートは3567.90ドル÷10万ドルなので、3.57％になる。

ポジションサイズを計算するときは、現金をアロケーションするのではなく、リスクをアロケーションするということを覚えておこう。私たちは各銘柄のボラティリティを見て、それに基づいてサイズを決める。キャッシュアロケーションは地に落ちるに任せておけばよい。

ポジションのリバランス

これは非常に重要なテーマだ。運用組織で働いている人なら、これが重要なことは言うまでもなく、これだけを扱う章を設けてもよいくらいだと思っていることだろう。これはこのビジネスにかかわるほとんどの人が一定の頻度で定期的に行っていることである。当然ながら、あなたもリバランスする必要がある。そうでなければ、バランスの悪いポートフォリオになってしまう。

しかし、アセットマネジメントの世界で働いていない人はあまり聞いたことがない言葉かもしれない。しかし、リバランスは長期的なパフォーマンスに大きな影響を及ぼすものだ。リバランスとは時間の経過とともにポジションサイズを変えることである。これは勝ったらサイズを2倍にしたり、負けたら倍賭けするという意味ではない。それはギャンブルだ。リバランスとは、ポートフォリオに含まれる各要素の価格が上下動することで、当初の割合が崩れてしまったポートフォリオを元の状態に戻すことをいう。

前のセクションでは、ポジションサイズを決めるときには、現金ではなくリスクをアロケーションすると言ったのを覚えているだろうか。リスクは静的な要素ではなく、時間とともに変化する動的要素だ。

リバランスを理解するには、まずはボラティリティに基づくポジションサイズを理解する必要がある。この概念にはいろいろな変化形があるが、ここでは前に提示したATRを基にした公式を使う。この公式はしっかりと仕事をするうえ、高価なリスクツールを使わなくてもポジションサイズを簡単に計算できる。

しかし、大きな問題が1つある。多くの人が見過ごしている問題だ。注意深い読者なら**図8.1**を見るともうお分かりのはずだ。

それはボラティリティは常に一定ではないことである。モンスタービバレッジのATRは2014年に入ってからおよそ1.5ドルだったが、8

月になって急に3.8ドルに上昇した。そのあとおよそ２ドルに下落したが、そのあと少しずつ上昇して、また３ドルを超えた。

　もしこの銘柄を2014年７月に買っていれば、2015年初期に買ったときとはポジションサイズは大きく変わっていた。2014年７月のデータを使えば、ポートフォリオサイズが同じ10万ドルだとすると、ポジションサイズは以下のようになる。

　（10万ドル×0.001）÷1.56＝64株

　2014年７月に買っていれば、買う株数は２倍以上になっていた。当初の理論的リスクはほとんど同じだが、株価の変動に伴い、ポジションリスクは大きく変動する。2014年７月に買った株を2015年初期まで持ち続ければ、リスクは目指していたリスクの２倍以上になっただろう。日々の平均インパクトは10ベーシスポイントを目指していたにもかかわらず、20ベーシスポイントを超えただろう。

　この方程式には静的ではない変数がもう１つある。トータルポートフォリオ価値である。トータルポートフォリオ価値はこのポジションだけでなく、ほかのポジションのパフォーマンスの影響も受ける。さらに、他人のためにお金を運用していたり、自分でポートフォリオサイズを増減すれば、ポートフォリオにはお金の流出入がある可能性がある。

　ポジションが変化しなくても、リスクは変化することがある。例えば、ポートフォリオのほかのポジションのパフォーマンスが良くて大きく儲けた。すると突然、静的なポジションのリスクアロケーションが本来よりもはるかに低くなる。ほかのポジションのパフォーマンスが良かったのでポートフォリオ価値は上昇する。したがって、あなたの行ったポジションサイズの計算はすべて見直さなければならない。

　ほかのポジションが大きな損失を出しても同じである。お分かりの

ように、ポジションサイジングというものは動的な観点で考えなければならない。ポジションサイジングは発射ボタンを押せば、それで終わりというものではない。

　つまり、ポジションサイズは定期的に見直して、リバランスする必要があるということである。リスクアロケーションを当初と同じに維持するためには、ポジションサイズを変える必要がある。つまり、あなたの保有する株数を変更し続けなければならない。

　図8.1のモンスタービバレッジのチャートに戻ろう。株を2014年7月に買ったとすると、8月にはポジションサイズを変更しなければならないのは明らかだ。この場合、株式を大量に売る必要がある。このとき、「利を伸ばす」とはどういうことなのかと聞いてくる人がいるかもしれない。これは勝ちポジションはけっして売るなという意味である。しかし、そもそもこんなマントラなど何の役にも立たない。現実はいくつかのパンチの効いた引用句で要約できるほど簡単なものではない。

　ポジションは変えずに維持しようとする一方で、リスクアロケーションはコントロールの効かないほど野放しにするのは不合理であるばかりでなく、無責任でもある。プロがポジションをリバランスするのには理由がある。

　すべてのポジションサイズは定期的にリバランスすることをお勧めする。株式モメンタム戦略のように長期投資戦略の場合、2週間に1回、あるいは1カ月に1回リバランスすれば十分だろう。リバランスは毎日やる必要はない。毎日やれば取引量や取引コストが大幅に増えるだけである。

　取引量を減らすには、目標リスクと現在のリスクがどれくらい違ったらリバランスをやらなければならないかを設定したフィルターを設けるとよい。そうすればリバランス日に細かいトレードを行いすぎることはなくなる。

また、異常に大きな動きをした銘柄に対してすぐにリバランスしたい場合もあるだろう。例えばモンスタービバレッジの場合、**図8.1**のチャートを見ると分かるように、2014年の8月中旬に価格が急上昇したときがそんなときに当たる。

第9章 いつ売るか

　あなたは損切り注文について考えているに違いない。損切り注文は何に基づいて決めればよいのか、損切り注文は現在価格からどれくらい離れた位置に置けばよいのか、損切り注文を入れたほうがよいのか、それとも終値で損切りすればよいのか。

　がっかりさせるかもしれないが、この戦略では損切り注文は置かない。

　トレード戦略によって損切り注文を置くものもあれば、置かないものもある。モメンタム株ポートフォリオでは損切り注文は使わない。こうしたタイプの戦略で損切りを使えば、逆効果になることが多いからだ。株式をポートフォリオからいつ追い出せばよいのかを決めるには、もっと良い方法がある。

　トレンドフォローは通常、トレーリングストップを使う。これは下落幅が一定の距離に満たない場合、ポジションを持ち続けることを意味する。これは戦略によっては有効な手仕舞い法だ。物事というものは背景にあるロジックを理解することが重要だ。「利は伸ばし、損切りは早く」「トレンドは向きが変わるまであなたの友だち」といった古いマントラに陥ることはよくあることだが、こんなマントラには陥らないようにしよう。実際のところ、これらのマントラは正しいこともあれば、そうでないこともある。あなたにとって重要なのは、文脈

121

から切り離された引用句を信じることではなく、常識と批判的思考を持つことである。これについては私の言っていることは正しいと言えるだろう。

第7章で紹介したランキングの方法に基づいてポートフォリオを構築し、トレーリングストップを置くとすれば、問題が発生する。株式は永遠に横ばいを続けることもあるが、それでもずっとその銘柄を持っていられるのだ。しかし、株式をトレードするときに現金に限度があることを考えれば、こちらのほうが大きな問題と言えよう。

ある銘柄が上昇し続けていても、その銘柄よりも大きく上昇しているほかの銘柄がおそらくはあるはずだ。トレーリングストップはその銘柄がほかの銘柄をアンダーパフォームしているからと言って、その銘柄をポートフォリオから追い出すことはない。するとしばらくすると、ポートフォリオはアンダーパフォームする銘柄ばかりで構成された新鮮味のないポートフォリオになってしまう

最初にポートフォリオをどのように構築したかを思い出そう。トレード対象となる株式ユニバースのなかから最高のパフォーマンスを上げる銘柄を集めて構築したはずだ。手仕舞い基準にも同じロジックを使ったほうがよいとは思わないだろうか。

ここから導かれるのがポートフォリオのリバランスという非常に重要なテーマだ。

ポートフォリオのリバランス

第8章ではポジションのリバランスの重要性について述べた。これはすべてのポジションサイズを計算し直し、設定当初と同じリスクアロケーションになるようにするためだ。ボラティリティが変われば、ポジションサイズをそれに合うように定期的に調整する必要がある。

ポートフォリオレベルでも定期的にやらなければならない似たよう

な作業がある。これは、保有銘柄がポートフォリオに含まれるために必要な条件をすべて満たしているかどうかをチェックすることである。

第7章で見たランキング表を思い出そう。この表は調整済み傾きに基づく現在のトップ銘柄である。この傾きに基づいて銘柄を並べれば、傾きがベストのものから並べた表が出来上がる。

銘柄のランキングは毎日変わる。したがって、いったん株を買ったら、若干のゆとりを与える必要がある。例えば、20銘柄からなるポートフォリオを保有していて、ポートフォリオに含まれる銘柄がトップ30に含まれていなければならないという条件を付ければ、頻繁にトレードする必要があり、素晴らしいモメンタム株を売ることになってしまうだろう。

しかし、ポートフォリオのリバランスを行うときは、ポートフォリオに含まれる各銘柄がポートフォリオに含まれ続けるためには、S&P500（あるいはあなたの投資ユニバース）のトップ20％に含まれていなければならない。

カットオフ水準もいろいろだ。例えば、S&P1500のような数の多い株式ユニバースの場合、下のカットオフを設けることもできる。あるいは、銘柄がポートフォリオに含まれるための条件として、トップ10％やトップ5％を設定することもできる。重要なのはロジックである。損切り水準を設定する代わりに、その銘柄が最強の銘柄であるかぎりポートフォリオに入れておくということである。

しかし、全銘柄が下落したらどうなるのだろうか。これは本当に危惧すべきことだ。こういうときのために、ほかの基準も設ける必要がある。つまり、安全策を設けておくということである。ここではトレンド指標を加えることにする。

これで銘柄をポートフォリオに維持するための基準が2つそろった。1つは、投資ユニバースのトップ20％にいること、もう1つは株価が100日移動平均線を上回っていることである。いずれかの基準を満た

さなくなったら、ポートフォリオから外す。

　こうしたシンプルな手仕舞い基準があれば十分である。トレーリングストップのようなものは不要だ。

　ポートフォリオリバランスの2つ目の作業は、株式を売ったあと、得た現金をどうするかである。投資ユニバースのトップ20％でなくなったり、株価が100日移動平均線を下回ったら、私たちはその銘柄を売る。すると大量の現金が残る。

　では、どうすればよいのかというと、このあとはサイクルを繰り返すだけだ。まずマーケットレジームフィルターをチェックする。指数は200日移動平均線を上回っているだろうか。上回っていない場合、買うことはできない。つまり、自動的にスケールアウトする（段階的に手仕舞う）ということである。これは全体的な戦略のなかで鍵となる部分である。指数がトレンドフィルターを下回ったら、株式を売っても、それに代わる株式は買わない。指数が下落したという理由だけでは売らないが、新たな株式も買わない。これによって、ゆっくりと秩序だったポジションのスケールアウトが可能になる。

　指数レベルに問題がなければ、再びトップリストをチェックする。第7章で説明した調整済み傾きを使って、トップモメンタム株の新たなリストを作成する。現金がなくなるまで、リストのなかでまだ保有していないトップ銘柄を買っていく。

　裁量は一切不要だ。何をすべきか止まって考える必要など一切ない。明確なルールに従うだけだ。それによって長期的に高いパフォーマンスを上げることが可能になる。

　ポートフォリオのリバランスはポジションのリバランスよりも頻繁に行ったほうがよい。例えば、毎週行ってもよい。これに対して、ポジションのリバランスは月に1回か2回でよい。

第**10**章 完全モメンタムトレード戦略

A Complete Momentum Trading Strategy

　戦略に必要な基本的な要素についてはこれまでに述べてきたとおりである。これで堅牢なルールを作成する準備ができた。厳格なトレードルールを持つことは大きな効果をもたらす。あなたは従うべき一連の行動が常に分かっている状態にある。あなたの意思決定は思いつきによるものでもなければ、その日の気分によるものでもない。市場が逼迫したときでも、あなたの手元には過去にうまくいったプランがある。

　堅牢なルールがあれば、もっとリラックスできるだろう。検証して過去にうまくいったことが分かっているルールがあれば、そのトレード手法に自信を持つことができる。銘柄を毎日チェックして、精神的プレッシャーのなかで意思決定を下す必要もない。

　前に述べた基本的要素を使って、どのようにトレードすればよいかについてのルールを持つ完全戦略を作成してみよう。しっかりとしたルールを設定したら、それは一定の頻度で戦略を手動で見直すためのチェックリストとして使うこともできるし、一歩進めて全プロセスを自動化することもできる。

　これらのルールがあれば、正しいシミュレーションを構築して、概念をバックテストすることも可能だ。これによって自信は高まり、パフォーマンスも予測することができるようになる。良いときと悪いと

きにどういったリターン特性を期待できるかを理解することは重要だ。

　本章で紹介する戦略では、いくつかのパラメーターを使う。例えば、ボラティリティとモメンタムを計算する日数などがそうだ。私が選んだ数値にこだわる必要はない。しっかりとしたトレード戦略なら、そういった数値の影響をそれほど受けることはない。私がここで使う数値は合理的なものだが、ほかの数値を使っても構わない。重要なのは概念だ。概念を忘れてはならない。この戦略がこれらのパラメーターでのみうまくいくのであれば、そんなものは役に立たない。ここで使う設定は出発点としてはよいが、ほかの数値も試してみてほしい。

トレードルール

　トレードルールだけを見たい人もいると思うので、このセクションを設けた。トレードルールは以下のとおりである。

●水曜日にだけトレードする

　ここで扱っているのは株式市場を打ち負かす長期の手法である。こういった戦略では即効性を求めるわけではない。作業量とトレード頻度を減らすために、トレードシグナルをチェックするのは1週間に1回だけだ。トレードすることになっている日でないかぎり、1日で株価が20％下落しても問題はない。これは週次データを使うという意味ではないことに注意しよう。計算はすべて日次データで行う。水曜日でなければトレードしない。なぜ水曜日なのだろうか。それは水曜日が平日のなかで最もトレードに適している確率が20％だからである。もちろん水曜日というのは独断で決めた日だ。何曜日でもあなたの好きな曜日を選んで構わない。

●ボラティリティ調整済みモメンタムに基づいてすべての銘柄

をランキングする

モメンタムに基づいてS&P500指数に含まれるすべての銘柄をランキングする。ここではボラティリティ調整済みモメンタムとして、過去90日の年次換算した指数回帰の傾きに同じ期間の決定係数（R^2）を掛けたものを使う。

その銘柄の株価が100日移動平均線を下回っていたり、最近、15％を上回るギャップがあった場合は、その銘柄は候補からは外す。

●リスクファクターとして10ベーシスポイント（bp）を使ってポジションサイズを算出する

シンプルなATR（真の値幅の平均）に基づく公式を使ってポジションサイズを算出する。日々の平均的な変動は10ベーシスポイントとする。ポジションサイズ（株数）を求めるための公式は、

（口座の資産額×0.001）÷20日のATR

●インデックスフィルターをチェックする

新たなポジションを建てることができるのは、S&P500指数が200日移動平均線を上回っているときだけである。S&P500指数が200日移動平均線を下回っていたら、新たに買うことはできない。

●最初のポートフォリオを作成する

ランキングリストの上位の銘柄から買っていく。最初の銘柄が100日移動平均線を下回っていないかどうか、15％を超えるギャップが発生していないかどうかチェックする。このどちらも発生していなければ、この銘柄を買い、次の銘柄を同じようにチェックする。これをリストの上位から現金がなくなるまで続ける。

●ポートフォリオを毎週水曜日にリバランスする

週に１回、売るべき銘柄がないかどうかチェックする。銘柄が S&P500のランキングのトップ20％に入っていなければ、その銘柄は 売る。株価が100日移動平均線を下回っている銘柄や、15％を超える ギャップが発生した銘柄も売る。S&P500から外された銘柄も売る。

　現金が入ってきたら、買うべき銘柄を探す。株を売れば現金が入っ てくるので、売られた銘柄の代わりに新たな銘柄を買う。ただし、買 うのは指数が上昇トレンドにあるときだけ。S&P500のトップ20％に 入っている銘柄で、上昇トレンドにあり、大きなギャップが発生して いない銘柄を、ランキングリストの上位から買う。指数が上昇トレン ドにあるかぎり、現金がなくなるまでリストの上位から新たな銘柄を 買う。

　●ポジションを隔週ごとの水曜日にリバランスする

　毎月２回、ポジションサイズを計算し直す。前にも説明したように、 長期戦略ではランダムなリスクを防ぐために、ポジションサイズのリ バランスが必要になる。ポートフォリオの各ポジションごとに、現在 のポジションサイズと目標サイズを比較する。目標サイズは前述の公 式とまったく同じ公式で算出する。ただし、ポートフォリオサイズと ATRは最新の数値を使う。

　現在のポジションサイズと目標サイズの差が小さいときは、リバラ ンスする必要はない。このプロセスはあくまでポジションリスクが制 御不能になることを防ぐためにある。差が大きいときは、ポジション サイズを目標サイズに設定し直す。

　これで終了だ。終了する前にもう一度見直そう。

　市場をチェックするのは週に１回。私は独断的に水曜日を選んだ。 だから、月の満ち欠けパターンによって水曜日が最良の曜日になるの かどうかについてはメールをよこさないでほしい。あなたの好みの曜

日を選んで構わない。

　したがって、市場を見るのは水曜日だけ。毎週水曜日に、売るべき
ポジションがないかどうかチェックする。ポジションがもはや適格で
なければ、それを売る。株を売って現金が入ってきたら、指数が上昇
トレンドなら、新たに株を買う。ランキングリストの上位から現金が
なくなるまで買い続ける。

　隔週の水曜日には追加的作業がある。ポジションの目標サイズと実
際のサイズを比較して、必要ならリバランスする。

　簡単なチェックリストだが、フローチャートにするともっと簡単だ。
次のページの**図10.1**に示したフローチャートをプリントアウトして
使おう。

図10.1　トレードルールのフローチャート

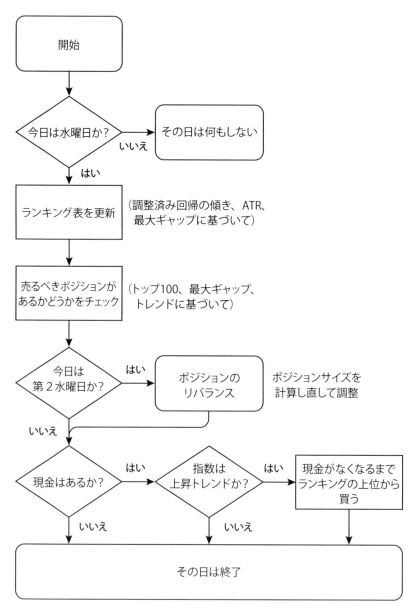

開始

今日は水曜日か？ → いいえ → その日は何もしない

はい

ランキング表を更新 （調整済み回帰の傾き、ATR、最大ギャップに基づいて）

売るべきポジションがあるかどうかをチェック （トップ100、最大ギャップ、トレンドに基づいて）

今日は第2水曜日か？ → はい → ポジションのリバランス　ポジションサイズを計算し直して調整

いいえ

現金はあるか？ → はい → 指数は上昇トレンドか？ → はい → 現金がなくなるまでランキングの上位から買う

いいえ　　　いいえ

その日は終了

第11章 戦略をトレードする
Trading the Strategy

　この時点ではモメンタム戦略は若干理論的に思えるかもしれない。そこで、この戦略を実際にどう実行すればよいのかを見てみよう。また、チャートをいくつか見直して、どこで売買されたかをチェックする。

最初のポートフォリオ

　運用実務を開始したら、いきなり難しいことが待ち受けている。段階的に買うのではなくて、市場が上昇トレンドにある場合、つまり、指数が200日移動平均線を上回っていたら、現金がなくなるまで株を買い続けなければならないのだ。

　まず最初に、S&P500指数が移動平均線を上回っているかどうかをチェックする。これは簡単だ。チャート作成ソフトを使えば簡単にできるし、エクセルでも可能だ。過去200日の指数の平均価格と現在価格を比較すればよい。指数が移動平均線を下回っていたら、株は買わない。ただ黙って座ったまま、指数が移動平均線を上回るのを待つ。

　次に、これまでの章で述べてきた関連統計値を算出し、ランキング表を作成する。1つの銘柄について手動で計算するのは簡単だが、計算しなければならない銘柄は何百とある。これを簡単と思う人もいる

し、どこから手をつければよいのか皆目見当もつかない人もいるだろう。

あなたが作成したい表は**表11.1**に示したようなものだ。当然ながら、あなたが本書を読むころにはこの表のデータは古くなっているはずだ。この表はこの戦略の中核をなすもので、非常に重要なものだ。ここで重要な項目について見ておこう。

最も重要なのは「傾き」だ。この表のランキングの基本になるのがこの傾きであり、買うときの優先順位を決めるのもこの傾きである。

傾きは、第7章で説明したように、ボラティリティで調整済みの傾きを示している。この数値はその銘柄のモメンタムをボラティリティで調整したものである。この数値が大きいほど、リスク調整済みパフォーマンスが高いことを意味する。私たちはできるだけ多くの銘柄を買いたい。

ランキングが非常に高くても、株を買う候補として不適格になることもある。株を買うかどうかを決める前に、チェックしなければならない項目があと2つある。「トレンド」はその銘柄が100日移動平均線を上回っているかどうかを教えてくれるものだ。100日移動平均線を上回っていなければ、その銘柄は買わない。ランキングが高くて、100日移動平均線を下回ることはほとんどないが、まったくないわけではない。これは異常な状態を避けるための安全策のようなものだ。

次は「最大ギャップ」だ。買収のうわさで突然株価が40％も上昇するような株は買いたくない。私たちが買いたいのは上昇相場にある銘柄で、スムーズに上昇しているような銘柄だ。若干のギャップは受容できるが、1回の大きなギャップによってランキング表のトップに躍り出るような異常な状態の銘柄は買いたくない。過去90日間における許容できる最大ギャップは15％だ。つまり、この**表11.1**のトップにいるホスピーラは買う銘柄としては適切ではないということになる。ホスピーラの直近のギャップは26％だったので、この銘柄は購買対象

からは外す。

　次に「ATR」（真の値幅の平均。ボラティリティを表す指標）を見てみよう。これは、ある銘柄が平均的な日にどれくらい上昇したかや下落したかをドルで示したものだ。これはポジションサイズの計算に使う。私たちが目指しているのはリスクパリティポートフォリオである。つまり、各銘柄がポートフォリオに与える影響が理論的に同じになるということである。

　「目標％」は新しい項目だ。そのほかの項目については前に説明したが、この項目だけはまだ説明していない。少なくとも直接的には説明していない。これはランキング表において便利な項目で、各銘柄の目標ウエートを示している。これはATRを使って簡単に計算することができる。

　先ほども言ったように、ホスピーラはギャップが大きすぎるので、これは外す。したがって、最初に買うべき銘柄はマリンクロットだ。何株買えばよいか計算してみよう。

　ここではリスクファクターとして10ベーシスポイント（bp）を使う。つまり、各銘柄の日々の変動がポートフォリオに与える影響は0.1％ということである。最初の口座資産額は10万ドルとする。したがって、このケースの場合、各銘柄の1日の平均的な変動はおよそ100ドルということになる。

　ランキング表によればマリンクロットのATRは3.69である。これは、この銘柄の直近の過去における1日の平均的な変動は3.69ドルであることを示している。この銘柄は1日に平均で3.69ドル変動して、これがポートフォリオに与える影響は100ドルなので、27株買えばよいことになる（100ドル÷3.69ドル≒27株）。

　この表を作成した時点におけるマリンクロットの株価はおよそ126ドルなので、イクスポージャーは3414ドル（126ドル×27株）である。この値を口座資産額の10万ドルで割ると、この銘柄のウエートは3.4

表11.1　ランキング表

ランク	会社名	傾き	ATR	最大ギャップ	トレンド	目標%	ティッカー
1.	ホスピーラ	279.2	0.64	26.0	1	13.7	HSP
2.	マリンクロット	198.9	3.69	6.9	1	3.4	MNK
3.	バイオジェン・アイデック	168.7	13.44	9.4	1	3.4	BIIB
4.	アバゴ・テクノロジー	164.1	3.48	11.2	1	3.9	AVGO
5.	アーバン・アウトフィッターズ	157.9	1.20	9.2	1	3.9	URBN
6.	ボストン・サイエンティフィック	149.2	0.48	11.1	1	3.7	BSX
7.	エレクトロニック・アーツ	145.5	1.36	11.5	1	4.3	EA
8.	コールズ・コーポレーション	134.7	1.28	5.9	1	5.9	KSS
9.	クローガー	129.0	1.27	6.3	1	6.1	KR
10.	バルカン・マテリアルズ	123.1	1.51	4.5	1	5.7	VMC
11.	コンステレーション・ブランズ	110.5	2.04	4.3	1	5.8	STZ
12.	ネットフリックス	105.3	11.7	15.0	1	3.7	NFLX
13.	ハーマン・インターナショナル	97.8	3.69	19.2	1	3.7	HAR
14.	ニューモント・マイニング	94.8	0.81	8.6	1	2.8	NEM
15.	モンスタービバレッジ	94.5	3.77	11.5	1	3.7	MNST
16.	ダラー・ツリー	93.8	1.42	4.9	1	5.8	DLTR
17.	ラボラトリー・コーポレーション	93.2	2.17	3.3	1	5.9	LH
18.	モホーク・インダストリーズ	90.9	3.77	6.2	1	4.8	MHK
20.	シグナ	84.7	2.36	4.9	1	5.5	CI
21.	インターナショナル・フレバー	80.6	2.16	6.8	1	5.6	IFF
23.	エトナ	78.7	1.87	3.3	1	5.8	AET
24.	ロウズ・カンパニー	78.6	1.31	6.0	1	5.8	LOW
25.	ユナイテッドヘルス・グループ	78.6	2.19	4.6	1	5.4	UNH
26.	ヒューマナ	78.4	3.77	5.1	1	4.8	HUM
27.	スターバックス	78.1	1.70	6.0	1	5.7	SBUX
28.	バレロ・エナジー	77.3	1.66	5.3	1	3.7	VLO
29.	ホーム・デポ	75.4	2.01	4.1	1	5.8	HD
30.	ボーイング	74.6	2.56	5.6	1	5.9	BA
31.	シャーウィン・ウィリアムズ	73.8	4.24	3.0	1	6.8	SHW
32.	アメリソース・バーゲン	71.7	1.80	3.6	1	6.3	ABC
33.	エクィファクス	71.6	1.06	7.8	1	8.7	EFX
34.	コーチ	70.9	0.88	6.3	1	4.8	COH
35.	エル・ブランズ	70.7	1.68	5.1	1	5.6	LB
36.	ロス・ストアーズ	70.6	2.01	6.6	1	5.3	ROST
37.	ゼネラルモーターズ	70.5	0.74	5.1	1	5.1	GM
38.	コグニザント・テクノロジー	69.8	1.06	4.8	1	5.9	CTSH
40.	ウォルト・ディズニー・カンパニー	69.0	1.74	7.2	1	6.2	DIS

編集部注＝19、22、39が欠番で不明

％ということになる。

　次の銘柄でも同じ計算をして、現金がなくなるまでこれを続ける。

　図11.1のトレードチャートはどのようにトレードを行ったかを示している。**図11.1**にあるさまざまなラインは伝統的なテクニカル指標ではなく、私が便利だと思ったこのモメンタムモデル用の特殊な指標だ。

　図11.1の一番上のチャートはこの銘柄（アーバン・アウトフィッターズ）の株価チャートだ。この株価チャートに重ねて描かれているのは100日移動平均線で、この銘柄が現在、上昇トレンドにあるかどうかを見るためのものだ。上から２番目のチャートはS&P500指数と200日移動平均線を描いたものだ。今のこの時点においては指数は200日移動平均線を上回っているので、上昇トレンドにあることが分かる。

　上から３番目のチャートはリスク調整済みモメンタムの傾きを示している。この統計量については第７章で説明した。そして、上から４番目にはATRが示されている。これはこの銘柄のボラティリティが時間とともにどのように変化するかを示したものだ。各銘柄のリスクを同じにするためにはポジションサイズを変え続ける必要がある。

　上から５番目のチャートはモメンタムランキングである。これはこの銘柄が指数のなかでどのランクにあるかを示している。この指数に含まれる全銘柄のリスク調整済みモメンタムの傾きを**表11.1**でやったように上から並べると、この指標はこの銘柄がランキング表のどのあたりにいるかを教えてくれる。数値が低いほどリスク調整済みモメンタムが強いことを示している。

　上から６番目のインデックスメンバー指標は、今現在この銘柄が指数に含まれている場合は１、含まれていない場合は０である。指数に過去に含まれていた銘柄についても考慮するのは非常に重要だ。どの銘柄をあなたの投資ユニバースに含むか含まないかについては、正式な制約が必要だ。素晴らしく見えるが役に立たない結果を生み出すシ

図11.1　トレードチャート——アーバン・アウトフィッターズの買い

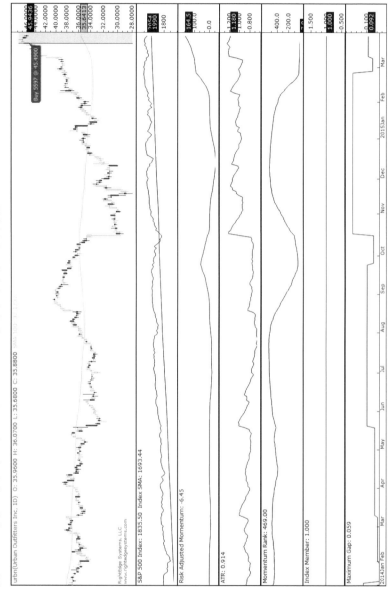

ミュレーションを作成する最も簡単な方法は、指数に現在含まれている銘柄を10年前にトレードすると仮定することである。

　その銘柄が指数に含まれていなければ、私たちはそれをトレードすることはない。銘柄が指数から外されたら、その銘柄は売る。

　一番下のチャートは過去90日におけるこの銘柄の最大ギャップを示している。これが15％を下回ればよい。

　これらのチャートから分かるように、私たちはアーバン・アウトフィッターズを大きく上昇したあとの2015年３月に買った。リスク調整済みモメンタムは少し前から上昇し始め、ランキングが上昇した。その年の初めはこの銘柄のランクは400位以下だった。つまり、パフォーマンスは最悪だったということである。しかし、そのあとランキングが上昇し始めたため、最終的には買った。

　最初のポートフォリオの構築方法は今述べたとおりである。銘柄をランキング順に見て、フィルターをパスしたら買う。しかし、作業はこれで終わりではない。常に目標とするポートフォリオ構成になるように定期的なリバランスが必要になる。

ポジションのリバランス

　ポジションのリバランスは１カ月に２回（２週間ごとに）行う。どれくらいの間隔で行うかは個人の好みによる。頻度を上げれば、リスクはもっと正確に把握できるが、トレードコストがかさむ。２週間ごとというのがちょうど良い頻度だろう。

　ポジションサイジングの目的は、各銘柄のリスクを同じにすることである。各銘柄のボラティリティは時間とともに変化する。私たちが目指しているのはリスクパリティポートフォリオなので、トレードサイズが各銘柄の目標リスクにマッチするように調整し続ける必要があるわけである。

ポジションごとに１買って１売るというのはもう時代遅れだ。これではポートフォリオをマネジメントすることはできない。こうしたリバランストレードはトレードチャートを紛らわしくするだけだ。しかし、意味はある。

　まずやらなければならないのは、**表11.1**のように最新のランキング表を作成することである。この表を見れば各銘柄の目標ウエートが分かる。ここで目標ウエートを実際のウエートと比較して、必要な調整を行う必要がある。

　図11.2は1999〜2000年にかけてのモメンタム戦略のトレードを示したものだ。最初に買ったのは1999年９月で、387株買った。ATRチャートを見ると分かるように、ボラティリティが上昇し続けていたので、各ポジションリバランスで少量ずつ売った。この売りは市場の見通しとは無関係だ。株価が下がると思うから売っているのではなく、利益を得るために売っているのでもない。私たちが売っているのは、当初のリスクを維持するためだ。若干量の株を売らなければ、リスクが意図したものよりも高くなる。

　この点を理解することが重要だ。何もしなければ、ポジションは変化する。意図したポジションを維持するために行動する――株を買ったり売ったりする――必要があるのである。しかし、この行動は市場の見通しとは無関係だ。

ポートフォリオのリバランス

　ポートフォリオのリバランスは毎週行う。このリバランスで重要なのは、基準を満たさなくなったポジションを手仕舞い、新たにポジションを建てることである。もちろん、指数が長期移動平均線を上回っていなければ、何かを売ってもそれに代わるものは買わないので、全体的なポートフォリオリスクは減少する。

図11.2　トレードチャート——オラクル

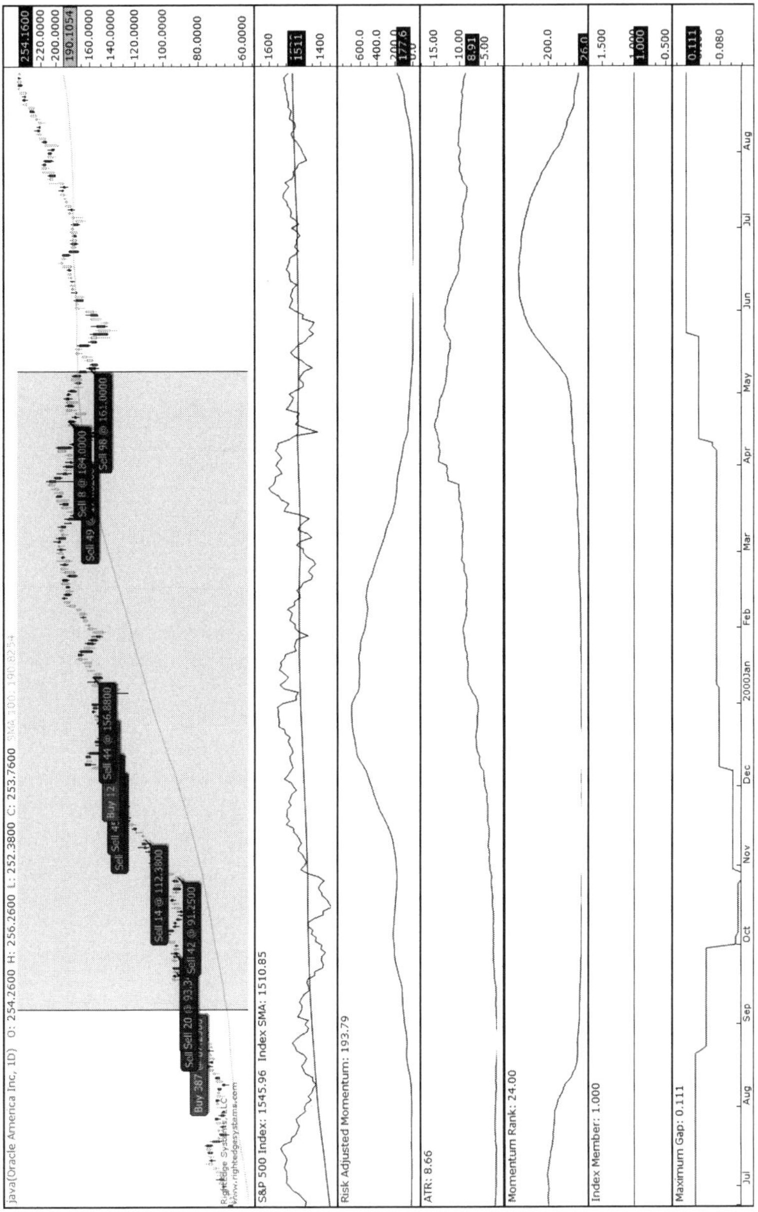

この場合も最新のランキング表の作成から始める。今保有している銘柄を見て、100日移動平均線を下回るといった具合に下落トレンドを示している銘柄があれば、その銘柄は売る。また、15％を超えるギャップが発生した銘柄も売る。

　さらに、トップ100から外れた銘柄があれば、その銘柄も売る。私たちの見ている銘柄がS&P500の銘柄だったら、ランクは100よりも良くなければならないということである。銘柄をボラティリティ調整済みモメンタムの傾きで並べ替えてランキング表を作成し、その銘柄がそのランキング表のどの辺りにいるかチェックする。ランクが100よりも悪い銘柄は、ポートフォリオから外す。

　ポートフォリオから外された銘柄を売ったら、新たな銘柄を買う準備ができたことになる。やり方は分かっているはずだ。つまり、ランキング表の上位から買っていくということである。その銘柄をまだ保有していなくて、基準を満たしていたら、現金がなくなるまでランキングの上位から買っていく。

　これは重要なことだが、もちろん銘柄を買うときは、指数は移動平均線を上回っていなければならない。指数が移動平均線を下回っているときは、現金はそのまま持ち続け、新たな銘柄は買わない。弱気相場のときは株式市場からゆっくりとスケールアウトする（段階的に手仕舞う）ことになる。

　指数が再び移動平均線を上回ったら、すぐに新たな銘柄を買ってポートフォリオを満杯にする。やり方は最初のポートフォリオを作成したときと同じである。現金がなくなるまでランキングリストの上位から買っていく。

　図11.3のギリアドのトレードチャートを見てみよう。この銘柄を最初に買ったのは2005年5月で、夏にはボラティリティが変化したのでサイズを若干変えて、8月に売った。夏の終わりにランキングが下がったので、8月に全ポジションを売った。

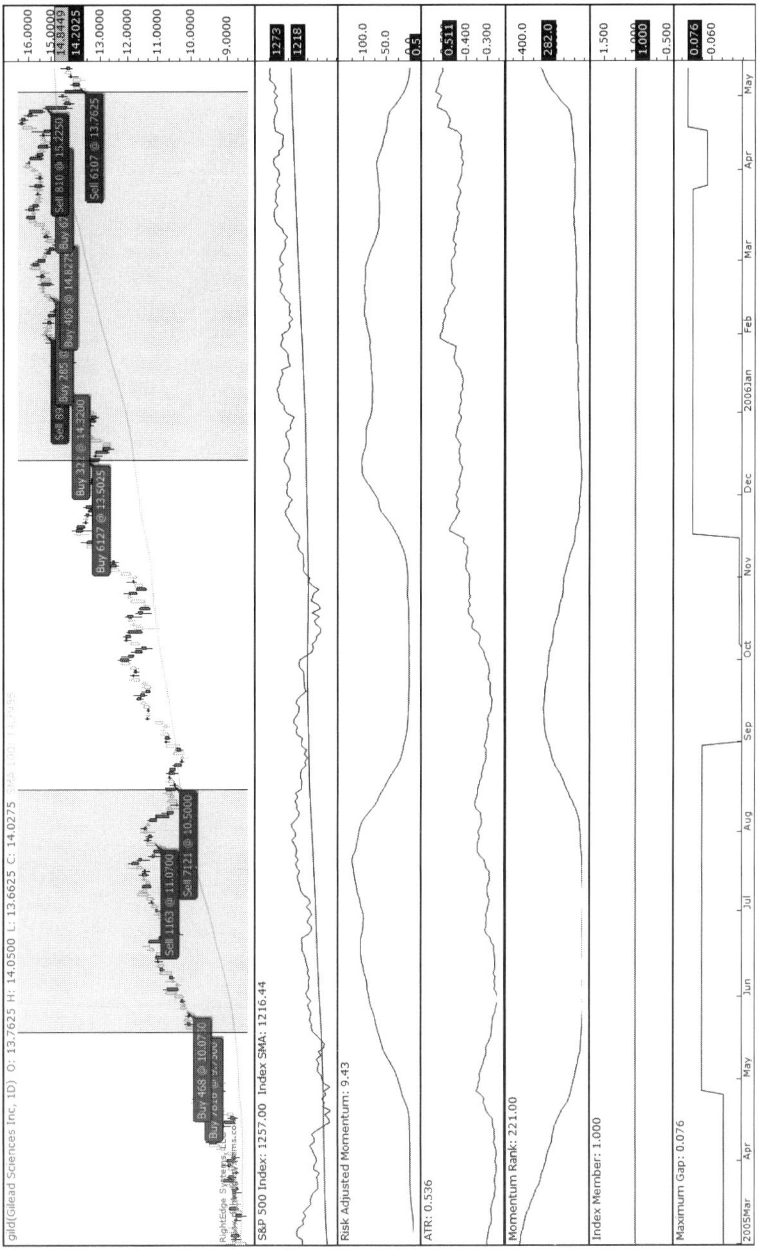

図11.3 トレードチャート——ギリアド

その年の終わりの12月、ギリアドは再びモメンタムのランキングが上昇した。再び買って、数カ月間保有した。

第12章 モメンタム戦略のパフォーマンス

　これで株式の完全モメンタム戦略が出来上がった。これまで戦略の
さまざまな要素は見てきたが、結果はまだ見ていない。このアプロー
チのヒストリカルパフォーマンスを見ていく前に、少し立ち止まって、
現実的にどういったことを期待できるかを考えてみよう。

　これは年間で常に10%のリターンを期待できる戦略ではない。常に
一定のリターンを期待できる戦略などほとんどないのが実情だ。毎年、
リターンがプラスになることを期待できる戦略でもない。また、株式
市場と相関性を持たないことを期待できる戦略でないことも確かだ。
結局、この戦略は買い戦略だ。株式を買うことをベースとする戦略は
長期的に見れば、どれも結果は非常に似通っている。良いものもあれ
ば、悪いものもあるが、どの戦略も市場との相関性を持つ。

　私たちが望むことは、強気相場のときはパフォーマンスが良くて、
弱気相場のときは指数を上回るパフォーマンスを上げることである。
これができれば、長期的には非常に魅力的なリターンを得ることがで
きるだろう。

　もちろん最初の問題は、市場をアウトパフォームしているかどうか
である。お金は儲けていても、パフォーマンスが指数を下回っていれ
ば、無意味でしかない。しかし、**図12.1**を見ると、この点について
はホッとするだろう。

図12.1　戦略の長期的パフォーマンス

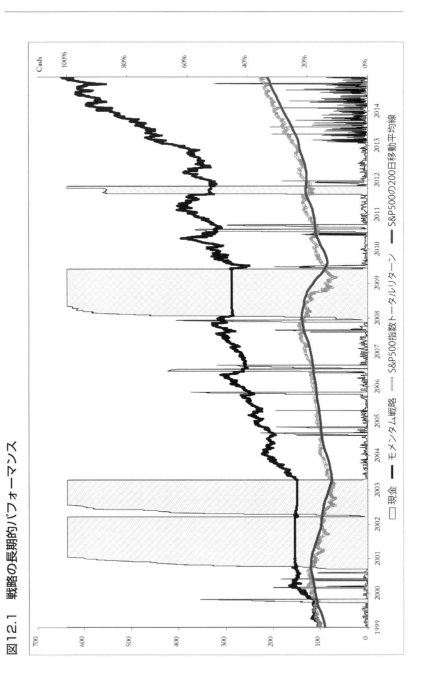

図12.2 戦略の長期的パフォーマンス（対数目盛り）

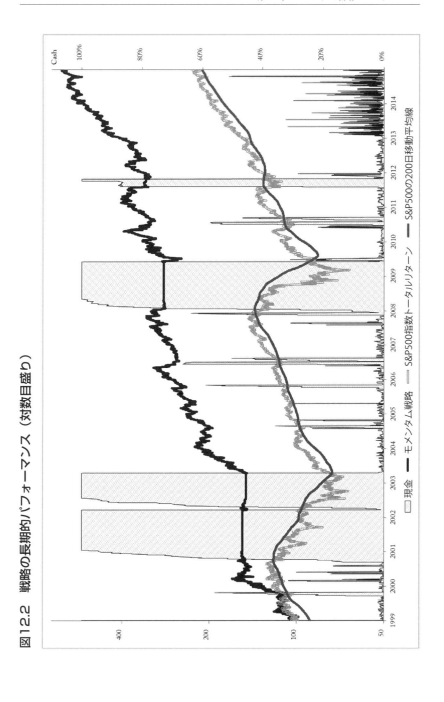

表12.1　モメンタム戦略の結果

	モメンタム戦略	S&P500トータルリターン
年次リターン	12.3%	5.2%
最大ドローダウン	-24%	-55%

　これは変動率が大きな長期的なチャートなので、標準的な価格チャートでは少し誤解を与える可能性があり、大きなリターンが得られた印象を与えるかもしれない。**図12.2**は同じパフォーマンスを対数で描いたものである。

　チャートを見るとこの戦略はS&P500をアウトパフォームしていることが分かる。しかも、かなり大幅に。チャートを見ると分かるように、2つのタイプのアウトパフォーマンスが見て取れる。1つは、強気相場では大幅にアウトパフォームしている。もう1つは相対パフォーマンスで、市場が下落しているときに投資しないことで大きなアウトパフォーマンスにつながっている。

　では、最終的にはどれだけアウトパフォームしているのだろうか。

　表12.1を見ると、モメンタム戦略のパフォーマンスはこの16年間で年次リターンは12%を上回っていることが分かる。年間12%は十分に良いとは言えないのではないかと思っているかもしれないが、よく考えてみよう。株式市場のこの期間におけるリターンはわずか5%である。もし投資信託を買っていたら、これをさらに下回るリターンしか得られなかっただろう。

　リターンは正しい文脈のなかで理解しよう。ウォーレン・バフェットは過去40年にわたって年次リターン22%をたたきだすという驚異的な成果を上げることで伝説的地位を手に入れた。しかし、長期にわたってこういった高いリターンを目指すのは現実的とは言えない。こういった高いリターンを上げた人は世界中を見回しても数えるほどしかいないし、彼らのほとんどが今や億万長者だ。

表12.2　株式モメンタム戦略の月ごとのパフォーマンス（%）

	1月	2月	3月	4月	5月	6月	7月	8月	9月	10月	11月	12月	年
1999	6.3	-5.1	9.8	1.6	-3.1	3.5	-2.5	2.1	-2.6	3.5	7.9	15.2	41.0
2000	-5.1	14.0	3.8	-1.6	-1.9	-3.4	-3.4	5.3	4.3	-2.1	0.1	0.6	9.6
2001	-0.7	0.0	0.0	0.0	0.0	0.0	0.0	0.0	0.0	0.0	0.0	0.0	-0.7
2002	0.0	0.0	-1.1	0.3	-0.2	-0.7	-1.3	0.0	0.0	0.0	0.0	0.0	-3.0
2003	0.0	0.0	0.0	2.1	7.4	0.5	5.5	6.3	-3.2	13.3	3.0	1.6	41.8
2004	2.8	0.2	-3.5	-3.4	1.0	4.3	-3.3	-2.0	4.9	3.7	7.1	1.9	13.7
2005	-3.6	5.9	-2.3	-4.4	2.3	4.8	3.9	0.5	4.5	-6.8	3.4	1.6	9.3
2006	10.1	-1.9	4.2	0.9	-6.5	-4.4	-2.4	0.6	-0.6	1.7	1.2	0.4	2.4
2007	4.4	-0.3	1.6	3.8	3.7	-1.7	0.9	-0.5	5.3	3.6	-5.7	1.5	17.3
2008	-8.6	-0.2	-0.2	0.4	0.0	0.0	0.0	0.0	0.0	0.0	0.0	0.0	-8.5
2009	0.0	0.0	0.0	0.0	-7.3	9.0	4.7	2.7	-5.7	6.5	4.5		14.0
2010	-5.8	6.0	9.9	4.2	-8.2	-7.2	0.1	-2.3	4.6	4.6	1.3	5.7	11.7
2011	0.5	7.5	1.1	-0.9	-3.1	-2.7	-1.5	-8.8	-1.0	-1.3	1.7	-0.5	-9.3
2012	5.6	6.0	3.3	-2.8	-7.2	2.8	-0.4	1.1	3.3	-0.2	3.0	3.6	18.9
2013	10.0	0.3	7.9	-4.1	1.6	0.1	5.1	-2.2	4.0	5.8	2.6	2.1	37.5
2014	1.9	5.9	-1.0	-1.7	2.4	5.3	-4.4	4.3	-2.0	-1.1	6.9	1.3	18.4

　長期にわたって低い2桁のリターンを複利で伸ばすことができれば、世界中のほとんどの人を打ち負かしていることになる。株式市場のリターンは長期的には年平均でわずか5～6％でしかない。

　しかし、最も重要なのは、この戦略はドローダウンは指数の半分以下で、12％のリターンを上げた、ということである。ドローダウンとはその期間に被った最大損失のことである。S&P500トータルリターンインデックスの最大損失は55％だった。この期間中の1時点において資産の半分以上が消失したということである。一方、私たちのモメンタム戦略の最大損失はわずか24％だった。

　これらの数値を別の視点から見ると、指数は11年分のパフォーマンスを失ったのに対して、モメンタム戦略はわずか2年分のパフォーマンスしか失っていない。最悪のときに買ったとすると、損失を取り戻

すのにどれくらいかかるかを考えてみてもらいたい。

　表12.2はモメンタム戦略の月ごとのパフォーマンスを示したものだ。月々のリターン表を見るだけでは戦略の感覚はつかめないと思うので、次の第13章では年ごとのパフォーマンスを見ていくことにしよう。

第13章 年ごとのパフォーマンス

Year by Year Review

　トレンドフォロー先物戦略について最初の本『**トレンドフォロー白書——分散システム売買の中身**』（パンローリング）を書いているとき、プロのアセットマネジャーになるということはどういうことなのかを、どうしたらうまく伝えられるか悩んでいた。シミュレーションの統計量と長期のパフォーマンスグラフを示すだけでは、彼らの日々の悩みを伝えるのには不十分だ。数十年というスパンで見れば戦略は素晴らしく思えることもあるが、実際に実行するとなると非常に難しく、不可能なことさえあることも多い。困難を乗り越えてこそ、何がうまくいき、何がうまくいかないのかが分かるのである。

　私がその本のなかで取った策は、そのトレード戦略の過去における年ごとのパフォーマンスを説明する章を設けることだった。その章が本を独占することは私の意図することではなかったが、結局はそうなった。結局、その章はその本のおよそ3分の1を独占することになった。こんなモンスターな章を入れる必要が本当にあるのか、と私は疑問に思ったが、個人的にはその章はその本のなかで最も重要な章であると思っていた。本章はマネジャーにとってタフな部分を説明する章だ。25％のドローダウンを出して、顧客がお金を引き揚げ、収益が減少し、廃業しなければならないかもしれないと思わせるような状況のなかにいるのはどんな気分だろうか。しかし、こういった状態は必ず

149

発生する。自分のトレード手法を完全に理解し、そのトレード手法が異なる状況でどのような振る舞いをするのかを理解して初めて、困難な時期を乗り越えて続けていこうという自信が持てるのである。

年ごとのパフォーマンスを書いた章は読者にとっては紙数をかせぐだけの章に映るかもしれない。私にはこれが気がかりだった。しかし、私は読者を見くびっていた。その本について読者から最も多く寄せられた意見は、多くの読者がその章から多くを学んだということだった。この章は読者に現実感を与え、普通ならきれい事で済まされるようなことを現実的に説明した章として受け取られたのである。

前の本ではこの章は非常に人気があったので、本書でも同じことを試みることにする。

1999年

　1999年1月、インターネットが世界の中心となり、eメールが人間
同士の接触を避けるための新たな手段となった。会社は利益を出して
いなくても株価は上昇した。情報ゴールドラッシュが押し寄せ、古い
会計概念の出る幕はもはやない。

　1990年代終わりの狂気に満ちた時代、新しいモメンタム戦略が動き
始める。こうした戦略を開始するのに、このときほどタイミングの良
い時期があるだろうか。少なくともこの戦略のための資金を調達する
という意味では最高の時代だ。1990年代という黄金の時代を経て、だ
れもが大金持ちになった。私たちがやるべきことは動いているものを
買うこと、ということを教えてくれたのもこの10年である。収益や利
益や、キャッシュフローさえも気にする必要はない。今は特別な時代
だ。主客転倒したのは明らかで、警備員の制服を着ていて得られるも
のは何もない。株式モメンタム戦略のことをだれも疑問に思わない時
期があったとすれば、それがこの時期だった。

　このときにアクティブにトレードしていなかったとすると、どれく
らい正気でなかったかを理解するのは難しいだろう。IT、インター
ネット、ワールドワイドウェブ、ドットコムという魔法の言葉に少し
でも関連する銘柄はどの銘柄も、利益を出していようがいまいが、あ
るいは利益を出す見込みがあるかどうかとは関係なく、信じられない
ほど株価が高騰した。

　当時の市場はこれらの会社についてほとんど何も理解していなかっ
た。今では実体が分かっているが、当時は実体は何も分からなかった。
極端に過大評価され、損失を出している会社の株を買う根拠は、だれ

かがその価値を理解しているから、というものだった。私が買わなければ、だれかほかの人が買う。そしておそらくはその会社はすぐに巨大な潜在的利益を見通すことができる人によって買収されるだろう。

　私たちはだれもがチューリップの球根を買っていたわけではない。しかし、事後の人々の記憶というものは得てして違うものだ。1999年という年は旅を始めるのには打ってつけの年だった。第一に、1999年はこうした戦略を始めるのにもってこいの年だった。1999年のような市場状態がこうした戦略を始めるのに適していたのである。この年に始めるもう１つの理由は、戦略が過渡期をどう乗り切ったかを見るためだ。1990年代のパーティーの酔いはひどく、いつまでも続いた。戦略をパーティータイムに開始して、不可避のクラッシュをどう乗り切ったかを検証するのに、このときほど良い年があっただろうか。

　ポートフォリオを開始したのは1998年の新年のパーティーのあとである。必要な計算をして、銘柄をランキングして、ポートフォリオを構築した。やり方はこれまでの章で説明したとおりである。指数は200日移動平均線を大幅に上回っていたので、ゴーサインが出る。ロシア危機の問題と数人のノーベル賞受賞者の話題でにぎわった1998年、指数は200日移動平均線を若干割り込むことはあったが、すぐに回復した。

　最初のポートフォリオは、銘柄をボラティリティ調整済みモメンタムでランキングしたリストを作成し、目標ウエートなどこれまでの章で説明した統計量を計算し、現金がなくなるまでリストの上位から買って構築した。**表13.1**が最初のポートフォリオの構成銘柄を示したものだ。

　最初のポートフォリオはテクノロジー株に大きく偏っているが、これは驚くには当たらない。情報技術セクターは当時最も大きく動いていたセクターであり、ランキング上位の銘柄の多くが情報技術セクターに属していた。セクターアロケーションに制約はない。その銘柄が

表13.1　最初のポートフォリオ（1999年）

会社名	ウエート	セクター
アプライド・バイオシステムズ	3.7%	ヘルスケア
アドビ	2.0%	情報技術
オートデスク	2.2%	情報技術
アプライド・マテリアルズ	1.9%	情報技術
エイボン・プロダクツ	2.5%	生活必需品
ブランズウィック・コーポレーション	3.2%	一般消費財
バンク・オブ・ニューヨーク・メロン	3.3%	金融
ボシュロム	3.9%	生活必需品
コカ・コーラ・エンタープライゼズ	2.5%	生活必需品
スリーコム	2.0%	情報技術
EMCコーポレーション	2.8%	情報技術
フェデックス	3.1%	資本財
連邦住宅金融抵当公庫	3.7%	金融
コーニング	3.8%	情報技術
ギャップ	2.3%	一般消費財
IBM	4.5%	情報技術
インテル	2.9%	情報技術
オラクル・アメリカ	2.6%	情報技術
JPモルガン・チェース	2.9%	金融
キンバリークラーク・コーポレーション	4.4%	生活必需品
LSIコーポレーション	1.8%	情報技術
マリンクロット	3.8%	ヘルスケア
モトローラ・ソリューションズ	3.4%	情報技術
マイクロン・テクノロジー	2.0%	情報技術
ノベル	2.8%	情報技術
オラクル	1.8%	情報技術
チャールズ・シュワブ	1.8%	金融
SLM	3.4%	金融
ソレクトロン	2.7%	資本財
ステープルズ	2.2%	一般消費財
ステート・ストリート	4.0%	金融
テクトロニクス	2.7%	情報技術
テキサス・インスツルメンツ	2.8%	情報技術
ユナイテッド・テクノロジーズ	3.8%	資本財

どのセクターに属していようと、私たちはただランキングリストの上位から買うだけである。

　最終的には最初のポートフォリオのセクターアロケーションは、IT株が42％、金融株が19％、生活必需品株が13％、資本財株が10％、一般消費財株が8％、ヘルスケア株が8％である。ユーティリティー、電気通信サービス、エネルギー、素材セクターの銘柄は含まれていない。このポートフォリオは指数とはまったく異なる配分だ。

　ポートフォリオは非常に多くの銘柄で構成されている。34という数字は分散に通常必要とされる銘柄数を上回る。ポートフォリオを構成する銘柄数が多いのは、このときの市場はボラティリティが非常に高かったからである。構成銘柄の大部分はボラティリティが非常に高いテクノロジー株だ。ポジションサイジングをどのように行ったかについては第8章を参照してもらいたい。ボラティリティが高いほど、その銘柄に割り当てられる現金は少なくなる。これはプロのアセットマネジャーの間ではよく使われる方法だ。これはボラティリティを野放しにして特定の銘柄のボラティリティが高くなるのを防ぎ、各銘柄のボラティリティをおおよそ一致させる方法だ。

　この年は出だしはゆっくりだった。第1四半期のパフォーマンスは指数とほとんど変わらない。4月に一時的にアウトパフォーマンスしたものの、そのあとは指数と同じような状態が続いた。この1年間、指数はおおむね上昇していたので、指数とほぼ同じペースで動くことに問題はない。アウトパフォーマンスは良いことだが、私たちのほとんどは相対リターンよりも絶対リターンのことを気にする傾向がある。この年は9月まで上昇相場が続いたが、恐ろしく退屈な年だった。どんどん上昇する1990年代の市場に慣れていた私たちにとって、第3四半期の終わりにわずか20％の上昇では満足感は感じられなかった。長期にわたる強気相場はだれもを甘やかせてしまうこともあるのだ。

　しかし、9月になると市場は多くの人々を不安にさせ始めた。それ

図13.1　最初のポートフォリオのセクターアロケーション

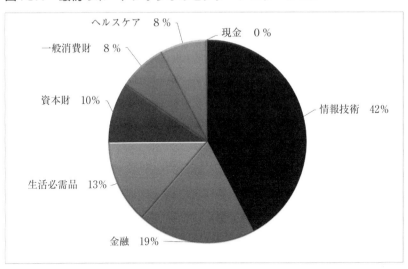

まで高値を更新することなく数カ月が過ぎていた。これは珍しいことだった。S&P500指数は200日移動平均線に徐々に近づき、9月にはついに下回った。

　この下への交差そのものが何かを意味するというわけではないが、指数が移動平均線を下回ると、新しいポジションを建てられなくなる。ポートフォリオの定期的なリバランスで株は売られたが、指数が移動平均線を下回っているかぎり、新たな株を買うことはできない。そのため1999年の終わりには現金が徐々に増えていった。

　図13.2を見ると10月に指数は200日移動平均線を下回り、現金が増え始めたのが分かる。現金の比率はグレーのアミの部分と右側のy軸で表されている。現金は少しだけあるのが普通だが、10月には大量の現金が手元にあった。完全ポジションを買うだけの十分な流動性がなければ、現金で持つだけである。言うなれば、この現金は丸め誤差のようなものである。

9月に指数が移動平均線を下回ると、そのあと現金が少しずつ増え始めていることに注目しよう。定期的なリバランスでポジションを手仕舞いしても、指数が移動平均線を下回っているかぎり、新たなポジションを建てることはできない。これがこの戦略の鍵となる特徴だ。つまり、弱気相場では自動的にスケールアウトする（段階的に手仕舞う）ことになるということである。

　10月の終わりにはポートフォリオのほぼ半分は現金で持ち、その年のパフォーマンスはベンチマークにほぼ等しい。ここまでのパフォーマンスはそれほど印象的には見えない。1999年の初めにこの戦略をスタートさせていれば、おそらく中断するかルールを変更していただろう。1年の大半はこの作業に追われ、何の成果も得られなかっただろう。利益は出るには出たが、パッシブ運用とほとんど違いはなかった。

　ところが11月が始まる直前、指数が移動平均線を再び上回り、買いのゴーサインが出たのである。しかし、これにはおっかなさも感じる。ほとんどのポジションを手仕舞いし、市場は徐々に疲労の色を見せ始め、その先には弱気相場が予想される。こんなときに株を買ってポートフォリオを満杯にするのだから。

　しかし、それが私たちがやっていることなのだ。ランキングリストを再び作成し、現金がなくなるまでリストの上位から買い始める。10月の最終日にトレンドライトが青に変わると、私たちはリストの上位から19銘柄を新たに買った。

　新しく構築し直したポートフォリオはいきなり大きく飛び立った。指数は再び200日移動平均線を大幅に上回った。しかし、私たちの銘柄はそれよりもはるかに良いパフォーマンスを上げた。その年の終わり、指数は20％上昇したが、この信じられないような年末ラリーによって、私たちのポートフォリオは何と40％も上昇したのだ。10月に発生した疑念は跡形もなく消えた。

　その年の終わりにはパフォーマンスは劇的に上昇したが、これには

図13.2　年間パフォーマンス（1999年）

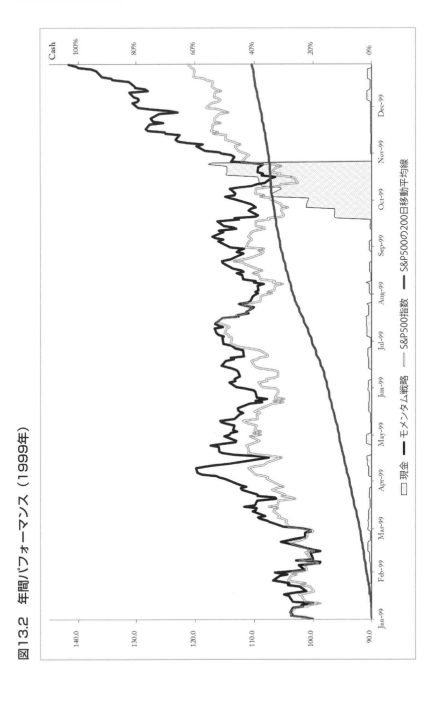

□現金 ━ モメンタム戦略 ─ S&P500指数 ━ S&P500の200日移動平均線

表13.2 結果（1999年）

	モメンタム戦略	S&P500トータルリターンインデックス
リターン	41.0%	21.1%
最大ドローダウン	-11.1%	-11.8%

多くの銘柄が貢献した。その１つが**図13.3**に示したエンテラシス・ネットワークスである。これはポートフォリオのパフォーマンスの劇的な上昇に貢献した銘柄の典型例だ。株価は数カ月にわたって上昇を続け、リストの上位に躍り出た。ランキングリストにおける位置は株価チャートの下のチャートに示したとおりである。数値が低いほどモメンタムランキングが良いことを意味する。10月29日のリバランスではすべての準備が整い、私たちはこの銘柄を80.50ドルで買う。株価は買うとすぐ上昇した。株価はどんどん上昇し、200ドル水準に到達すると、大きくギャップアップしたあと保ち合いになった。

　この戦略に使ったギャップフィルターを覚えているだろうか。リバランスにおいて、直近のギャップが15％を超える銘柄は、ギャップが私たちに有利であったとしても、ポートフォリオの候補からは外す。つまり、この銘柄は次のリバランスで売らなければならないということである。売り時としては完璧だった。すべてのトレードがこんなトレードだったらどんなによいだろう。

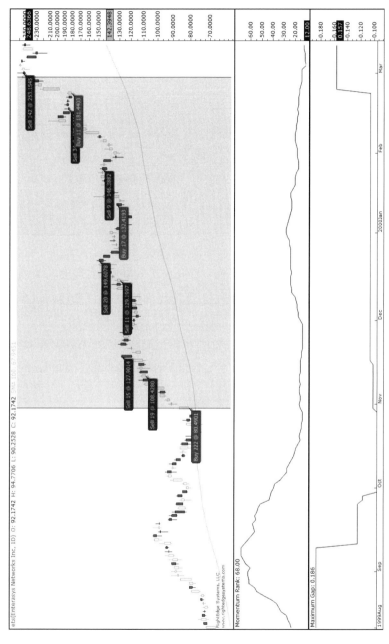

図13.3　エンテラシス・ネットワークス

ets(Enterasys Networks Inc, 1D) O: 92.1742 H: 94.7706 L: 90.2528 C: 92.1742

RightEdge Systems, LLC
www.rightedgesystems.com

Sell 142 @ 255.1545

Buy 11 @ 181.4400

Sell 3 @

Sell 9 @ 146.3882

Buy 17 @ 132.4193

Sell 20 @ 149.6070

Sell 11 @ 129.1992

Sell 15 @ 127.9014

Sell 19 @ 108.4280

Buy 222 @ 80.4901

249.6366
230.0000
210.0000
200.0000
190.0000
180.0000
170.0000
160.0000
150.0000
142.3948
130.0000
120.0000
110.0000
100.0000
90.0000
80.0000
70.0000

Momentum Rank: 68.00

60.00
50.00
40.00
30.00
20.00
12.00

Maximum Gap: 0.186

0.180
0.160
0.157
0.140
0.120
0.100

1999Aug　　Sep　　Oct　　Nov　　Dec　　2000Jan　　Feb　　Mar

2000年

　2000年に入っても市場が好転する兆しはない。これまで強気相場が長く続いてきたが、この強気相場がもうすぐ終わると考える理由はなかった。指数の動きは少し弱まり、200日移動平均線に近づいていた。しかし、これは以前にも発生したため、それ自体はそれほど心配する必要はない。

　そこで私たちは2000年に入ったら、現金を残さずにすべてポートフォリオに投資することにした。ポートフォリオは依然としてIT株に偏り、ほぼ半分がこのセクターに投資されている。残りは複数のセクターで分散され、そのなかで最も大きなセクターがヘルスケアである。新たな10年でIT株に起こったことを考えれば、このポートフォリオの初期のアロケーションは不吉でさえある。この年、私たちのポートフォリオは大暴落するのだろうか。

　この年は非常に気になるボラティリティでスタートした。新年になって最初の3営業日でS&P500指数がおよそ7％下落し、私たちのモメンタム戦略も8％下落した。これは非常に大きな下落である。この戦略を昨年ではなく今年スタートさせていたら、最初の1週間で敗北を認めても許されただろう。このドローダウンのインパクトを見くびってはならない。15年間をシミュレーションした資産曲線を振り返ると、これは取るに足らない下落なので問題はない、と言うのは簡単だ。しかし、実際のお金をトレードして、実際の損失を見るのはまったく意味が違うのだ。長期的なシミュレーションを見れば、将来的にどうなるのかを知ることができるが、シミュレーションの最中では何も分からない。その週が終わる前にあと8％下落するかもしれないし、そ

表13.3　最初のポートフォリオ（2000年）

会社名	ウエート	セクター
アップル	1.8%	情報技術
アプライド・バイオシステムズ	4.4%	ヘルスケア
アドビ・システムズ	1.6%	情報技術
アナログ・デバイセズ	2.4%	情報技術
アプライド・マテリアルズ	2.1%	情報技術
アムジェン	3.1%	ヘルスケア
BMCソフトウェア	1.8%	情報技術
コンバース・テクノロジー	2.8%	情報技術
スリーコム	1.3%	情報技術
シスコシステムズ	2.9%	情報技術
ダウ・ジョーンズ	3.7%	金融
EMCコーポレーション	2.8%	情報技術
エンテラシス・ネットワークス	1.6%	情報技術
ジェネラル・インストゥルメント	2.5%	情報技術
コーニング	2.6%	情報技術
ホーム・デポ	4.1%	一般消費財
オラクル・アメリカ	2.3%	情報技術
KLAテンコール	2.0%	情報技術
リーマン・ブラザーズ・ホールディングス	3.0%	金融
モレックス	2.4%	情報技術
モルガン・スタンレー	3.6%	金融
モトローラ・ソリューションズ	2.5%	情報技術
ノーテルネットワークス	2.3%	情報技術
ネクステル・コミュニケーションズ	1.6%	電気通信サービス（現コミュニケーション・サービス）
オラクル	2.1%	情報技術
ペイチェックス	1.9%	情報技術
プロクター・アンド・ギャンブル	3.9%	生活必需品
パーキンエルマー	3.0%	ヘルスケア
クアルコム	2.5%	情報技術
スプリント	3.2%	電気通信サービス
ソレクトロン	2.8%	資本財
シスコ	3.8%	生活必需品
テネット・ヘルスケア	2.6%	ヘルスケア
タイム・ワーナー	1.6%	一般消費財
テキサス・インスツルメンツ	2.1%	情報技術
ワーナー・ランバート	3.1%	ヘルスケア
ウォルマート	3.1%	生活必需品
ザイリンクス	1.6%	情報技術

図13.4　最初のポートフォリオのセクターアロケーション（2000年）

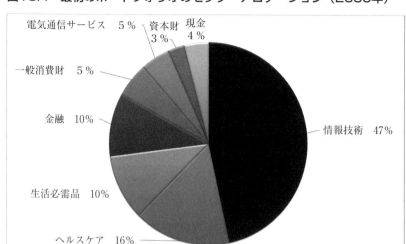

の週のあとでもっと悪い週を迎えるかもしれない。問題は、こういっ
た状況は思っているよりもはるかに多く発生するということである。

　本書にこの章を含めたのはまさにそのためなのである。重要なのは、
これらの問題を提示し、起こり得ることに対して備えさせることであ
る。最初の３営業日のあと８％下落すれば、だれしもルールを無視し
たり、あるいはすべてをやめてしまいたくなるだろう。

　しかし、このケースの場合は無事だった。最初の数週間はポートフ
ォリオのボラティリティは非常に大きかったが、年が始まって２週間
後にはほぼゼロラインにまで戻った。混沌とした市場状態はもう数週
間続き、パフォーマンスは前後に大きく振れた。しかし２月には、モ
メンタム戦略はうまくいき始めた。

　銘柄の多くは株価がどんどん上昇し、利益は急速に伸びた。第１四
半期の終わりには、その年のポートフォリオのリターンは15％を超え
た。その年はマイナス８％からスタートしたことすらみんな忘れてし
まっていた。年の最初にそんな素晴らしいリターンを上げるのを見る

と、その年の間、ずっと同じパフォーマンスを上げられることを想定して、年末の結果を皮算用してしまうのはごく自然なことである。3カ月で15％ということは、1年で75％になることを意味する。これはタイプミスなんかではない。45％じゃなくて、75％なのだ（1.15⁴≒1.75）。こういう計算をよくやってしまいがちだが、これは非常に危険なことでもある。1年間ずっとパフォーマンスが同じなんてことはなく、あなたの期待は非現実的なものでしかない。

　図13.5を見ると分かるように、15％という輝かしいリターンは長くは続かなかった。IT株が下落し始め、市場が突然「利益」といった時代遅れの概念に懸念を示し始めると、私たちのポートフォリオはいきなり下落した。すでに4月には、かつては遠かったゼロラインに再び戻ってしまった。

　3月以降、現金保有率がどんどん高まっていることに注目しよう。5月にはポートフォリオの30％以上を手仕舞った。どの銘柄も下落し始め、候補となる銘柄も突然姿を消した。ほとんどの銘柄が100日移動平均線を下回り、買うのに不適格となった。また、1日の動きが15％を超える銘柄も多く、これらの銘柄も候補リストから消えた。

　そのあと、その年の残りは横ばいで推移した。夏に指数が若干上昇し、買い候補の銘柄がたくさん現れたので買い始めた。しかし、そのときのセクターアロケーションはこれまでとはまったく違うものになっていた。その年の初め、IT銘柄がランキングリストを占めていた。しかし、2000年の中ごろにはこれらの銘柄は激しい砲火を浴び、伝統的な銘柄が再び良く見え始めた。IT銘柄は実際には利益を出していたにもかかわらず、大きなダメージを受けていた。

　このときに構築したポートフォリオはIT銘柄のウエートは非常に低くなったが、そのほかはバランスが取れ、一般消費財、生活必需品、エネルギー、資本財、金融、素材のすべてが含まれていた。こうしたセクターアロケーションにしたおかげで、その年の終わりにはベンチ

図13.5 年間パフォーマンス（2000年）

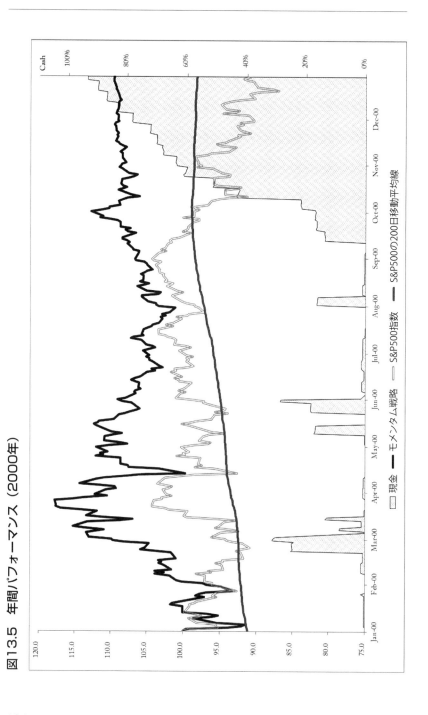

□ 現金 ━ モメンタム戦略 ━ S&P500指数 ━ S&P500の200日移動平均線

マークをアウトパフォームした。

　2000年の終わりには市場が急落し始めたが、その大きな要因はハイテク株の下落によるものだった。しかし、私たちのポートフォリオはこのセクターへのイクスポージャーはすでにゼロに近かったので、指数が経験したような損失は出なかった。しかし、大きな儲けもなかった。

　各リバランスではいくつかの銘柄がポートフォリオから去った。指数が移動平均線を下回っているので、新たに買うことはできず、したがって現金保有率は上昇していった。その年の終わりには、ポートフォリオはほとんどが現金になっていた。

　非常に厳しい年ではあったが、終わってみればおよそ10％のリターンを得ていた。これに対して、指数はおよそ10％のマイナスだった。わずか10％のリターンでは敗北と思えるかもしれないが、こういった厳しい年では10％のリターンはかなり立派な結果なのである。ここではベンチマークとしてS&P500指数を使っている。当時、ほとんどの人はまだIT株にしがみついていたが、こうした人々は10％以上の損失を被った。

　図13.6はモトローラのトレードを示したものだ。1999年の終わりに大きく上昇したあと、この銘柄を買った。私たちがこの銘柄を買ったのは1999年12月で、買ってから数カ月間は上昇した。2000年3月に株価が下落し始め、やがて100日移動平均線を下回った。100日移動平均線を下回ったときが売れという合図で、そのときに売った。ここで売ったのはラッキーだった。数日後には大きなギャップダウンが発生したからだ。

　真ん中のチャートに示されたモメンタムランキングを見ると、そのときはこの銘柄が100日移動平均線を下回ると同時に、臨界水準であったことも分かるはずだ。したがって、このケースの場合、移動平均線ルールとランキングルールのいずれででも手仕舞いすることができ

図13.6　モトローラ

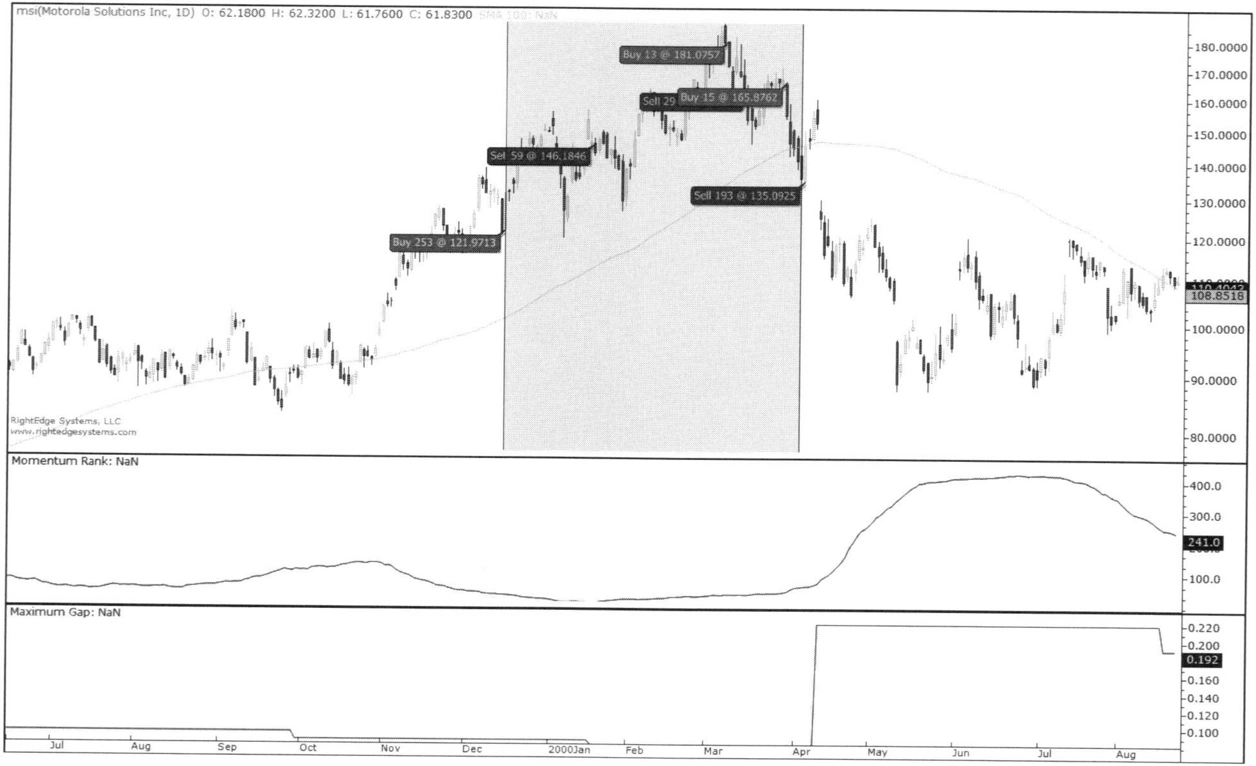
msi(Motorola Solutions Inc, 1D) O: 62.1800 H: 62.3200 L: 61.7600 C: 61.8300 SMA 100: NaN
Buy 13 @ 181.0757
Sell 29
Buy 15 @ 165.8762
Sell 59 @ 146.1846
Sell 193 @ 135.0925
Buy 253 @ 121.9713
RightEdge Systems, LLC
www.rightedgesystems.com
180.0000
170.0000
160.0000
150.0000
140.0000
130.0000
120.0000
108.8518
100.0000
90.0000
80.0000
Momentum Rank: NaN
400.0
300.0
241.0
100.0
Maximum Gap: NaN
0.220
0.200
0.192
0.160
0.140
0.120
0.100
Jul
Aug
Sep
Oct
Nov
Dec
2000Jan
Feb
Mar
Apr
May
Jun
Jul
Aug

表13.4　結果（2000年）

	モメンタム戦略	S&P500トータルリターン インデックス
リターン	9.6%	-8.1%
最大ドローダウン	-15.4%	-16.6%
1999年からの年次リターン	24.3%	5.4%
1999年からの最大ドローダウン	-15.4%	-16.6%

た。私たちは価格が急落したときに手仕舞いした。その手仕舞いから数日後に価格は急上昇し、移動平均線も上回った。早く売りすぎたかもしれないと頭をキーボードに打ち付けたとき、株価は22％もギャップダウンした。

　最高の位置で仕掛けることはできないし、最高の位置で手仕舞うこともできない。しかし、そんなことをする必要はない。モメンタム戦略は、天井と底を言い当てることができなくてもうまくいくのだ。

　今はほとんど現金で保有しているが、1999年の初めからずっと指数を上回っている。**図13.7**はスタート時点からのモメンタム戦略とS&P500トータルリターンインデックスのパフォーマンスを比較したものだ。今年はゆっくりとした年になったが、これまでのところはまずまずだ。

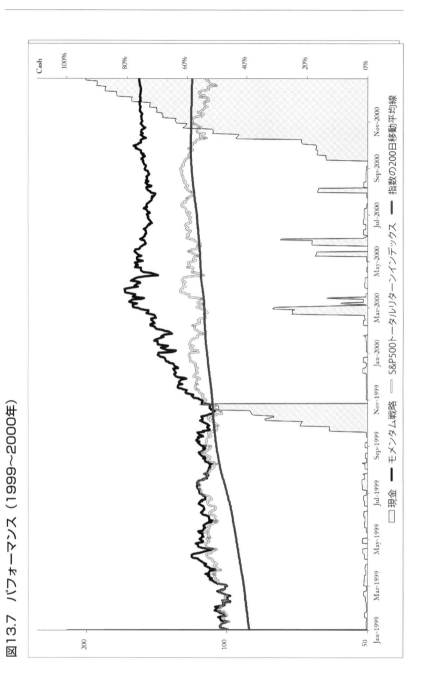

図13.7 パフォーマンス（1999〜2000年）

□ 現金 ━ モメンタム戦略 ━ S&P500トータルリターンインデックス ━ 指数の200日移動平均線

168

2001年

　2001年に入ってポジションの大部分をスケールアウト（段階的に手仕舞い）した。この年が始まったとき、ポートフォリオに含まれるポジションはわずか2銘柄だった。昨年の大虐殺を生き抜いたのが、この2銘柄の勇兵だけだったというわけである。つまり、この年はほとんど現金からなるポートフォリオからスタートしたということである。ユナイテッド・ヘルス・グループとエンタージーは新年の祝賀会は祝えたものの、1月の2週目に両方とも売られた。それ以降、この年はトレードはまったく行わなかった。

　この年はほとんどの人にとっては非常に劇的な年だったが、私たちの戦略にとっては非常に退屈な年だった。1月に2つのポジションを手仕舞いする前に損失が出たが、それはわずか1％にも満たなかった。そのあとは横ばいが続いた。これは理論的には落ち着いているように見えるが、現実的には厳しいものだ。過去の成績を振り返ると、この年は市場には近づかないほうがよかったことは理解できる。しかし実際には、人々はトレードしたくてたまらなかっただろう。

　こういった年は売ったほうがよいのではないかと思う人もいたはずだ。最も下落している銘柄を見つけて売ってはどうかと。つまり、今実践しているモメンタム戦略の逆戦略だ。答えは簡単だ。そういった戦略が成功する可能性は非常に低い。売るのは思いのほか難しく、危険でもある。売って儲かる人はほとんどいないのが実情だ。

　過去にずっと下がり続けた銘柄が突然反転して急上昇することがある。弱気相場は強気相場に比べるとボラティリティが高くなる傾向が非常に高い。こういった市場ではトレードしてはならない。買っても

表13.5　最初のポートフォリオ（2001年）

会社名	ウエート	セクター
ユナイテッドヘルス・グループ	3.1%	ヘルスケア
エンタージー	3.3%	ユーティリティー

図13.8　最初のポートフォリオのセクターアロケーション（2001年）

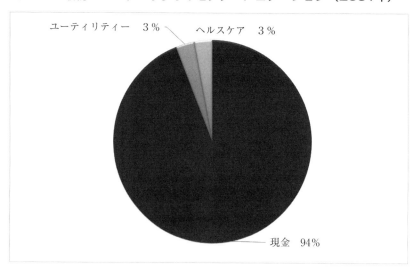

ならないし、売ってもならない。大量殺戮が待っているだけだ。あなたの仕事はこういった時期を乗り切ることである。儲ける機会はあとでいくらでもある。今はそのときではない。

　どうしても何かしたい人はどうぞご自由に。しかし、そんな人が儲かる可能性は低い。じっくり腰をすえて、リスクを最小限に維持すべきときを知る。これこそが投資のプロになるための鍵である。

　図13.10は2001年の初期に保有していた銘柄の1つのパフォーマンスを示したものだ。市場が下落するなか、ユナイテッド・ヘルス・グループは見事なパフォーマンスを示した。価格チャートのすぐ下の

表13.6　結果（2001年）

	モメンタム戦略	S&P500トータルリターン インデックス
リターン	-0.7%	-10.9%
最大ドローダウン	-0.8%	-29.1%
1999年からの年次リターン	15.3%	-0.7%
1999年からの最大ドローダウン	-15.4%	-35.7%

S&P500は下落し続けていることが分かる。市場がこれほど下落しているときに、上昇し続ける銘柄はほとんどない。

　ところが、非常に強いこの銘柄も2000年12月には下落し始め、2001年初期のリバランスのときには100日移動平均線を下回っていた。これが売れという合図であり、私たちは売った。指数は明らかに弱気相場にあるので、新たな銘柄は買わない。2001年１月が終わるころには、私たちのポートフォリオは現金のみになった。

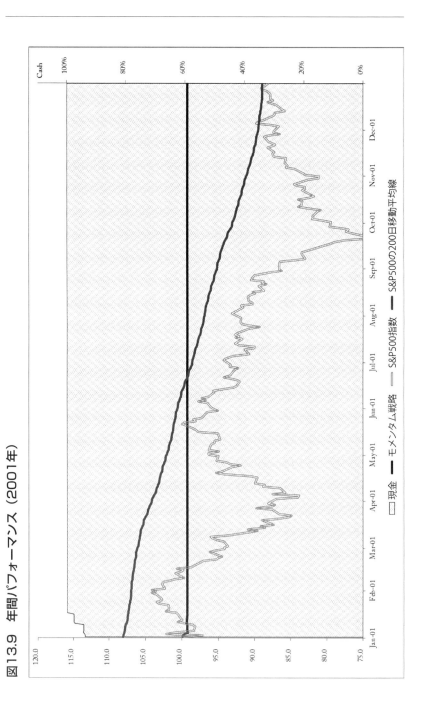

図13.9 年間パフォーマンス（2001年）

□現金 ━ モメンタム戦略 ━ S&P500指数 ━ S&P500の200日移動平均線

172

図13.10　ユナイテッドヘルス・グループ

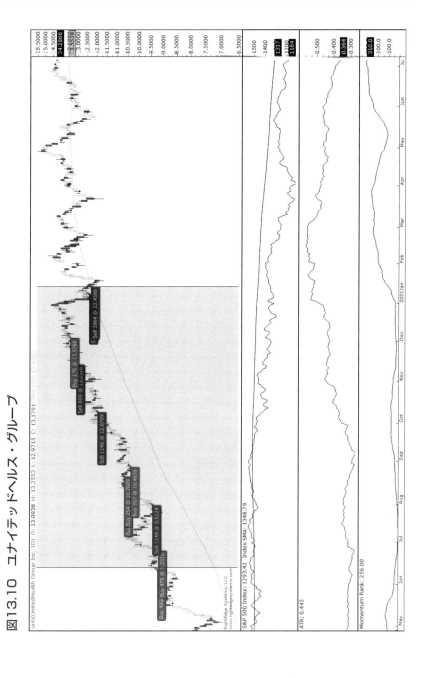

図13.11 パフォーマンス（1999〜2001年）

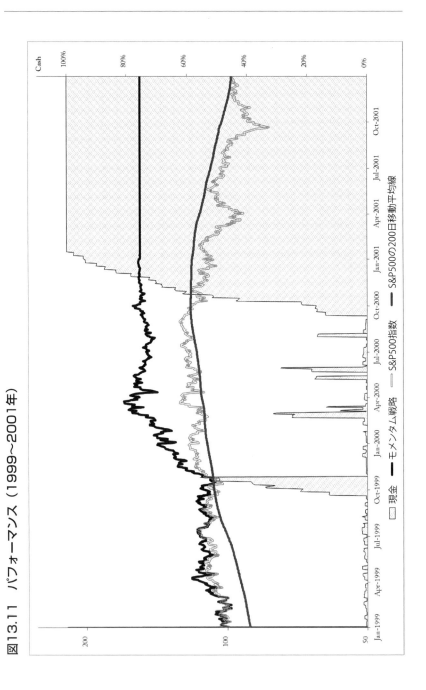

2002年

　2002年になっても保有銘柄はゼロのままだ。ポートフォリオはすべて現金で保有している。ここで重要なのは、現金と言っても実質的に現金で保有しているわけではないことを理解することである。これは単なる表現にすぎない。ポートフォリオを物理的なドル紙幣で持ち、チェーンで手首につないだ銀のアタッシュケースに入れているわけではなく、現金を銀行口座に入れておくわけでもない。

　問題は、現金は、たとえ銀行口座に入れておいても安全ではないということである。銀行やブローカーが突然破産すると、現金は問題になる。少なくとも保有現金が政府の預金者保証枠を上回ると問題だ。2002年には多くの人は銀行は破産することはないと思っていた。しかし、最近では銀行も破産する。銀行やブローカーが破産すると、証券は取り戻せる可能性が高い。若干の遅れはあるだろうし、法廷闘争を伴うかもしれないが、証券は取り戻せる。証券はあなた名義で登録されているし、破産債権とは切り離されているからだ。しかし、銀行やブローカーが破産した途端に、現金は消えてなくなる。

　現金で持つということは、どれくらいの期間現金で持ち続けるかによって違うが、マネーマーケット商品や国債で持つことを意味する。これは常識だ。

　2002年はトレードはあまり行わなかったが、興味深い局面が１つあった。私たちはその年の間ずっと現金で持っていたわけではない。３月になると指数が上昇し、200日移動平均線を上回った。こうなるともちろん私たちは買い始めなければならない。

　表13.7に示したポートフォリオは2002年の年初からのものではない。

表13.7　2002年3月のポートフォリオ

会社名	ウエート	セクター
アメリカン航空	2.5%	資本財
ボーイング	3.4%	資本財
ブランズウィック・コーポレーション	4.6%	一般消費財
ブラック・アンド・デッカー	4.2%	一般消費財
ビッグ・ロッツ	3.2%	一般消費財
ボール	5.2%	素材
クーパー・タイヤ・アンド・ラバー・カンパニー	3.3%	一般消費財
デラックス	5.6%	資本財
ダーデン・レストランツ	2.9%	一般消費財
エコラボ	5.4%	素材
ゴールデン・ウエスト・ファイナンシャル	5.0%	金融
グッドリッチ・コーポレーション	4.3%	資本財
WW グレンジャー	4.3%	資本財
ノードストロム	3.2%	一般消費財
KB ホーム	2.3%	一般消費財
エル・ブランズ	3.1%	一般消費財
マスコ	3.4%	資本財
マクダーモット・インターナショナル	2.4%	エネルギー
パーカー・ハネフィン	4.1%	資本財
パルトグループ	3.0%	一般消費財
ライダー・システム	4.5%	資本財
ロックウェル・オートメーション	3.4%	資本材
シーベル・システムズ	1.7%	情報技術
ティファニー	3.0%	一般消費財
ティー・ロウ・プライス・グループ	3.9%	金融
サブレ・ホールディングス	3.3%	情報技術
ゼロックス	2.5%	情報技術

図13.12　2002年3月のセクターアロケーション

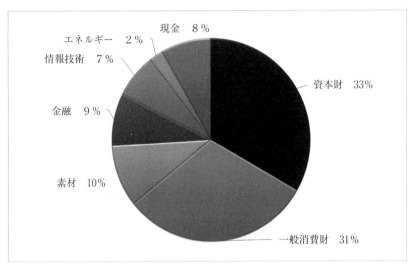

年初からのものだと表は空っぽで、バカバカしいものに見えたことだ
ろう。**表13.7**は指数が上昇し始めた2002年3月に買った銘柄を示し
ている。

　このポートフォリオは資本財と一般消費財のウエートが高い。ハイ
テク株は依然として市場に罪を許してもらえず、ポートフォリオにお
けるウエートはわずか7％である。市場状態を考えるとこのポートフ
ォリオは妥当なように思える。アグレッシブすぎることはなく、保守
的なユーティリティーや生活必需品ばかりというわけでもない。

　このポートフォリオは試みとしては良かったが、残念ながら失敗に
終わった。指数が移動平均線を上回っている時間が短すぎたのだ。指
数が移動平均線を上回ってわずか数週間後、指数は移動平均線にサヨ
ナラをして、その年の間は再び顔を合わせることはなかった。

　結局、私たちのポートフォリオはリバランスを通して徐々に縮小さ
れていった。指数の最大の犠牲者になったのはテクノロジーセクター
だったが、保有する銘柄のパフォーマンスはそれほど悪くはなかった。

図13.13　年間パフォーマンス（2002年）

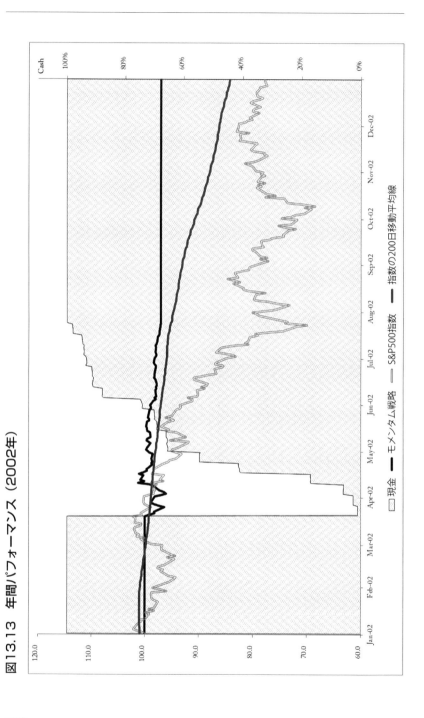

□ 現金　━ モメンタム戦略　━ S&P500指数　━ 指数の200日移動平均線

178

スケールアウトに長い時間がかかったのは、大きな市場圧力に対して
それらの銘柄が持ちこたえていたことを証明するものである。これら
の銘柄が移動平均線を下回ったり、大きなギャップが発生したり、そ
のほかの基準を満たさなくなると、私たちはこれらの銘柄をゆっくり
と売っていった。再び現金のみのポートフォリオに戻るまでには7月
までかかった。

　弱気相場の最中にポートフォリオが満杯になるまで買ったにもかか
わらず、その年のパフォーマンスは退屈なものだった。その年はマイ
ナス3％のリターンだったが、指数のリターンはマイナス22％だった。

　またもや何もしない年になったが、ほかの人に比べるとパフォーマ
ンスはそれほど悪いものではなかった。市場が大きなマイナスリター
ンのときに、わずか数パーセントのマイナスリターンだったのだから、
恥じるべきことは何もない。

　図13.14で起こったことは、多かれ少なかれ2002年に買ったすべ
ての株式で起こったことである。その後、弱気相場の勢いは弱まり始
め、指数は長い横ばい状態を脱して、長期移動平均線を一時的に上回
った。これは新しい株を買えという合図で、私たちは新たな株を買っ
た。

　ボーイングの場合、株価は見事に回復し、再び大きく上昇し始めた。
ボーイングを買ったのは3月だったが、4月の中ごろにはすでに売っ
ていた。指数が再び下落するまでには大して時間はかからず、今にし
て思えば、ボーイングを買ったのはタイミングが悪すぎた。何もかも
がうまくいくとは限らないのである。

　図13.15を見ると分かるように、ポートフォリオを開始して4年
後のパフォーマンス曲線はあまり良いとは言えない。ポートフォリオ
を構築した当初は良かった。最初は大きなリターンを上げ、指数に対
しても大きなアウトパフォーマンスを示した。しかし、弱気相場が始
まると、再び現金が増え、ほとんどの期間は現金で持った。

表13.8 結果（2002年）

	モメンタム戦略	S&P500トータルリターン インデックス
リターン	-3.0%	-22.1%
最大ドローダウン	-4.2%	-33.0%
1999年からの年次リターン	10.4%	-6.8%
1999年からの最大ドローダウン	-15.4%	-47.4%

何もせずに現金で持つ年が２年間続いた。一体、これはどういった戦略なのだ？

なかなか厳しいものがある。ほとんどのトレーダーは何かやりたくてうずうずしている。市場が下落するのを見ると、すぐに市場に飛び乗って売ったり安く買ったりしたくなる。でも、こういった市場状態のときはそういったことをやるのはけっして良い考えではない。こういう状態の株式市場で儲けられる人はほとんどいない。過去を振り返れば、何をすべきだったかはだれでも分かる。しかし、こんなときに動くのは危険だ。ほかの人が損をしているときに資産を保存できただけでも、あなたはほかの人よりもはるかに優れていることになるのだ。

こんなときはリスクをとる時期ではない。こんなときは動かずにじっとしているに限る。

図13.14　ボーイング

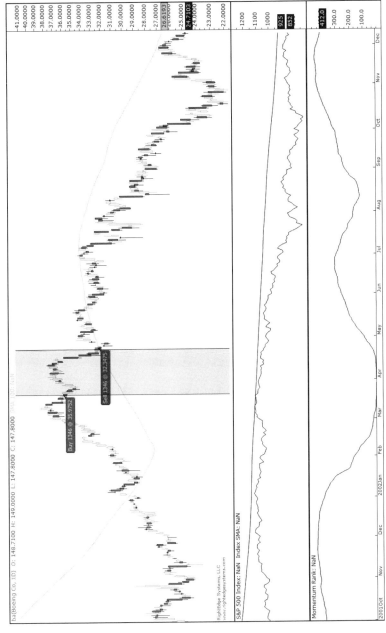

図13.15 パフォーマンス (1999～2002年)

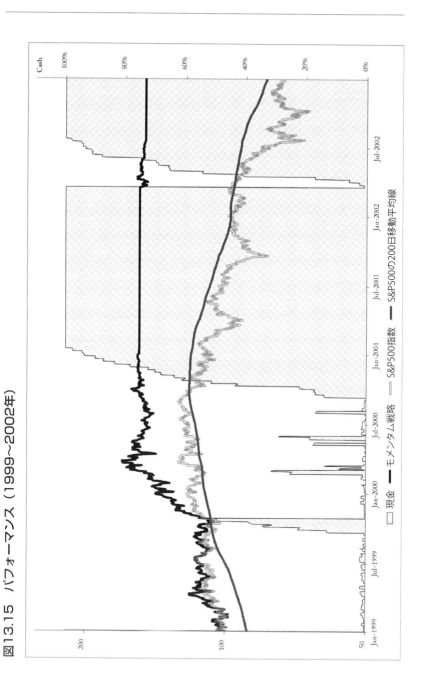

凡例: 現金 ▬ モメンタム戦略 ▬ S&P500指数 ▬ S&P500の200日移動平均線

2003年

　２年間困難な年が続いたあと、ほとんどの株式モメンタムトレーダーはすでにゲームを降りてしまった。この２年間について言えることは、私たちはそれほど大きな損失は被らなかったが、ほかのトレーダーのほとんどは大きな損失を被ったということである。株式モメンタム戦略以外にもう１つうまくいったであろう戦略がある。「ジャスト・ステイ・アウエー（市場に近寄るな）」戦略だ。私たちのモメンタム戦略が意味を持つためには、すぐにある程度のリターンを出す必要がある。弱気相場のときに指数を打ち負かすのは簡単だが、物事が改善に向かったときにこの戦略がどんなパフォーマンスを上げるのかを知る必要がある。

　2003年が始まったときの私たちのポートフォリオは前年と同じだった。つまり、保有銘柄が１銘柄もないということである。最初の数カ月はこれは良いアイデアに思えた。市場は３月の初めには10％下落し、私たちのポートフォリオは依然として横ばいだった。ところが、そのあと市場は上昇し始めたのだ。いきなり大きく上昇したが、残念ながら、私たちはポジションを持っていなかった。しかし、心配する必要はない。移動平均線が急速に近づいてきたからだ。そして４月、指数がゴーサインを出してきたので、私たちは新たなポートフォリオを構築し始めた。

　表13.9はそのときに私たちが買った銘柄を示したものだ。大体においてバランスの取れたポートフォリオだが、ヘルスケアのウエートが高すぎるのは明らかだ。このポートフォリオはその年のうちに若干変更されたが、素晴らしいパフォーマンスを示した。

表13.9　2003年4月のポートフォリオ

会社名	ウエート	セクター
アドビシステムズ	2.6%	情報技術
エトナ	3.8%	ヘルスケア
アラガン	4.6%	ヘルスケア
アムジェン	4.6%	ヘルスケア
アポロ・エデュケーション・グループ	3.8%	一般消費財
ベスト・バイ	2.4%	一般消費財
ベクトン・ディッキンソン	4.0%	ヘルスケア
ブラウン・フォーマン	6.4%	生活必需品
エイビス・バジェット・グループ	3.0%	資本財
eベイ	4.6%	情報技術
フルーア	3.2%	資本財
ガイダント	3.2%	ヘルスケア
ハズブロ	4.2%	一般消費財
マテル	4.0%	一般消費財
メディミューン	2.9%	ヘルスケア
マラソン・オイル	5.0%	エネルギー
ナイキ	3.9%	一般消費財
パブリック・サービス・エンタープライズ・グループ	5.3%	ユーティリティー
プログレッシブ	4.7%	金融
ポール・コーポレーション	3.8%	資本財
リーボック・インターナショナル	4.5%	一般消費財
スターバックス	3.4%	一般消費財
セント・ジュード・メディカル	4.6%	ヘルスケア
ヤフー	2.6%	情報技術
ジマー・ホールディングス	3.7%	ヘルスケア

図13.16　2003年４月のセクターアロケーション

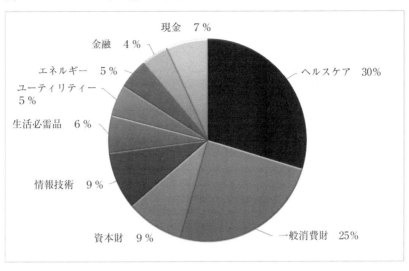

　昨年とは違って、今年は指数が移動平均線を上回るとそのまま勢い
を増した。指数が移動平均線を下から上に交差したのは４月の中ごろ
で、それ以降、指数と移動平均線との距離は開いていった。私たちの
モメンタム戦略も良いパフォーマンスを上げた。交差したあとの数カ
月間はモメンタム戦略は指数にほぼ付随していた。指数は上昇してい
たので、上昇している指数に付随するのは申し分のないことである。

　しかし、８月の終わりごろから私たちのポートフォリオの銘柄は勢
いを加速し始めた。この時点でのその年の利益はすでに20％に達して
いたが、これでは不十分だった。何年ぶりかで市場に楽観論が戻って
きた。人々はまるで株がなくなるのではないかと思えるくらいに株を
買いあさった。このときほどモメンタム投資が輝いていた時期はない。

　指数は置いてきぼりを食らったように思えたが、その年はプラス28
％のリターンを上げた。そして、私たちのポートフォリオは何とプラ
ス42％のリターンを上げた。なかなか良い結果だ。これというのも過
去数年の月並みな年を我慢してトレードを続けたからにほかならない。

表13.10 結果（2003年）

	モメンタム戦略	S&P500トータルリターンインデックス
リターン	41.8%	28.7%
最大ドローダウン	-7.2%	-13.8%
1999年からの年次リターン	16.1%	-0.6%
1999年からの最大ドローダウン	-15.4%	-47.4%

　この年はホームランの年になった。**図13.18**はサンミナのトレードチャートを示したものだ。2003年6月に買ったあと何が起こったか見てみよう。2004年初めに売るまでサンミナは2倍以上に上昇した。このチャートに示されたそれまでのすべてのトレードに注目してもらいたい。今ではこういったトレードはもう見慣れているはずだ。これらのトレードはボラティリティの変化を補うために行われた小さなリバランストレードだ。ポジションリスクは常に変化するので、これらのトレードはリスクを一定に維持するために行われたものだ。

　こういったトレードこそモメンタム戦略で私たちが望むトレードである。良い年にはこういった素晴らしいパフォーマンスを示す銘柄がいくつか現れるものだ。

　2002年の終わりには、私たちの戦略とはすべてを現金で持つことであるかのように見えたことだろう。当時、ほとんど横ばいのパフォーマンスが2年続いていた。2002年のあとは長期戦略がどのように機能するのかは分かったはずだ。いつ仕掛けて手仕舞うかについての明確なルールがなければ、弱気相場では大きな損失を出し、そのあと必ず発生する上昇相場を逃すという2つのリスクを冒すことになるのである。

図13.17　年間パフォーマンス（2003年）

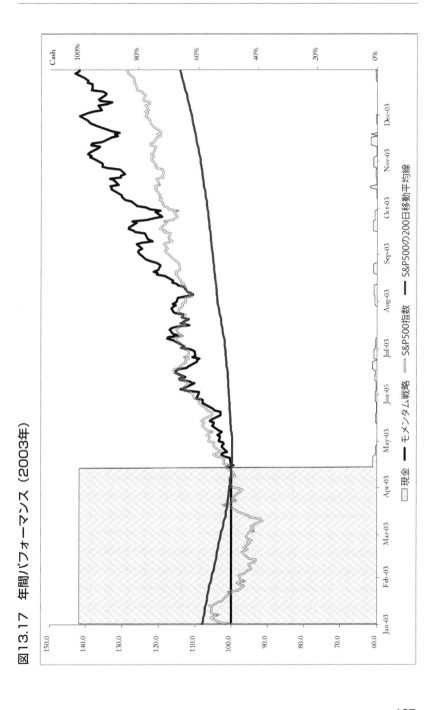

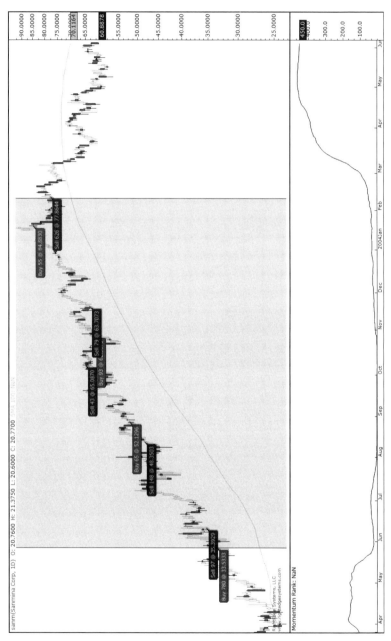

図13.18 サンミナ

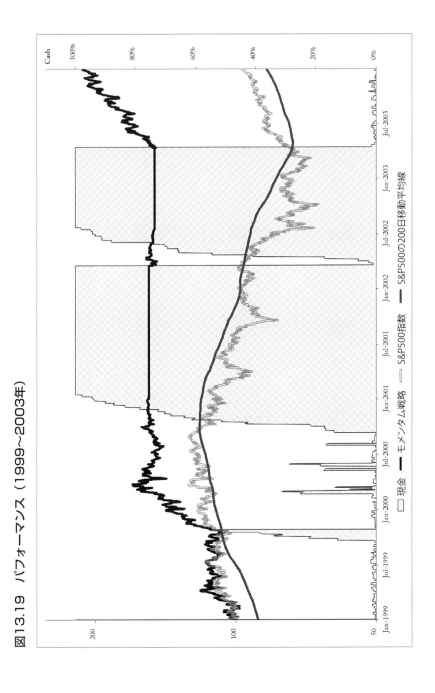

図13.19　パフォーマンス（1999～2003年）

私たちは非常に良いタイミングで仕掛けることができた。市場が復活すると、私たちは正しいセクターの正しい銘柄を買った。1999年にこの戦略を始めてから5年たった今、市場を大幅にアウトパフォームし、非常に高い絶対リターンを達成している。

2004年

　この年はようやく普通のスタートを切ることができた。2004年1月、ドットコムバブルの崩壊はもうすでに過去のものになり、市場は再び上昇している。輝かしいパフォーマンスは半年以上続き、市場の上昇が止まる気配はない。2004年が始まると、金融セクターを除くすべてのセクターの27銘柄からなる非常に幅広いポートフォリオを構築した。テクノロジー株のアロケーションも昔に戻り、26％だ。昨年は大儲けしたので、私たちの気持ちは喜びと自信に満ちあふれ、ポートフォリオは満杯状態だ。

　しかし、2004年は前年ほど楽しいものではなかった。ポートフォリオのボラティリティは非常に高く、リターンはプラス7％まで上昇したものの、ゼロに戻った。このちゃぶついた状態は数カ月にわたって続き、上下に激しく揺れ動いた。8月になると市場は再び下落し始めたが、私たちのポートフォリオはすでに指数の後塵を拝していた。

　夏の終わりには、市場は移動平均線を下回り、新たな買いは中止せよというシグナルが出る。私たちのポートフォリオは指数以上に下落し、リバランスで株が売られると、イクスポージャーのスケールダウンが始まった。私たちのポートフォリオは8月に9％の最大損失を出したが、指数の最大損失はわずか4％だった。とても楽しんでいられるような状態ではない。昨年、ようやくこの戦略に自信を取り戻したばかりだというのに、再びすべてのことが疑問に感じられるようになる。この年になってずっとトレードを続け、懸命に作業をしてきたのに、8月になった今、これまでの努力の結果が、ほぼ2桁の損失を出し、ボラティリティが高くアンダーパフォームしたポートフォリオと

表13.11　最初のポートフォリオ（2004年）

会社名	ウエート	セクター
サンミナ	2.2%	情報技術
ヒューマナ	4.0%	ヘルスケア
フリーポート・マクモラン	2.7%	素材
ルイジアナ・パシフィック	3.6%	素材
ジョージア・パシフィック	4.7%	素材
アドバンスト・マイクロ・デバイセズ	2.3%	情報技術
ノードストロム	4.3%	一般消費財
モトローラ・ソリューションズ	3.2%	情報技術
フリーポート・マクモラン・コーポレーション	4.2%	素材
テキサス・インスツルメンツ	3.1%	情報技術
アルカテル・ルーセント USA	2.3%	電気通信サービス
ヤフー	3.1%	情報技術
ピーエムシー・シエラ	2.1%	情報技術
US スティール	4.3%	素材
パルトグループ	4.0%	一般消費財
ブロードコム	2.3%	情報技術
レイノルズ・アメリカン	4.7%	生活必需品
シーベル・システムズ	3.0%	情報技術
AES	3.0%	ユーティリティー
テラダイン	2.6%	情報技術
インターナショナル・ゲーム・テクノロジー	4.6%	一般消費財
ネクステル・コミュニケーションズ	3.7%	電気通信サービス
オートデスク	3.7%	情報技術
アルトリア・グループ	7.3%	生活必需品
ジマー・ホールディングス	5.6%	ヘルスケア
シュナイダーエレクトリック IT	3.3%	エネルギー
ロックウェル・オートメーション	5.3%	資本財

図13.20　最初のポートフォリオのセクターアロケーション（2004年）

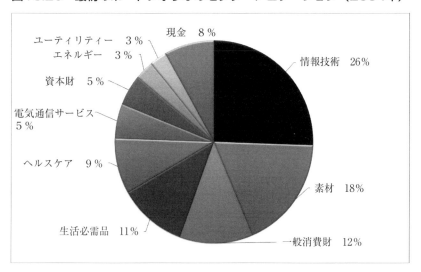

いうのでは悲しすぎる。

　しかし、忘れてはならないのはモメンタム戦略は長期戦略だということである。長い時間をかけて市場を打ち負かす戦略なのである。うまくいく年もあれば、うまくいかない年もあるだろうが、長期的に見れば、常に株式市場のパフォーマンスを上回り、常に大きなリターンを上げてきた。私たちの戦略にもう少しだけ時間を与え、様子を見てみようではないか。

　8月はその年で最悪だったことが分かった。事実、そのあとは信じられないくらい上昇した。8月の初めはマイナス9％だったのが、そのあとはロケットのように急騰した。指数も再び移動平均線を上回ったため、再びポートフォリオをフルで買うことができた。買った銘柄はすべて適正な銘柄だった。

　ここからその年の残りの間中続く上昇の波に乗ることができた。そして待ちに待った12月、指数を打ち負かし、絶対リターンも強く、14

％のリターンを得ることができた。14％なんてひどいリターンじゃないか、と言う人もいるかもしれない。これは無名のトレードフォーラムでよく聞かれる言葉だ。こういったフォーラムでは、だれも彼もが年間数百％や数千％のリターンを上げられると言っている。こういった数値は無名のオンラインフォーラムのトラッシュトークでは言っても構わないが、現実世界では長期的に14％の複利リターンを出せる人などほとんどいないのが実情だ。

　図13.22はオートデスクの長期ポジションを示したものだ。素晴らしいの一言に尽きる。なぜリバランストレードが示されていないのだろうと疑問に思う人もいると思うので説明しておこう。こういった長期間では価格さえも見ることができないくらいトレード表示が多くなるので、トレード表示を省いただけである。

　オートデスクのポジションを建てたのは2003年12月で、2004年の間はそのまま持ち続け、2005年1月の終わりに売った。この間、価格は3倍になり、ポートフォリオのパフォーマンスに大いに貢献した。

　もちろん、オートデスクのように楽しいトレードばかりではない。良い年でも、悪いトレードはたくさんある。**図13.23**に示したインターナショナル・ゲーム・テクノロジー（IGT）のトレードはその好例だ。2003年の終わりはうまくいっていた。それほど良いパフォーマンスというわけではないが、若干の利益を出していた。2004年4月にはインターナショナル・ゲーム・テクノロジーは最高ランクのモメンタム株の1銘柄になり、私たちは再び買った。しかし、このときは買った直後に暴落した。株価は移動平均線も下回った。だから、次のリバランスで損切りした。

　こんなことはしょっちゅう起こる。でも、心配する必要はない。損切りはこのビジネスを行ううえでのコストなのだ。これは妥当なトレードだったが、うまくいかなかっただけである。全体的に見ればその年はうまくいった。

図13.21　年間パフォーマンス（2004年）

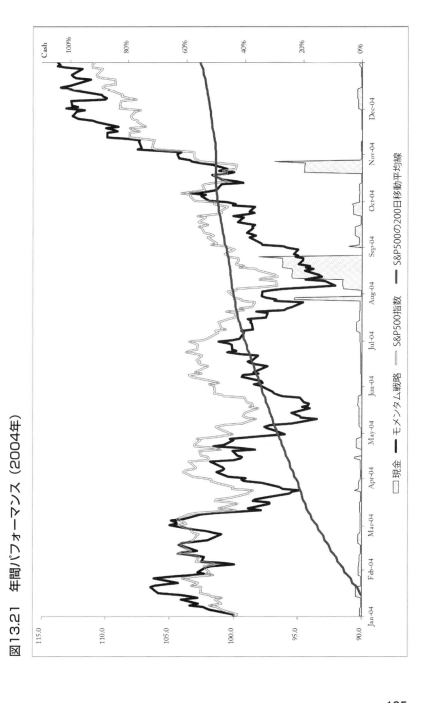

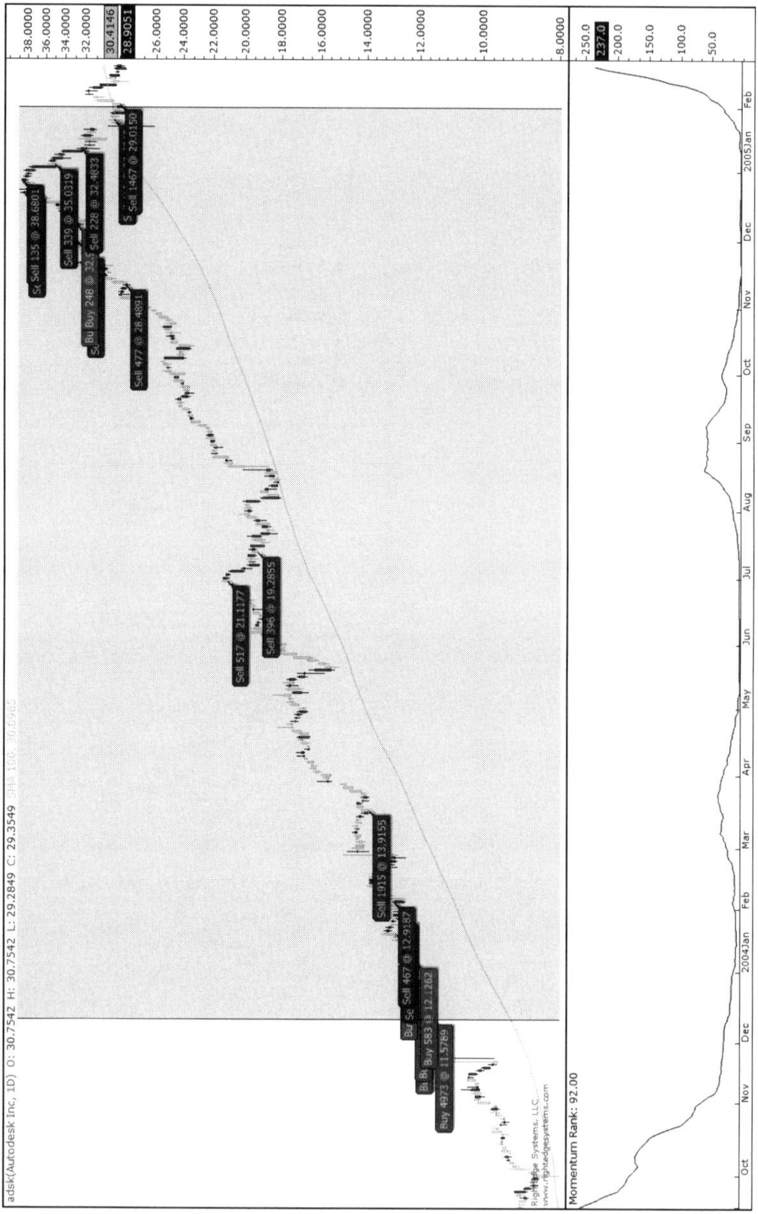

図13.22 オートデスク

adsk(Autodesk Inc, 1D) O: 30.7542 H: 30.7542 L: 29.2849 C: 29.3549

Momentum Rank: 92.00

図13.23　インターナショナル・ゲーム・テクノロジー

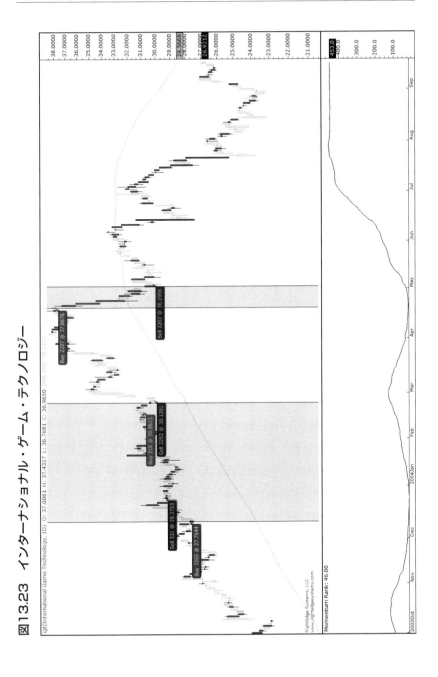

表13.12 結果（2004年）

	モメンタム戦略	S&P500トータルリターンインデックス
リターン	13.7%	10.9%
最大ドローダウン	-13.5%	-7.4%
1999年からの年次リターン	15.7%	1.3%
1999年からの最大ドローダウン	-15.4%	-47.4%

　このころには私たちのモメンタム戦略は指数を大幅に上回り、価値が証明された。強気相場ではアウトパフォームし、弱気相場では資産を防衛するという長期パターンを今こそ見始めることができる。

　1999年の初めにインデックストラッカーに100ドル投資したとすると、2004年の今ごろにはおよそ106ドルになっていただろう。一方、その100ドルをモメンタム戦略に投資していれば、資産はすでに2倍以上になっている。

図13.24　パフォーマンス（1999〜2004年）

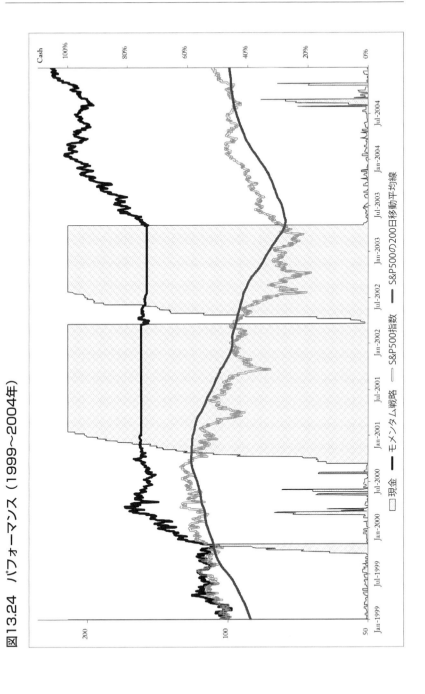

2005年

　2005年にはテクノロジー株が再び大流行し始めた。事実、この年の最初のポートフォリオの半分はITセクターにアロケーションしている。1つのセクターにこれほど大きくアロケーションしたということは、明確な意図があるということである。つまり、この分野に大きなトレンドがあり、私たちはそのトレンドに乗ったということである。テクノロジー株は市場の嫌われ者から市場の牽引役に返り咲いたのである。テクノロジー株以外にも、資本財、一般消費財、エネルギーセクターへのイクスポージャーも非常に大きい。

　昨年は夏以降から年末まで数カ月にわたって市場が上昇し、私たちのポートフォリオも8～12月にかけて大きな利益を得ることができた。数カ月にわたる信じられないほどの上昇を見た今、2005年についても期待が膨らむ。しかし、2005年は厳しいスタートになった。2005年になってからの最初の数日ですでに数％下落した。それほど心配する必要はないとは言え、年明けの最初の週で4％も下落するのを見るのは楽しいものではない。これまでにもボラティリティが高まった時期はある。したがって、このときはさして心配はしていなかった。

　しかし、それから2週間後、1月もそろそろ終わりに近づくころ、私たちの損失は6％にもなっていた。これはもう楽しいどころの話ではない。長期パフォーマンスチャートを前にして過去を振り返ればこれはささいなことのように思えるかもしれないが、これが実際のお金で目の前で本当に起こり、将来がどうなるのか分からないときは話がまったく違ってくる。このまま行けばどうなるのかと、立ち止まって考えるのは当然のことである。毎月6％ずつの損失を出せば、1年間

表13.13　最初のポートフォリオ（2005年）

会社名	ウエート	セクター
オートデスク	3.9%	情報技術
アップル	3.1%	情報技術
エナジー・フューチャー・ホールディングス	5.2%	エネルギー
ノーフォーク・サザン・コーポレーション	5.5%	資本財
ブラック・アンド・デッカー	6.5%	一般消費財
パッカー	4.6%	資本財
トランスオーシャン	3.8%	エネルギー
KBホーム	3.5%	一般消費財
ブランズウィック・コーポレーション	4.8%	一般消費財
アドビシステムズ	4.2%	情報技術
フランクリン・リソーシズ	6.6%	金融
ゲートウエイ	2.3%	情報技術
シトリックス・システムズ	3.4%	情報技術
アドバンスト・マイクロ・デバイセズ	2.7%	情報技術
eベイ	4.6%	情報技術
コンバース・テクノロジー	2.8%	情報技術
モンスター・ワールドワイド	4.1%	情報技術
キューロジック	3.2%	情報技術
アンドリュー	3.1%	情報技術
オラクル・アメリカ	2.8%	情報技術
パーカー・ハネフィン	5.7%	資本財
エヌビディア	2.8%	情報技術
コンピュウェア	2.4%	情報技術
NCR	4.8%	情報技術
ウィリアムズ・カンパニーズ	3.6%	エネルギー

図13.25　最初のポートフォリオのセクターアロケーション（2005年）

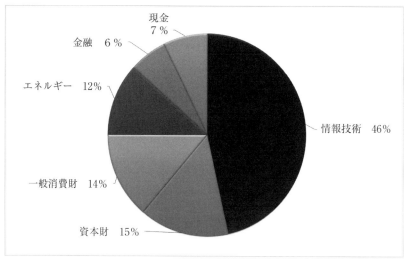

で50％の損失になる。こんな計算をするのは健康には良くないが、私たちはみんなこんな計算をする。

　しかし、市場は回復し、私たちが保有する銘柄も回復した。市場が正常に戻り、次の数カ月にわたって上昇すると、私たちのポートフォリオのパフォーマンスも上昇した。パフォーマンスはマイナス6％から、3月にはプラス7％へと上昇した。このような状態は精神的には非常にきつい。年の初めに苦労して稼いだお金を10万ドル投資したとすると、最初の数週間で6000ドル失い、次の数カ月で1万1000ドル稼いだということになる。あなたは有頂天になり、再び複利リターンの計算を始める。2カ月で11％の利益だから、1年間で87％の利益になる。最初に10万ドル投資していれば、利益は8万7000ドルだ。

　私たちはこんな計算をやりがちだが、それは皮算用にすぎない。実際にはそのようにはならない。1月に心配したようにマイナス40％になることもなく、3月に夢見たようにプラス87％になることもない。

　この年はローラーコースターライドが続いた。第２四半期に市場が少し下落すると、私たちの銘柄も市場に連動して下落した。最高のプラス７％から、その年の半ばにはマイナス６％に下落した。こんな状態はイラつくものだ。利益が出たかと思ったら、同じだけの損失が出る。それまでモメンタムモデルで懸命にやってきた。計算し、リバランスし……。その努力の結果が損失だなんて。

　しかし、2005年のローラーコースターライドは当分終わりそうもなかった。この年はハラハラドキドキが続いた。５月から９月にかけて再び大きく上昇し、リターンはマイナス６％からプラス13％になった。わずか数カ月で20％を超える上昇だ。なかなか良いじゃないか。しかし、そのあと再び短期間のうちに大きく下落してしまった。ものの数週間でリターンはプラス13％からゼロに逆戻りした。指数自体は動きはそれほど大きくはなかったが、私たちのポートフォリオはハイベータ株で構成されていたので、短期間で大敗北を喫してしまった。

　そして、指数は再び200日移動平均線を下回ったため、売った株の代わりに株を買うことはできなかった。そのため現金が増え始めた。11月にはポートフォリオは減速し、ポートフォリオの半分以上を現金で持つことになった。

　あとで分かったのだが、このときは株を減らすのに最悪のタイミングだった。あとであれこれ言うのはたやすいことだ。指数は移動平均線を下回ったが、そのあとすぐに上昇して移動平均線を上回った。しかし、私たちは一方の足だけポートフォリオのなかにある状態で、後塵を拝しているのは明らかだ。ところが驚くべきことに、指数が上昇すると、私たちのイクスポージャー水準は非常に低かったものの、ポートフォリオもそれに合わせて上昇した。ポートフォリオに残っていた銘柄が市場と同じペースで上昇し、指数を上回るパフォーマンスを上げたからである。

　図13.26に示されているように10月のタイミングの悪いスケール

図13.26　年間パフォーマンス（2005年）

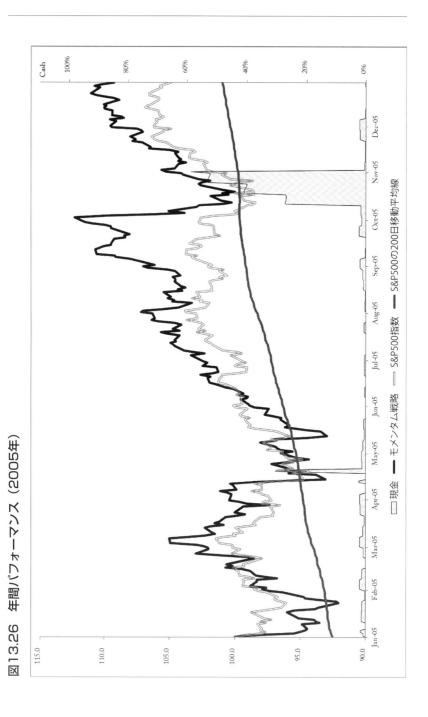

□現金　—モメンタム戦略　—S&P500指数　—S&P500の200日移動平均線

表13.14　結果（2005年）

	モメンタム戦略	S&P500トータルリターン インデックス
リターン	9.3%	4.9%
最大ドローダウン	-11.4%	-7.0%
1999年からの年次リターン	14.8%	1.8%
1999年からの最大ドローダウン	-15.4%	-47.4%

アウトを見ると、パラメーターを変えるべきだったのではないかという疑問がわく。もし220日移動平均線を使っていれば、このタイミングの悪さは防げていただろう。しかし、これは後知恵に基づいてパラメーターを変えることを意味する。これは陥りやすいワナだ。

　本書では、私は読者に現実を伝えることをモットーにしている。物事が実際にどのような仕組みになっているのかを示したいのである。本を売るために、素晴らしい結果を示す最適化されたヒストリカルバックテストを示すようなことはしない。現実にはこういったことは起こり得ることであり、これよりもはるかに悪いことが起こることもある。戦略がもっと多くの利益を上げるように見せかけ、戦略に魔法のようなタイミングを計る能力を与えることは簡単だ。しかし、そんなことをしても何の助けにもならない。

　この年は、パフォーマンスは何度も大きく上下動し、最悪のタイミングでスケールダウンを行ったりもしたが、最終的にはうまくいって終了した。この年の終わりの指数のリターンはプラス5％で、私たちのポートフォリオのリターンはプラス9％だった。悪くはないリターンだ。時間とともに指数に対するアウトパフォーマンスは拡大している。一貫性こそが私たちの目指すものである。

　図13.27に示したアンセムのトレードは、この戦略でよく発生するイラ立つ状況を示したものだ。いつものように、この銘柄も大きく上昇したあとで買った。**図13.27**のチャートを見ると、この銘柄が

図13.27 アンセム

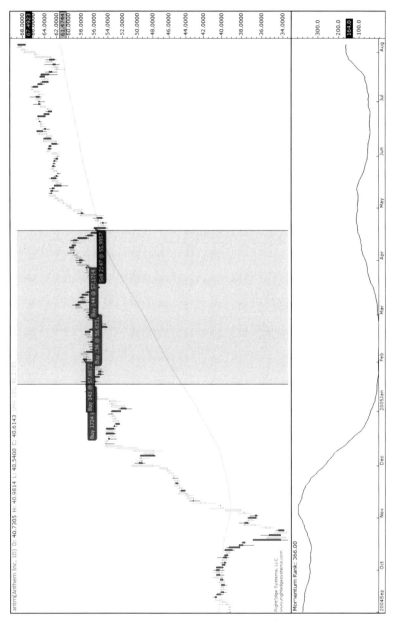

206

ランキングリストを上り続けていることが分かる。買ったときはランクは500銘柄中12位だった。しかし、買ったあとモメンタムが消えた。下落したわけではない。ただ動きをやめたのだ。数カ月後に手仕舞ったが、４カ月も保有していたのに成果はなかった。さらに悪いことに、売ったあと、さてそろそろ動き出す時間だ、と言わんばかりに上昇し始めたのである。もちろんこのときにはこの銘柄のランクは低くなりトップリストからは外れていた。今、私たちはこの銘柄に代わるまったく無関係の銘柄を探している。

　もちろん、これもビジネスコストである。すべてが勝者となるわけではない。覚えておいてもらいたいのは、個々のポジションは互いに無関係ということである。すべてはポートフォリオベースであって、ポジションベースではない。この戦略は、ほかのプロのトレード戦略と同じように、すべてのトレードで勝つように設計されてはいない。この戦略は長期的にポートフォリオベースで勝つように設計されているのである。

　一方、**図13.28**のエトナは励みになるトレードだ。この銘柄は偶然にも新たな上昇が始まる直前にタイミング良く買った。

　これまでのところはうまくいっている。この戦略を始めて７年になるが、指数を大きくリードしている。この年のパフォーマンスは市場とほぼ同じだったが、今のところは指数を大きく上回っている。まずまずの出来と言ってよいだろう。

図13.28 エトナ

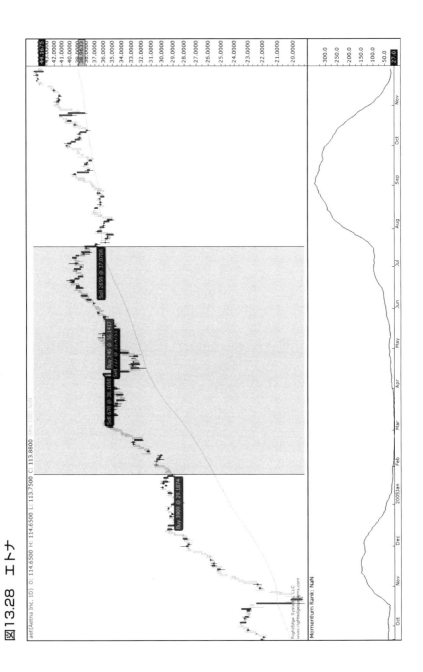

図13.29　パフォーマンス（1999〜2005年）

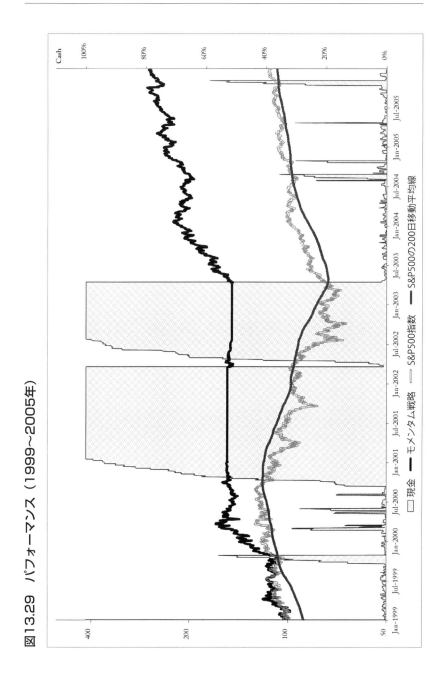

2006年

　昨年はなかなか難しい年だったが、利益は出すことができた。ハラハラしっぱなしの1年だったが、最終的には2桁のリターンを上げることができた。2006年はテクノロジー株のウエートが若干高いが、適度に分散されたポートフォリオからスタートした。金融、資本財、ヘルスケア、一般消費財セクターのアロケーションが大きい。ユーティリティーと電気通信サービスセクターへのアロケーションがないことに注目しよう。これら2つのセクターはモメンタム投資ではあまり注目されない。なぜなら、これまでモメンタム株を生み出さなかったからだ。生活必需品セクターも最初のポートフォリオには含まれていないが、このセクターはときおり素晴らしいパフォーマーを生み出す。

　この年は好調にスタートした。年初から5月初めまで驚くほど上昇した。この時点ですでに19%の利益を出していた。すべてが順調だった。トラブルが発生する前はいつもこうだ。この年は終わってみれば、モメンタム投資にとってはあまり良い年ではなかった。1年以上にわたってトップのパフォーマンスを上げたセクターが突然下落したのである。損失を出し、ポートフォリオ価値は急落した。

　さらに悪いことに夏にイクスポージャーのスケールアウトを行ったのだが、これはタイミングが悪すぎた。6月に指数が移動平均線を下回ったので、すぐにイクスポージャーを減らしたのだ。リバランスするごとに複数の銘柄を売り、7月の初めには60%も現金で持つ羽目になった。その直後、弱気相場のなかで力強い戻りが発生し、私たちは再び市場に引き戻された。指数が移動平均線を上回り、全面的に買いのシグナルが出たからだ。ところが、私たちが買い終わるやいなや、

表13.15　最初のポートフォリオ（2006年）

会社名	ウエート	セクター
エクスプレス・スクリプツ・ホールディング	3.6%	ヘルスケア
イー・トレード・フィナンシャル・コーポレイション	3.3%	金融
アドバンスト・マイクロ・デバイセズ	3.2%	情報技術
ロバート・ハーフ	4.6%	資本財
BJサービシズ・カンパニー	3.3%	エネルギー
メディミューン	3.1%	ヘルスケア
ノーフォーク・サザン・コーポレーション	5.2%	資本財
エーオン	5.1%	金融
アプライド・バイオシステムズ	4.9%	ヘルスケア
フリーポート・マクモラン	3.8%	素材
アップル	3.9%	情報技術
ノベル	3.2%	情報技術
フリーポート・マクモラン・コーポレーション	3.2%	素材
バーリントン・ノーザン・サンタフェ	5.7%	資本財
ジェイディーエス・ユニフェーズ	1.7%	情報技術
エヌビディア	2.8%	情報技術
プログレッシブ	5.0%	金融
シトリックス・システムズ	4.6%	情報技術
シエナ	2.0%	情報技術
アドビシステムズ	3.1%	情報技術
ギリアド・サイエンシズ	3.0%	ヘルスケア
ジャナス・キャピタル・グループ	4.0%	金融
ネットアップ	3.3%	情報技術
スターバックス	4.2%	一般消費財
サーキット・シティー・ストアーズ	3.8%	一般消費財
モンスター・ワールドワイド	3.9%	情報技術

図13.30　最初のポートフォリオのセクターアロケーション（2006年）

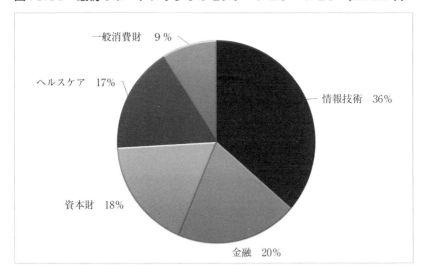

市場は再び下落した。大きなイクスポージャーをとっていたのですぐ
に損切りし、指数が再び移動平均線を下回ると再びスケールダウンし
た。そして、イクスポージャーが半分に減少したところで市場は再び
上昇し始めた。これでは被害者意識を持つなと言ってもムリだろう。

　今回はモメンタム戦略は本当に苦しんだ。この年の後半は市場をア
ンダーパフォームした。市場にゆっくりと近づくも、市場との差は開
くばかりだった。一体、何が起こっているのか。モメンタム戦略はな
ぜ突然うまくいかなくなったのか。

　最初の下落の原因は明らかだった。モメンタムセクターが打撃を受
け、市場と連動する私たちの戦略も打撃を受けたのだ。こうしたこと
はときどき起こる。重要なのは、この年の後半、パフォーマンスをま
ったく出せなかったことだ。まあ、こんなことは時折あるものだ。こ
の時期、モメンタム戦略はまったくうまくいかなかった。しばらくの
間上昇していた銘柄をいくつか買ったが、買った直後に下落し始めた。

図13.31　年間パフォーマンス（2006年）

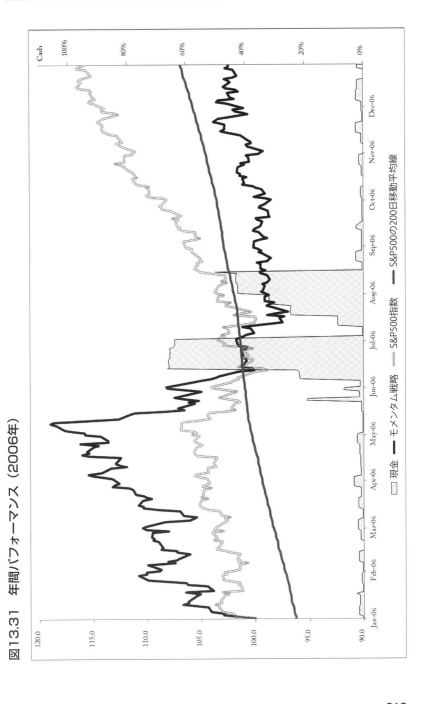

図13.32 オフィス・デポ

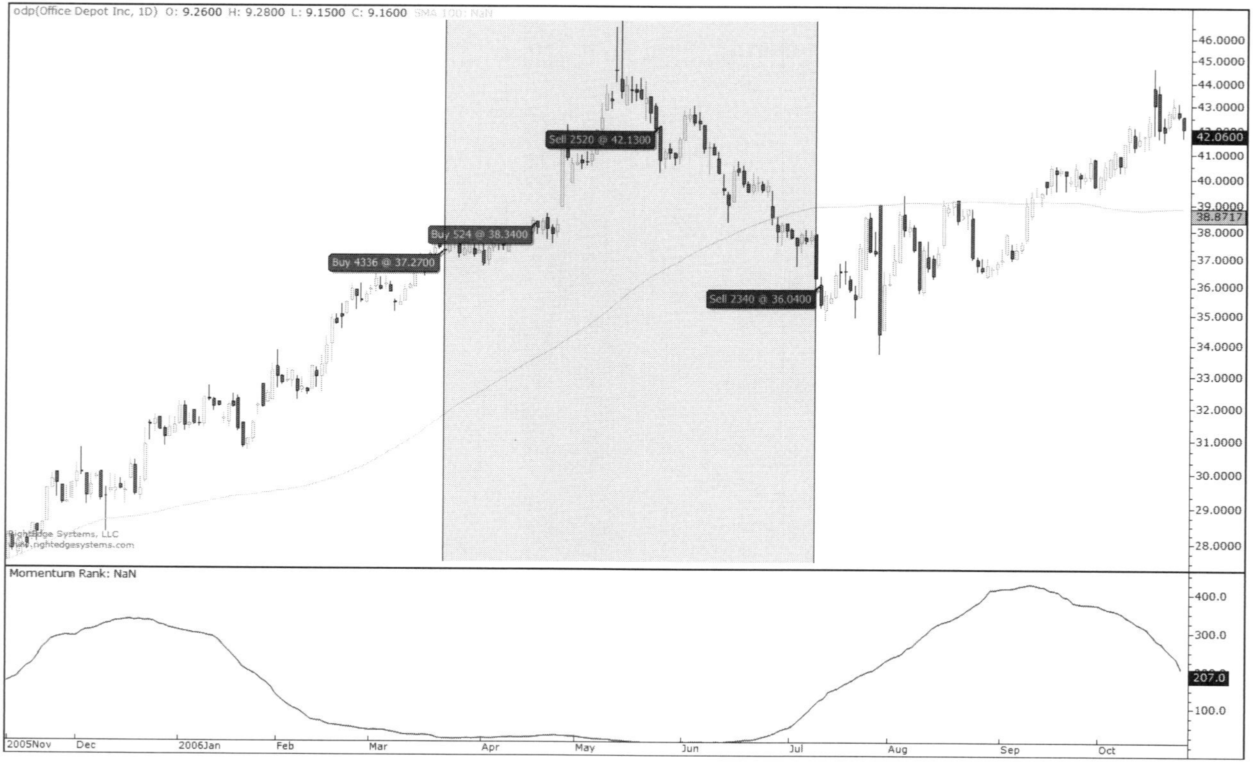

214

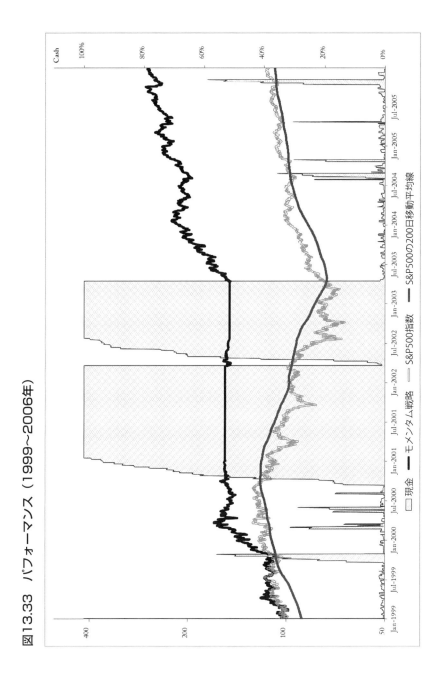

図13.33 パフォーマンス（1999～2006年）

表13.16 結果（2006年）

	モメンタム戦略	S&P500トータルリターンインデックス
リターン	2.4%	15.8%
最大ドローダウン	-18.5%	-7.5%
1999年からの年次リターン	13.1%	3.4%
1999年からの最大ドローダウン	-18.5%	-47.4%

ほとんどは小さな利益か損失を出して手仕舞った。代わりに買った銘柄も鳴かず飛ばずだった。

どんな戦略もいつもうまくいくわけではないということを忘れてはならない。

図13.32に示したオフィス・デポのトレードはこの年の中ごろの多くのポジションを代弁するもので、これを見ればポートフォリオのパフォーマンスがなぜ下落したのかがよく分かる。3月に建てたポジションは数カ月は上昇し続けたが、そのあと下落し始めた。ほかの銘柄も下落するなかで、この銘柄のランクはほかの銘柄に比べると高く維持された。手仕舞いに時間がかかったのはそのためだ。

2006年はけっして楽しいと呼べるような年ではなかった。最終的にはイーブンよりも若干良い成績でこの年を終えたが、前半の素晴らしいパフォーマンスは消え、指数を大幅にアンダーパフォームした。図13.33に示した長期チャートを覚えておこう。この戦略は長期戦略なのである。どんな年でも何が起こるか分からないが、長期的に見ると私たちは勝利するのである。

2007年

　波乱に満ちた2006年を終えて、この戦略に対する自信を取り戻すためにはすぐにでもある程度のパフォーマンスが必要だ。昨年末はぶざまだった。この年もまたテクノロジー株が好調だったので、このセクターのアロケーションが多い。この年の最初のポートフォリオは2つのセクターに独占されている。ポートフォリオのおよそ85％はテクノロジーセクターと一般消費財セクターに占められている。これはかなりアグレッシブなアロケーションだ。

　数年にわたって良かったり悪かったりが続いた今となっては、パフォーマンスの気まぐれには慣れたほうがよさそうだ。この年はスタートが好調で、2月の終わりにはリターンはプラス8％を達成した。そのあと、リターンは再びゼロを下回ったものの、これはそれほど長くは続かず、スケールアウトするまでもない。これはよくあることなので、心配の必要はない。株式市場なんてそんなものだ。リターンがゼロを下回ったあと、一定のペースで急上昇し始める。夏が終わる前にはリターンはすでに17％にまで上昇。そのときの指数のリターンがわずかプラス10％だったことを考えると、かなり立派なパフォーマンスだ。

　このあとボラティリティが高まり、ポートフォリオは大きく上下動する。短期間だけリターンはわずか3％に下落するも、そのあとプラス20％まで上昇する。市場は上下動が激しいが、市場に連動する銘柄の上下動も激しい。株式のモメンタム投資はベータがすべてであることを覚えておこう。平均的にバランスの取れたあなたのポートフォリオのスイングも大きいが、指数のスイングのほうがはるかに大きく感

表13.17　最初のポートフォリオ（2007年）

会社名	ウエート	セクター
アップル	3.6%	情報技術
アドビシステムズ	3.7%	情報技術
アマゾン・ドット・コム	3.7%	一般消費財
アレゲーニー・テクノロジー	2.9%	素材
オートゾーン	6.9%	一般消費財
ビッグ・ロッツ	2.8%	一般消費財
BMCソフトウェア	5.0%	情報技術
CBREグループ	3.0%	金融
セルジーン・コーポレーション	3.2%	ヘルスケア
コーチ	4.1%	一般消費財
シスコシステムズ	4.4%	情報技術
イーストマン・コダック	4.1%	情報技術
ゴールドマン・サックス・グループ	5.0%	金融
グッドイヤー・タイヤ・アンド・ラバー・カンパニー	3.9%	一般消費財
ハズブロ	6.2%	一般消費財
インターパブリック・グループ・オブ・カンパニーズ	3.6%	一般消費財
ジュニパーネットワークス	2.8%	情報技術
ノードストロム	3.7%	一般消費財
NCR	6.2%	情報技術
エヌビディア	2.9%	情報技術
セーバー・ホールディングス	6.8%	情報技術
ユニシス	4.3%	情報技術
ヤム・ブランズ	5.2%	一般消費財

図13.34　最初のポートフォリオのセクターアロケーション（2007年）

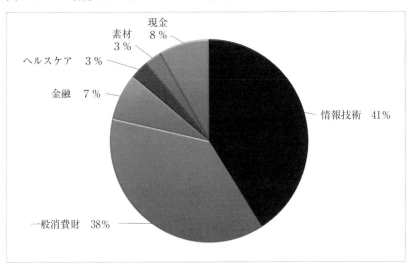

じられる。

　指数が移動平均線に近づき、私たちはイクスポージャーのスケーリング（段階的に仕掛けや手仕舞いをすること）を繰り返す。これはこの1年を通しての傾向だ。スケールアウトが早すぎる年が再び発生すれば、多くの読者はこれの解決法はインデックスフィルターを取り除くこと、あるいは少なくとも200日移動平均線を300日移動平均線に変えることだと思うに違いない。どちらも良い解決法ではない。そのわけは第14章で説明する。今のところは私の言葉を信じてもらいたい。

　この1年を通じてイクスポージャーのスケーリングを繰り返してきたが、これはパフォーマンスの低下につながった。しかし、最終的には良い数値でこの年を終えようとしている。この年の指数のリターンはプラス5.5％だが、私たちのポートフォリオのリターンは2桁なので指数を大きくアウトパフォームした。この年のモメンタム戦略のリターンは17％を超え、昨年の厳しい年を乗り越えて再びその価値が証

表13.18　結果（2007年）

	モメンタム戦略	S&P500トータルリターン インデックス
リターン	17.3%	5.5%
最大ドローダウン	-12.8%	-9.9%
1999年からの年次リターン	13.6%	3.7%
1999年からの最大ドローダウン	-18.5%	-47.4%

明された。

　図13.36はこの年の興味深いトレードの１つを示したものだ。１月にUSスティールを買い、その年の間に何回かリバランスし、７月に少し下落したところで手仕舞った。これは素晴らしいトレードで、私たちがもっと見たいと思うトレードだ。

　この年は２桁のリターンと市場に対するアウトパフォーマンスを達成した素晴らしい年だった。2005年に設定した高い目標にはまだ程遠いが、きっと達成できると思っている。最も重要なのは、このポートフォリオが指数のパッシブ運用よりもはるかに魅力的な長期リターン特性を示していることである。

図13.35　年間パフォーマンス（2007年）

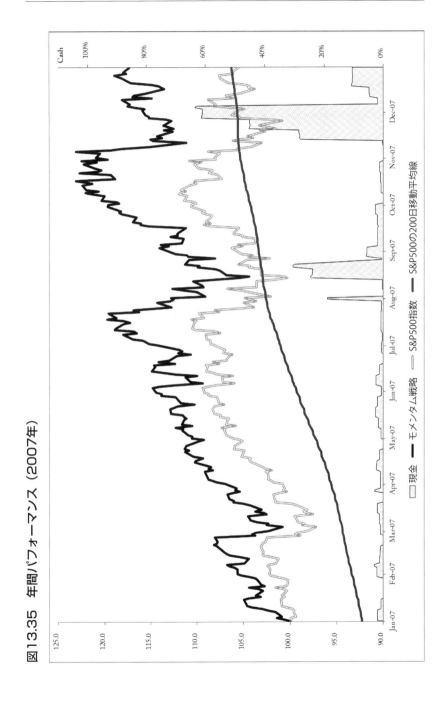

□現金　━モメンタム戦略　ーーS&P500指数　ーーS&P500の200日移動平均線

図13.36 USスティール

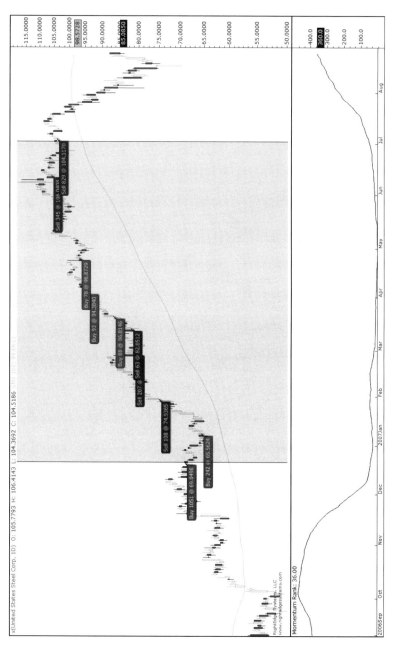

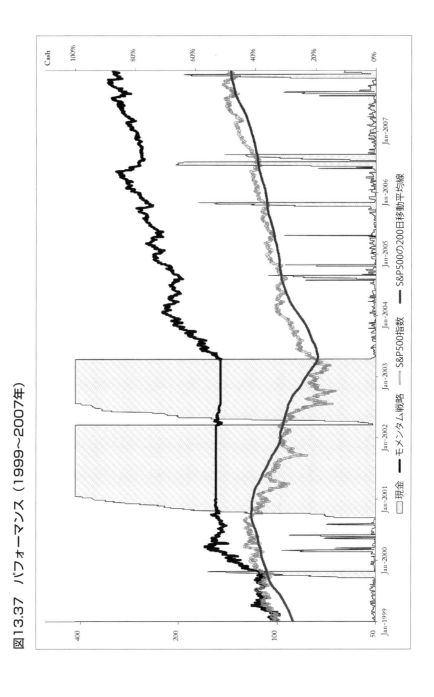

図13.37　パフォーマンス（1999〜2007年）

2008年

　「2008」という数字を見ても震えが来なくてPTSD症状を引き起こさないのなら、あなたはおそらくはこの時期に市場に参入しなかったラッキーな人だろう。2008年は信じられないほどストレスに満ちた1年だった。この年を高いパフォーマンスで終えた人でもいまだにその恐怖が忘れられないはずだ。その危機からまだ時間はそれほどたっていないが、私たちがどれほどの危機にさらされていたかを考えただけでゾッとする。

　この年は金融システムがほぼ崩壊した。銀行はいつ倒産してもおかしくない状態にあった。毎日現金を銀行から銀行へと移動させ、流動資産を次の24時間以内に倒産しそうにない銀行に移した。市場は大打撃を受けたが、そんな状態からとにかく何とか抜け出せたことはラッキーだった。

　2008年の初めに指数はすでに移動平均線を下回っていた。昨年の終わりから移動平均線を下回っていたので、ポジションはすでに減らし始めていた。1月に現金を10％持っていたが、最初の数週間で市場がおよそ10％下落すると、私たちは指数にほぼ完璧に追随した。毎週、数銘柄を売り、指数が平均線を下回っているかぎり、売った株に代わる新たな買いは行わなかった。**図13.39**を見ると、毎週現金が徐々に増えているのが分かるはずだ。

　イクスポージャーは急激に半分以下になり、さらに減少し続けていたので、2月以降ポートフォリオの大きな動きは見られない。5月にはイクスポージャーはゼロになり、すべてを現金で保有することになった。

表13.19　最初のポートフォリオ（2008年）

会社名	ウエート	セクター
アップル	2.7%	情報技術
アシュラント	3.7%	金融
アパッチ	3.3%	エネルギー
アポロ・エデュケーション・グループ	2.6%	一般消費財
ピーボディー・エナジー	2.6%	エネルギー
コンソル・エナジー	2.9%	エネルギー
ディア・アンド・カンパニー	3.0%	資本財
EOGリソーシズ	3.8%	エネルギー
エクスプレス・スクリプツ・ホールディング	4.0%	ヘルスケア
ギリアド・サイエンシズ	3.3%	ヘルスケア
グーグル	3.2%	情報技術
ジェイコブズ・エンジニアリング・グループ	2.9%	資本財
マクドナルド	4.7%	一般消費財
モンサント	2.8%	素材
マーフィー・オイル	3.7%	エネルギー
ニューモント・マイニング	2.7%	素材
ノーザン・トラスト	3.2%	金融
オクシデンタル・ペトロリウム	3.0%	エネルギー
ペプシ・ボトリング・グループ	3.8%	生活必需品
プロクター・アンド・ギャンブル	6.1%	生活必需品
トランスオーシャン	3.0%	エネルギー
チャールズ・シュワブ	3.0%	金融
モルソン・クアーズ	3.4%	生活必需品
テキストロン	3.9%	資本財
ウォーターズコーポレーション	5.0%	ヘルスケア
ヤム・ブランズ	4.2%	一般消費財

図13.38　最初のポートフォリオのセクターアロケーション（2008年）

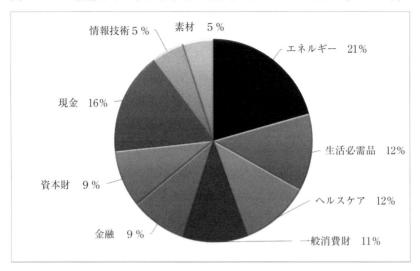

前にも述べたように、すべて現金で持つと言う意味は、現金を銀行口座に入れておくわけではないことを思い出そう。さらにブローカー口座に入れておくわけでもない。これは銀行に入れておくよりも悪い。銀行やブローカーに現金を入れておくことは安全ではないからだ。これはいくら強調しても強調しすぎることはない。2008年まではよく分からなかったとしても、2008年以降はもう分かったはずだ。銀行やブローカーに問題が発生すれば、現金は戻ってこない。ブローカーが破産しても証券は取り戻せるが、現金を取り戻すことはできない。そんなのは誇大妄想じゃないかと思っている人は、おそらくは2008年を経験していない人だ。世界の一流銀行やブローカーが顧客の現金を持って破産したのである。ほかにも破産しかけた一流銀行やブローカーがあったが、すんでのところで救済された。現金は短期マネーマーケットや同様の安全な隠し場所に入れておくことを強くお勧めする。本書のポートフォリオで私が使う現金という言葉は、比喩的に使っているにすぎない。

　2008年はゆっくりとスタートした。長期的に見れば初めからすでに弱気相場に入っていたが、大きな動きはなかった。最初の数カ月は若干ネガティブな方向にイクスポージャーが傾いたゆっくりとした横ばいの動きが続いた。2008年3月にベア・スターンズが危機に瀕するまで、不安はないように思えた。そのあとも市場はゆっくりと回復しているように見えた。

　インデックストレンドフィルターを取り入れたモメンタムアプローチを使っている投資家にとっては、心配することはほとんどなかった。世界で起こっている不穏な空気はストレスに満ちたものではあったが、損益には何の影響も及ぼさなかった。なぜなら、私たちはすでにすべてを現金で保有していたからだ。

　しかし、5月の終わりにはすべてを現金で持つことは悪いアイデアのように思えたかもしれない。結局、私たちはすべてを現金で持ち、買えというゴーサインが再び出るまで、マイナス8％のままなのである。一方、市場はそのときには±0％に戻っていた。私たちは市場におよそ10％の遅れをとり、すべてを現金で持っている。これは思いのほかストレスがたまるものだ。これは、遅れをとるのを恐れて、シグナルを無視して買い始めてしまいやすい状況だ。

　ルールはそんなときのためにあるのだ。常に一貫した振る舞いができるようにするために、ルールは存在するのである。私たちのリターンに予測可能性を見つけることができる唯一の方法がルールなのである。

　それから数カ月後、指数は私たちの横ばい状態のパフォーマンスを下回ってしまった。指数は最初マイナス15％まで下落し、そのあと数カ月にわたって不規則に上下動し、それから真のドラマが始まった。

　2008年の暴落はそれまでに見たことのないようなものだった。こんな暴落は二度と見たくはないものだ。市場はフリーフォールモードで急落していった。株式は底なし沼へと落ちていった。10月の初めには、

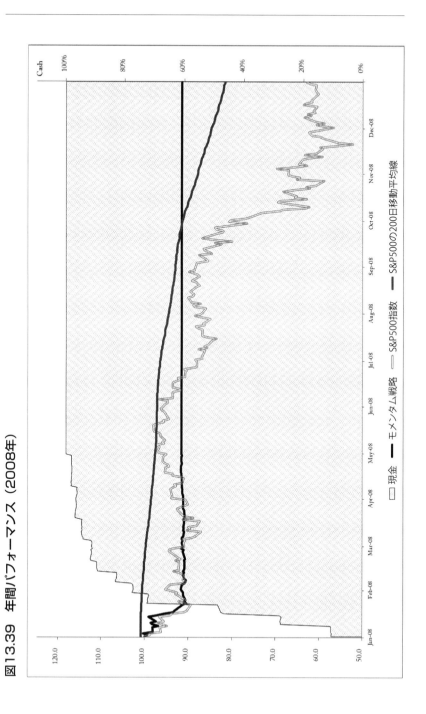

図13.39 年間パフォーマンス（2008年）

□ 現金 ━ モメンタム戦略 ━ S&P500指数 ━ S&P500の200日移動平均線

S&P500はその年だけで40％も下落していた。この10月には銀行やブローカーがあちこちで倒産した。どこにも逃げる場所も隠れる場所もなかった。

11月、アメリカの大型株のベンチマークであるS&P500は年初から47％下落していた。アメリカの株式市場は１年で価値の半分を失ってしまったのである。

私たちのモメンタムポートフォリオはというと、依然としてマイナス８％だった。これは１月以来変わっていない。

８％の損失は楽しいはずがない。しかし、損失を出しているとはいえ、ほかの人に比べるとはるかに少なかった。

図13.40を見ると分かるように、ピーボディー・エナジーは立て続けに２回もトレードに失敗した。この銘柄は昨年買ったが、買った直後に下落した。2007年12月に再び買ったが、２カ月間の保有のあと大きく下落し損失を出した。2008年の初期にこのパターンを示していたのはこの銘柄だけではない。ほかの多くの銘柄も買って数カ月保有したあと、下落して、損失を出して手仕舞った。

コンソール・エナジー（図13.41）は2008年にうまくいった銘柄の１つだ。この銘柄も2007年12月に買ったが、弱気相場が拡大するなか、何とか乗り切った。コンソールは上昇を続けたため、４月末まで持ち続けたが、ランクが100位を下回ったので手仕舞った。この銘柄を売ったあと、ポートフォリオはすべて現金になった。

2001年は横ばいだったが、2008年も再び横ばいになった。2001年と同じモードに戻ったということである。私たちのポートフォリオの長期的な実績は素晴らしいものだ。世界のほかの人たちが１分ごとに損をしているときに、私たちは現金で持つことで安心していられる。

図13.40 ピーボディー・エナジー

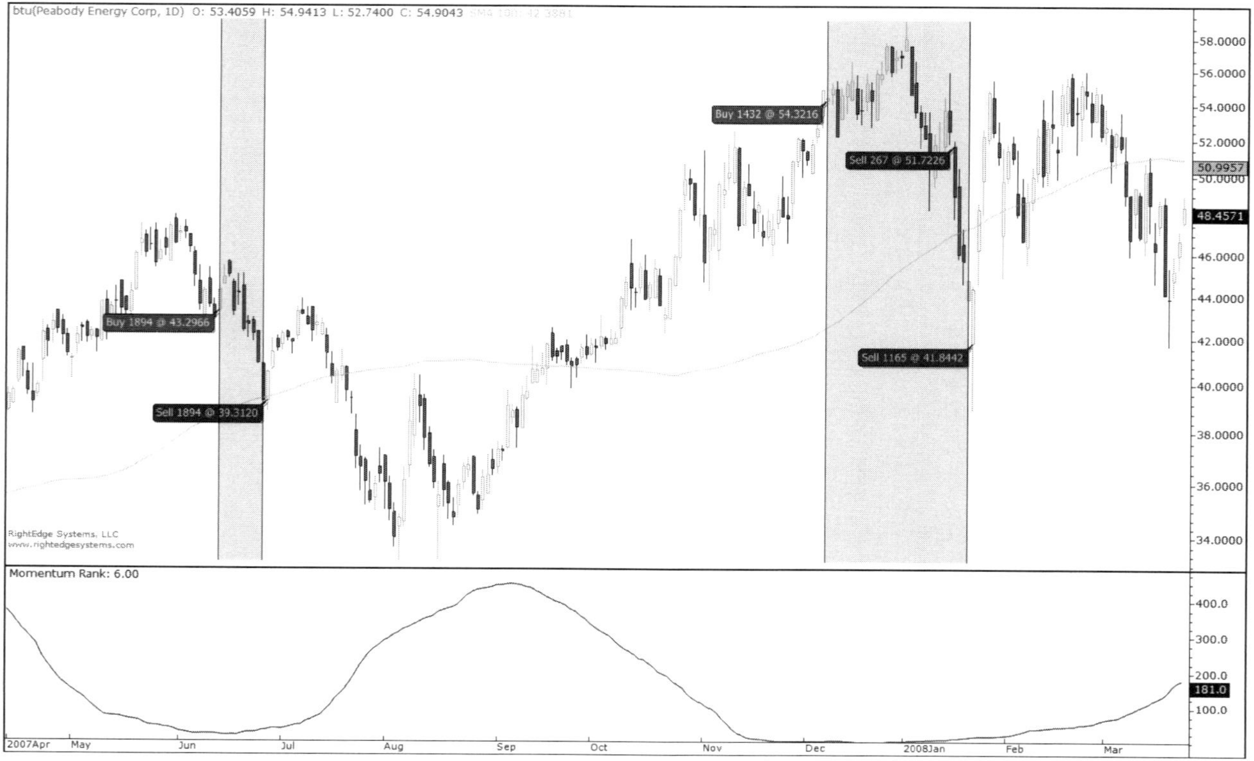

btu(Peabody Energy Corp, 1D) O: 53.4059 H: 54.9413 L: 52.7400 C: 54.9043

RightEdge Systems, LLC
www.rightedgesystems.com

Momentum Rank: 6.00

図13.41　コンソール・エナジー

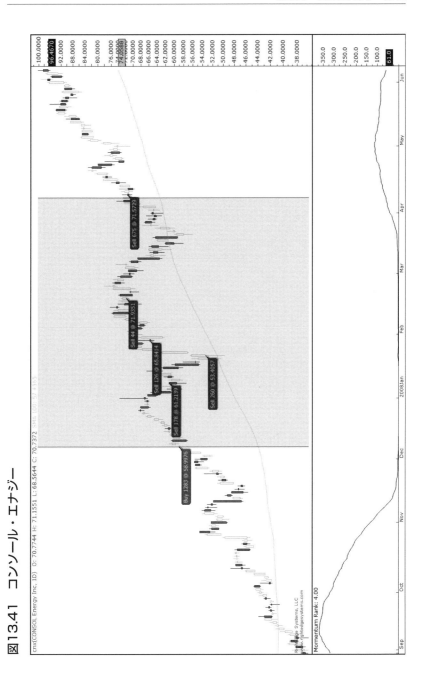

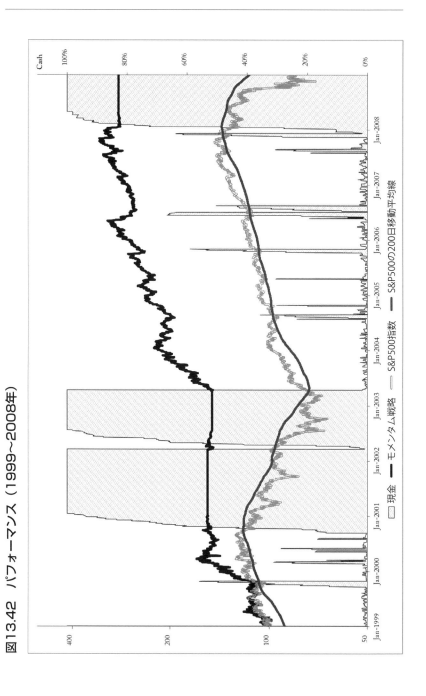

図13.42　パフォーマンス（1999〜2008年）

凡例: 現金　— モメンタム戦略　— S&P500指数　— S&P500の200日移動平均線

表13.20　結果（2008年）

	モメンタム戦略	S&P500トータルリターン インデックス
リターン	-8.5%	-37.0%
最大ドローダウン	-9.8%	-47.7%
1999年からの年次リターン	11.2%	-1.4%
1999年からの最大ドローダウン	-18.5%	-50.7%

　1999年の初めにS&P500に100ドル投資したバイ・アンド・ホールドの投資家は今ごろは15ドルの損失を出しているだろう。一方、モメンタム戦略に100ドル投資した投資家は同時期に188ドルの利益を得た。

2009年

　2008年はまさに間一髪だった。昨年はS&P500は40％も下落したが、私たちはわずか10％の下落で収まった。これは指数が移動平均線を大幅に下回ったことを意味する。おそらく、2009年も1銘柄も保有しないまま始まるだろう。年が始まったばかりのころは、これはこのタイプの戦略をトレードしている人にとっては大きな安心感を感じられたかもしれない。S&P500は昨年末の40％の下落では飽き足らず、新年が明けてからも下落し続けた。1月には14％、そして3月には27％も下落した。

　27％下落した時点は株を買うのに最高のタイミングであったことは今になって初めて分かることである。しかし、当時はそうは思えなかった。世界は崩壊に向かって進んでいるように思えたのだ。仮にこの状態が大きな弱気相場が終わる直前の状態であったとしても、そんなことが予想できるわけがない。もう数カ月早くに買い始めても良かったかもしれないが、そこが底であると分かるはずがない。そこが底であることはめったにない。

　3月に市場は急転換して上昇し始めた。**図13.43**を見るとその当時指数は移動平均線からはるか下のほうにあったことが分かる。そこから移動平均線は下落し始め、指数は蒸気機関車のように上昇し始めた。そして、6月には指数と移動平均線は1年ぶりに再会した。

　指数が移動平均線を上に交差すると、買えというゴーサインが出る。しかし、私たちはポートフォリオの半分以下しか買えなかった。なぜだか分かるだろうか。

　私たちの買いの基準を覚えているだろうか。最近のギャップの大き

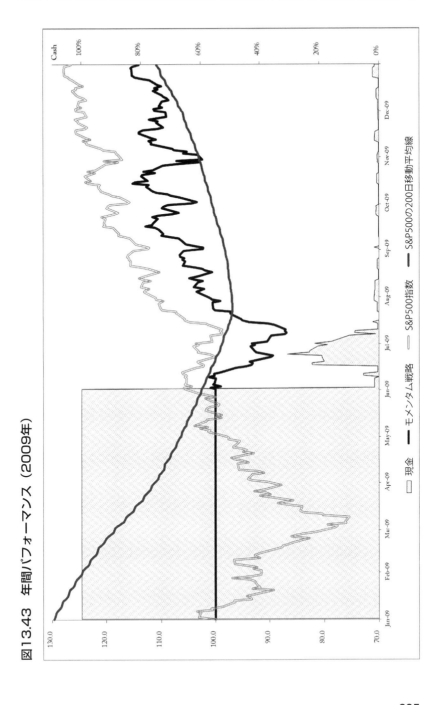

図13.43　年間パフォーマンス（2009年）

さが15％を超える銘柄は買わない。現在の価格が100日移動平均線を下回る銘柄も買わない。そして最後は、図らずもボトムフィッシャー（底値買い）にならないようにすることである。このルールによれば、この時点ではS&P500の構成銘柄はほとんどすべてが不適格である。

　基準を満たす銘柄をランキングし、リストの上位から買っていった。今回は現金がなくなるまで買うのではなく、買う銘柄がなくなるまで買う。こういった状態はめったに発生しないが、まったく発生しないわけではない。

　表13.21は最初のポートフォリオを示したものだ。明確なテーマは特になく、いろいろなセクターに配分されている。一般消費財のウエートが若干高いが、それほど高いというわけではない。これらの銘柄は急速に回復した銘柄で、移動平均線を下回って不適格になることはなかった。

　ポートフォリオ構築直後はボラティリティが若干高まった。これは特に珍しいことではない。大きな弱気相場のあとで再び買うときはいつも神経質になるものだ。私たちは底をとらえようとはしない。そんなことをしようとしても必ず失敗する。弱気相場が終わったと思えるときに、市場に戻りたいだけである。

　最初の数カ月で私たちのポートフォリオは７％の損失を出した。これは指数よりも若干高い数値だ。しかし、そのあとは順調に動き出し、この年の後半はずっと上昇し続けた。しかし、この年のほとんどはベンチマークをアンダーパフォームした。これは主として、スケールインがゆっくりで、９月までは市場にフルに参加できなかったからである。難しい年ではあったが、最終的には２桁のリターンを達成した。結局、指数は26％を超えるリターンを上げ、私たちはわずか14％だった。

表13.21　ポートフォリオ（2009年6月現在）

会社名	ウエート	セクター
アドバンスト・マイクロ・デバイセズ	1.4%	情報技術
オートネーション	1.8%	一般消費財
アレゲーニー・テクノロジーズ	1.7%	素材
ビッグ・ロッツ	1.8%	一般消費財
CFインダストリーズ・ホールディングス	2.5%	素材
シエナ	1.6%	情報技術
CMEグループ	2.1%	金融
コーチ	1.9%	一般消費財
ゴールドマン・サックス・グループ	2.5%	金融
グッドイヤー・タイヤ・アンド・ラバー・カンパニー	1.2%	一般消費財
スターウッド・ホテルズ＆リゾーツ・ワールドワイド	1.7%	一般消費財
インターコンチネンタル取引所	2.3%	金融
インターパブリック・グループ・オブ・カンパニーズ	1.7%	一般消費財
ジョンソンコントロールズ	2.0%	一般消費財
ジェイシーペニー	1.6%	一般消費財
メレディス・コーポレーション	2.4%	一般消費財
モトローラ・ソリューションズ	2.0%	情報技術
モンスター・ワールドワイド	1.6%	情報技術
ネイバーズ・インダストリーズ	1.7%	エネルギー
パイオニア・ナチュラル・リソーシズ	1.6%	エネルギー
シールドエアー	2.5%	素材

図13.44　セクターアロケーション（2009年6月現在）

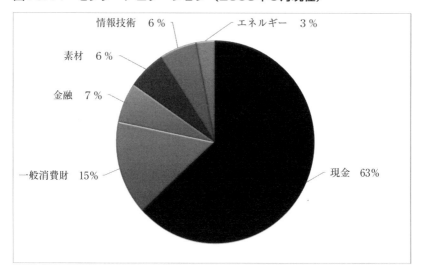

情報技術　6％
エネルギー　3％
素材　6％
金融　7％
一般消費財　15％
現金　63％

表13.22　結果（2009年）

	モメンタム戦略	S&P500トータルリターン インデックス
リターン	14.0%	26.5%
最大ドローダウン	-14.1%	-27.2%
1999年からの年次リターン	11.4%	0.9%
1999年からの最大ドローダウン	-24.3%	-55.3%

　図13.45に示したフランクリンのトレードは、この年のパフォーマンスに貢献した。７月に買った直後から上昇し始めた。ボラティリティが非常に高かったため、何度もリバランスを強いられたが、最終的には12月に大きな利益を得てポジションを手仕舞いした。

図13.45　フランクリン・リソーシズ

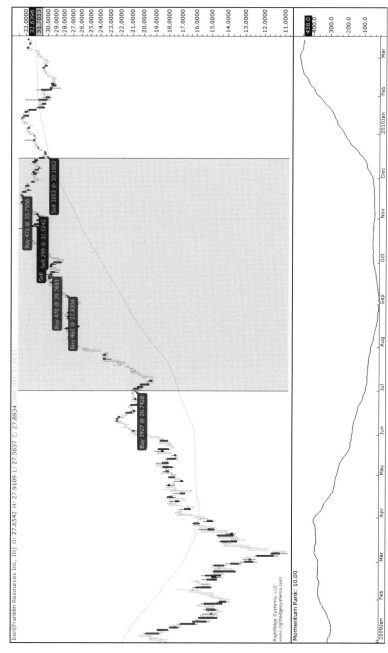

図13.46 パフォーマンス（1999〜2009年）

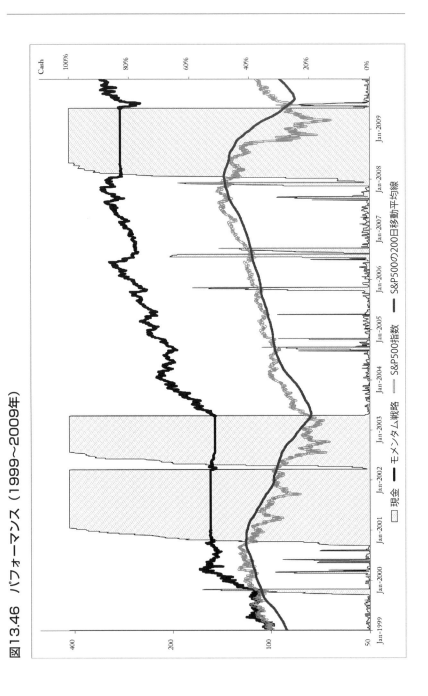

凡例：現金 / モメンタム戦略 / S&P500指数 / S&P500の200日移動平均線

　私たちは最終的にはフル投資に戻った。１年間市場から遠ざかっていたあと、資産のすべてを投資し、リターンは最高記録を達成した。市場の回復の一部は逃したが、私たちの戦略はＶ字回復をとらえるようには設計されていない。モメンタム戦略は弱気相場を巧みに乗り切ることができたおかげで、長期的には大きなアウトパフォーマンスにつながった。

　この戦略に満足するために必要なのは、強気相場が長きにわたって続くことだ。横ばいでもそれほど大きな損失を出すわけではないが、利益も多くない。残念ながら、2010年は強気相場一色という1年ではなかった。

　最初のポートフォリオはITと一般消費財のウエートが高く、次にウエートが高かったのがヘルスケアと素材だ。もうそろそろモメンタムポートフォリオのパターンというものに気づいてきたのではないだろうか。そう、テクノロジーと一般消費財のウエートが高いのである。これは意図したわけではなく、単にこれらの銘柄のモメンタムが高いからにほかならない。少なくとも過去数十年ではそうだった。

　年の初めにポートフォリオ価値は下落したが、これはほぼ指数に連動している。3月の初めまで戦略は指数とほぼ連動して動いたが、それ以降、戦略は上昇し、指数は後れを取りながら上昇した。5月にはその年のリターンは19%にもなったが、指数のリターンは2桁には達しなかった。

　この年は波乱に満ちた年となったが、19%という数字はこの年の最高値だった。およそ20%上昇した直後から暴落し、利益のすべて、いやそれ以上を失った。指数も下落したが、私たちはそれよりも激しく下落した。8月には年初からのリターンはマイナス7%の最安値を記録したが、そのあと指数と並んで再び上昇した。

　指数は夏の間はほとんどで移動平均線を下回った。指数が移動平均線を上回ったり下回ったりと不規則に揺れ動いたため、私たちはイクスポージャーを何度かスケールアップとスケールダウンする羽目にな

表13.23　最初のポートフォリオ（2010年）

会社名	ウエート	セクター
アカマイ・テクノロジーズ	2.9%	情報技術
アメリプライズ・ファイナンシャル	3.4%	金融
カーディナルヘルス	6.2%	ヘルスケア
キャタピラー	3.4%	資本財
クリフズ・ナチュラル・リソーシズ	2.6%	素材
セールスフォース・ドットコム	3.4%	情報技術
コグニザント・テクノロジー・ソリューションズ	4.6%	情報技術
エスティ・ローダー・カンパニーズ	4.0%	生活必需品
フリーポート・マクモラン	3.1%	素材
フリアーシステムズ	4.3%	情報技術
グーグル	7.9%	情報技術
ハーマン・インターナショナル・インダストリーズ	2.5%	一般消費財
ハリス・コーポレーション	5.1%	情報技術
ジェイビル・サーキット	2.8%	情報技術
ノードストロム	3.5%	一般消費財
レックスマーク・インターナショナル	3.3%	情報技術
アルファ・アパラチア・ホールディングス	2.7%	エネルギー
ミード・ウエストバコ	3.7%	素材
マイラン	4.4%	ヘルスケア
ネットアップ	3.9%	情報技術
PNCフィナンシャル・サービシズ・グループ	3.2%	金融
パイオニア・ナチュラル・リソーシズ	3.0%	エネルギー
ラジオシャック	3.2%	一般消費財
ティファニー	3.1%	一般消費財
ワールプール・コーポレーション	3.8%	一般消費財
ウィンダムワールドワイド	3.1%	一般消費財

図13.47　最初のポートフォリオのセクターアロケーション（2010年）

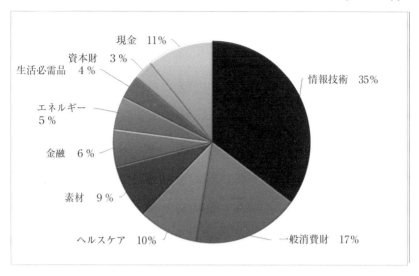

った。指数が移動平均線を下回ると、次の２つのうちのどちらかが起こる。１つは、市場がベアモードになり、私たちはゆっくりとスケールアウトを続け、小さな損失を出すが、指数はもっと大きな損失を出す。もう１つは、指数が下落後に上昇すると、私たちはその上昇について行けない。後者のほうがはるかによく起こる。これは私たちが行った、株価の暴落の影響を抑制するためのダウンサイドプロテクションに対して支払わなければならない代償と言えよう。

　このケースの場合、発生したのは後者である。市場は下落したあと上昇局面に入るが、今、私たちのイクスポージャーは低いので、初期の上昇の多くを取り逃がす。もちろん私たちも復活し、この年の残りの期間は上昇を続けるが、12月末までに指数に追いつくことはできなかった。結局、この年はおよそ12％のリターンで終えた。けっして悪い数字ではない。私たちの戦略は長期戦略であることを忘れてはならない。私たちの戦略は長期的にはリターンは大きなプラスの数字になり、ベンチマークもはるかにアウトパフォームするのである。

図13.48　年間パフォーマンス（2010年）

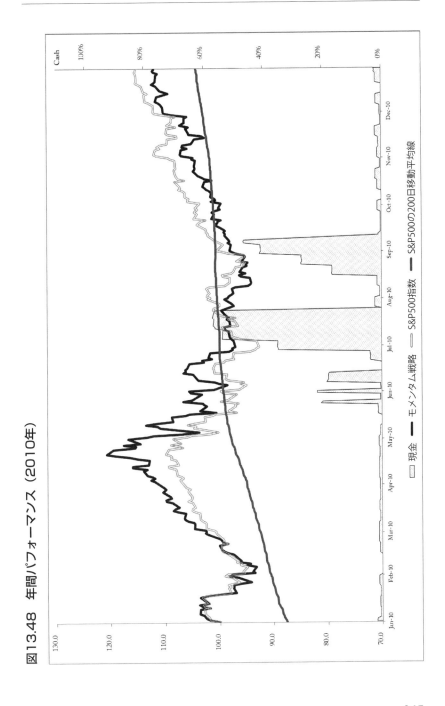

図13.49 サンディスク

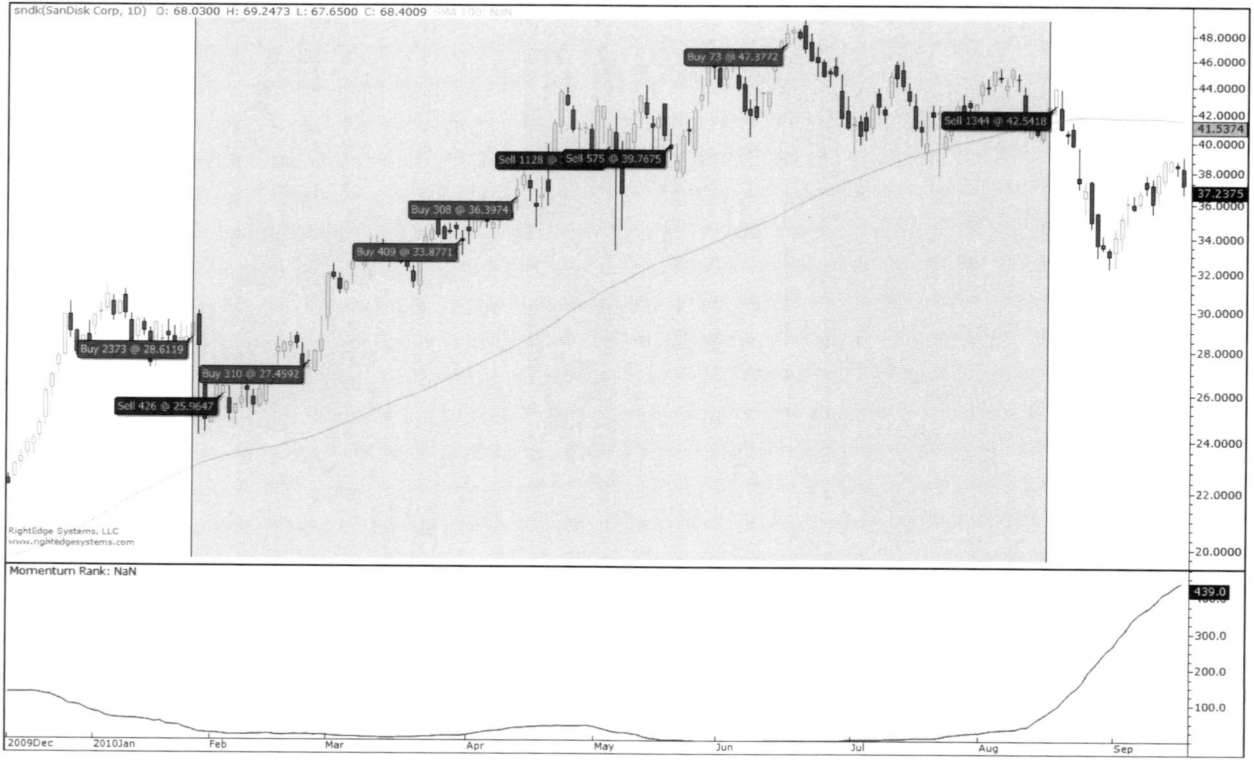

sndk(SanDisk Corp, 1D) O: 68.0300 H: 69.2473 L: 67.6500 C: 68.4009

RightEdge Systems, LLC
www.rightedgesystems.com

Momentum Rank: NaN

図13.50　バイオジェン・アイデック

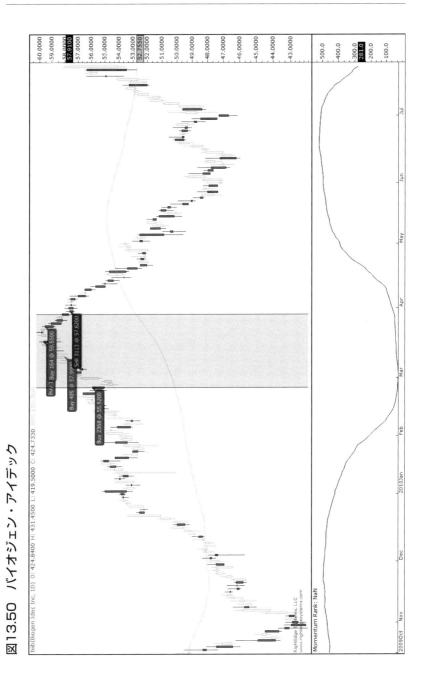

表13.24　結果（2010年）

	モメンタム戦略	S&P500トータルリターン インデックス
リターン	11.7%	15.1%
最大ドローダウン	-22.1%	-15.6%
1999年からの年次リターン	11.4%	2.0%
1999年からの最大ドローダウン	-24.3%	-55.3%

　2010年のサンディスクは素晴らしいトレードだった。ただし、最後はギャップダウンで終えた。このトレードを示したものが**図13.49**である。私たちはサンディスクをこの年の間中ほとんど保有し続けた。しかし、**図13.50**に示したバイオジェンはあまり楽しいトレードとは言えない。これはこの年の最初に打撃を受けた多くの銘柄の１つだ。市場全体が下落し、利益の大部分を市場に返した。

　私たちのポートフォリオは高値を更新したが、そのあと少し下落した。これはよくあることなので、想定内だ。残念ながら、マーケットのタイミングを計るのは簡単なことではない。しかし、長期的に見れば、勝利につながるのは一貫性であって、マーケットタイミングではない。

図13.51　パフォーマンス（1999～2010年）

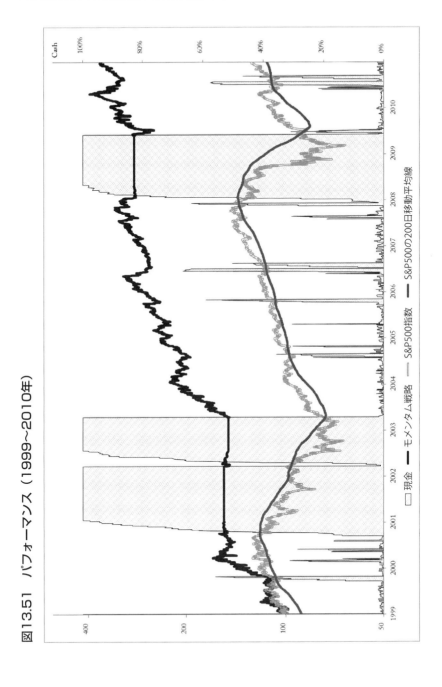

図13.51を見ると、現時点では私たちは市場を大きくアウトパフォームしていることが分かる。小さなアウトパフォーマンスが長年の間に積み上がって大きなアウトパフォーマンスにつながったように思える。安定したプレーヤーこそが生き残れるのである。

2011年

　これまで本当に悪い年というものがなかったのは素晴らしいことではないだろうか。もちろん2008年には損失を出した。しかし、大虐殺とも言える指数の大暴落のことを考えると、私たちの損失など取るに足らないものだった。1999年以降、本当に大きな損失というものはなく、指数をアンダーパフォームした年もなかった。しかし、それが大きく変わろうとしている。

　2011年の最初のポートフォリオは一般消費財セクターのウエートが非常に高い。それにエネルギーと情報技術セクターのウエートも高い。この時点では市場は非常に安定しているように思えたが、これから乱高下の旅が始まる。衝撃に備えるためにシートベルトをしっかり締めてかからねばならない。

　年初からパフォーマンスはちゃぶつき、様相はさらに悪化している。この年の前半、パフォーマンスは何回かヨーヨーのように5〜6％の上下動を繰り返した。この間、移動平均線は指数にゆっくりと近づいてくる。そして8月、大きなイベントが発生する。

　2011年、欧州のソブリン危機と米国債の格下げによって、株式市場に大きなブレーキがかかる。大暴落は8月にやってきた。S&P500指数は2週間でおよそ20％下落した。まさに青天の霹靂だった。市場が反転する兆候などまったくなかったのだから。大きな強気相場のなかで横ばいで動いていたが、そこでいきなりの大暴落である。

　こういった状況のとき、モメンタムプレーヤーは大きな打撃を受けることが多い。ポートフォリオをハイベータ株で満杯にしているときに市場がいきなり下落するのは楽しいどころの話ではない。この場合、

表13.25 最初のポートフォリオ（2011年）

会社名	ウエート	セクター
アマゾン	4.3%	一般消費財
アバクロンビー＆フィッチ	3.5%	一般消費財
アナダルコ・ペトロリアム	4.2%	エネルギー
ビームサントリー	4.6%	生活必需品
CFインダストリーズ・ホールディングス	3.0%	素材
コーチ	4.4%	一般消費財
コンピュウェア	4.1%	情報技術
フリーポート・マクモラン	3.5%	素材
ハーマン・インターナショナル・インダストリーズ	3.9%	一般消費財
ヘス	4.4%	エネルギー
ジョンソンコントロールズ	4.6%	一般消費財
ジェイシーペニー	3.3%	一般消費財
ジュニパーネットワークス	4.1%	情報技術
カーマックス	3.2%	一般消費財
エル・ブランズ	3.9%	一般消費財
LSIコーポレーション	3.6%	情報技術
アルファ・アパラチア・ホールディングス	3.4%	エネルギー
ナショナル・オイルウェル・バーコ	3.6%	エネルギー
エヌビディア	3.4%	情報技術
パイオニア・ナチュラル・リソーシズ	4.6%	エネルギー
レッドハット	3.7%	情報技術
シュルンベルジェ	4.6%	エネルギー
ティファニー	4.5%	一般消費財
ティーモバイルUS	3.7%	電気通信サービス
ウエスタンデジタル	3.8%	情報技術

図13.52　最初のポートフォリオのセクターアロケーション（2011年）

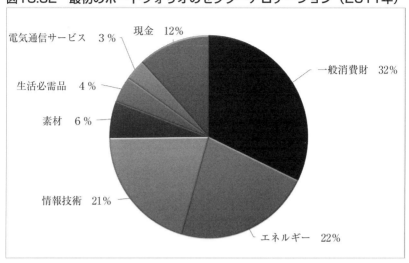

　私たちの戦略の受けたダメージは指数のそれとほとんど同じだったが、最初のころはダメージは若干少なかった。

　大暴落が起こる前は、リターンはプラス８％とマイナス３％の間を行き来していた。市場が突然暴落すると、私たちのその年のリターンはほぼゼロになった。２週間で私たちはマイナス12%の穴に落ち込み、スケールアウトすることになった。毎週、定期的なリバランスで数銘柄が売られた。指数が移動平均線をさらに下回ったため、売った銘柄に代わる新たな銘柄を買うことはできなかった。現金が急激に増えていき、それから数週間もすると、市場からほぼ完璧に撤退していた。

　そのあと起こったことにはイライラさせられたが、これもトレンドフィルターによるダウンサイドプロテクションのコストだから仕方ない。トレンドフィルターは市場から撤退しろと指示してきた。これはまさに市場が再び上昇したときだった。またもや最悪のタイミングだ。しかし、これは長期アプローチであることを思い出そう。長期的に見れば、このトレンドフィルターのようなダウンサイドプロテクション

表13.26　結果（2011年）

	モメンタム戦略	S&P500トータルリターン インデックス
リターン	-9.3%	2.1%
最大ドローダウン	-21.1%	-18.6%
1999年からの年次リターン	9.7%	2.0%
1999年からの最大ドローダウン	-24.3%	-55.3%

のメカニズムはパフォーマンスの大幅な向上に貢献してくれる。まあ、たまには頭の痛いこともあるが……。

　市場は立ち直り、この年をかろうじてプラスで終えた。私たちの戦略はというと、マイナス10％に停泊したままだった。

　図13.54のスプリントのトレードは、2011年の悪いトレードの一例だ。この銘柄を買ったのは、この年の前半に大きく上昇したあとの６月の終わりだった。結論を言えば、これは買う最悪のタイミングだった。買った途端に下落し、そのあと上下動の激しい横ばいになり、底で売った。これはイラつくトレードだったが、これもゲームの一部なのだ。

　図13.55はオライリー・オートモティブのトレードを示したものだが、これもスプリントに似た悪いトレードだ。しかし、こちらのほうが悪かった。なぜなら、手仕舞った直後に大きく上昇したからだ。

　したがって、利益の一部は市場に持っていかれた。しかし、長期的に見ると、私たちは極めて好調だ。ダウンサイドプロテクションがかかっており、市場が安定したらパフォーマンスは向上するはずだ。

図13.53　年間パフォーマンス (2011年)

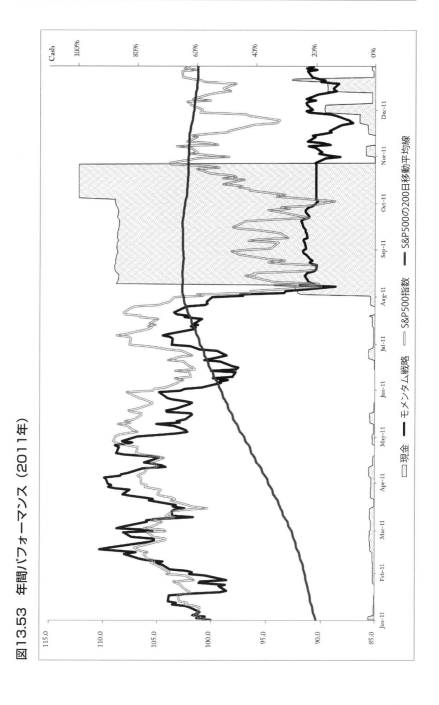

図13.54 スプリント

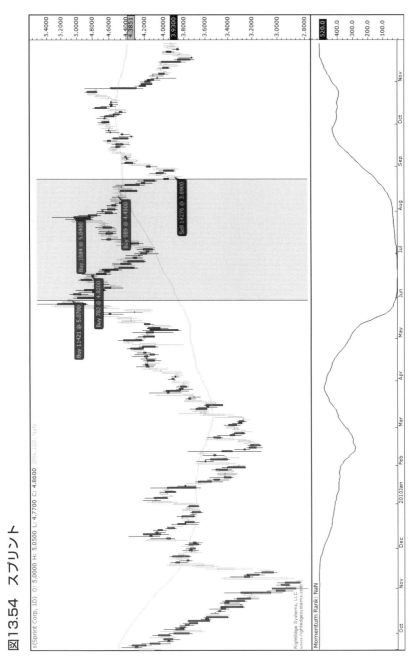

図13.55　オライリー・オートモティブ

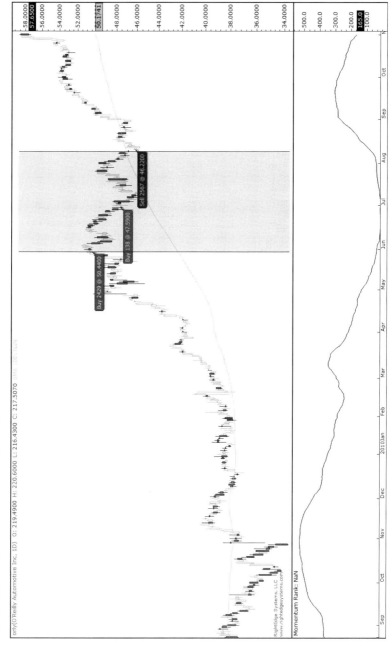

図13.56　パフォーマンス（1999〜2011年）

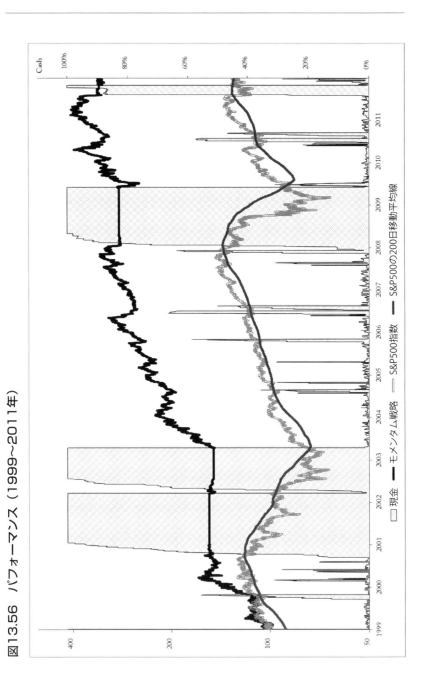

現金　　モメンタム戦略　　S&P500指数　　S&P500の200日移動平均線

2012年

　2012年の最初のポートフォリオは昨年12月に買った銘柄で構成され
た満杯のポートフォリオだ。ウエートが最も高いのは一般消費財セク
ターで、このあと資本財と情報技術セクターが続き、あとはいろいろ
なセクターに分散されている。この前の数年と比べると、情報技術セ
クターのウエートはかなり低い。セクターごとのパフォーマンスは毎
年大きく異なり、近年は情報技術セクターは以前と同じような高いウ
エートを配分できるほど良くなかった。この戦略ではセクターアロケ
ーションに制約はなく、どのセクターに含まれているかとは無関係に
ただランキング上位の銘柄を買うだけだ。

　2012年はまさにローラーコースターのような年だった。ハッピーに
なったり、イライラして髪をかきむしったり、またハッピーになった
りの連続だった。昨年は悪い形で終わったので、初期の上昇にはホッ
と胸をなでおろした。モメンタム株が上昇して利益は瞬く間に増えた。
ポートフォリオは新年1日目から上昇。これは3月の終わりまで続い
た。その時点での利益は17％だった。

　年の初めに大きな利益を得るのは気持ちの良いものだが、長期的な
視点が重要であることを忘れてはならない。何が起こるか分からない。
利益が2倍になることもあるだろうし、すべてなくなってしまうこと
もあるわけである。1四半期で17％の利益だから、1年ではいくらに
なる、といった皮算用はしないようにしよう。しかし、どうしてもこ
んな計算をしてしまいがちだ。私はもうすでに計算した。1四半期で
17％だから、年間で87.4％だ。もちろん、87.4％の利益を得てその年
を終えるということなどあり得ない。

表13.27　最初のポートフォリオ（2012年）

会社名	ウエート	セクター
ビームサントリー	5.0%	生活必需品
ビッグ・ロッツ	3.0%	一般消費財
バイオジェン・アイデック	4.2%	ヘルスケア
シスコシステムズ	3.3%	情報技術
ディーン・フーズ	3.5%	生活必需品
DRホートン	2.6%	一般消費財
ファステナル	4.2%	資本財
F5ネットワークス	2.4%	情報技術
グッドリッチ	11.7%	資本財
WWグレインジャー	4.2%	資本財
ホスト・ホテルズ・アンド・リゾーツ	3.0%	金融
インテュイティブ・サージカル	3.9%	ヘルスケア
ジェイビルサーキット	2.5%	情報技術
ジェイシーペニー	3.1%	一般消費財
KLAテンコール	2.9%	情報技術
レナー	2.7%	一般消費財
ロウズ・カンパニー	3.8%	一般消費財
メイシーズ	3.1%	一般消費財
ノベラスシステムズ	2.4%	情報技術
ワンオーク	5.4%	エネルギー
オライリー・オートモティブ	4.7%	一般消費財
パルトグループ	1.9%	一般消費財
ロックウェル・オートメーション	2.8%	資本財
ロス・ストアーズ	4.4%	一般消費財
サンディスク	2.5%	情報技術
TJXカンパニーズ	5.2%	一般消費財

図13.57　最初のポートフォリオのセクターアロケーション（2012年）

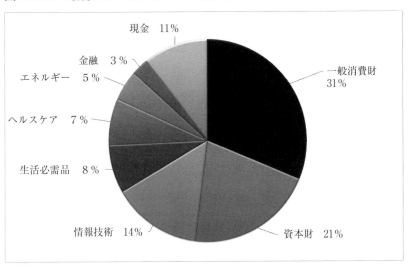

　17％の利益を得たあと、市場はいきなり下落。私たちのポートフォリオも市場と足並みをそろえて下落した。私たちのモメンタム株はベータが高いので市場よりも大きく下落するのではないかという感触を受けたが、予想どおりだった。17％の利益は5月にはいきなりマイナス0.5％に減少した。

　こんな状況は本当にイライラするものだ。こういったことが起こると、魔法のフォレックスシグナルシステムをトレードして、1日に何千ピップスも儲けたほうがよいとだれかが必ず言ってくるものだ。こんな人たちの言うことは無視しよう。ピップスが何なのかを聞く必要もない。

　こうした下落もビジネスコストの一部なのだ。こうしたことは必ず起こる。でも、それでよいのだ。低い2桁の利益を長期にわたって複利で増やしていければ、あなたはほとんどの人を打ち負かしたことになる。魔法のピップスを生み出すスーパーシグナルを持っている人をもだ。彼らの口座はとっくに破産してしまっていることだろう。

図13.58　年間パフォーマンス（2012年）

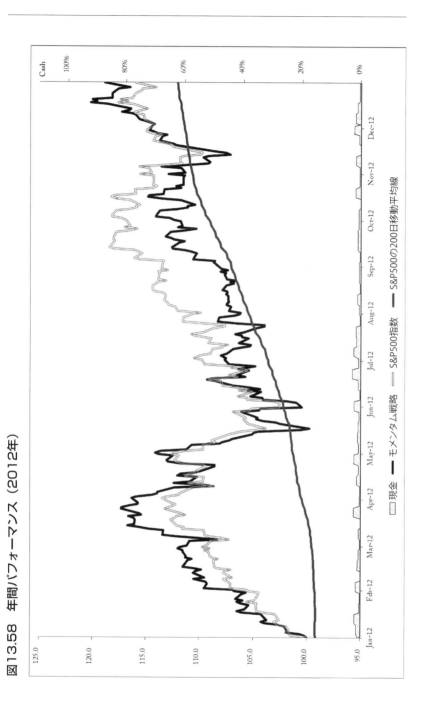

□現金　━モメンタム戦略　━S&P500指数　━S&P500の200日移動平均線

図13.59　eベイ

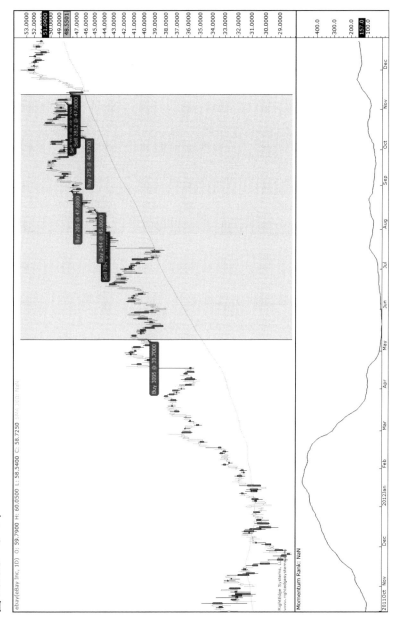

表13.28　結果（2012年）

	モメンタム戦略	S&P500トータルリターンインデックス
リターン	18.9%	16.0%
最大ドローダウン	-14.9%	-9.6%
1999年からの年次リターン	10.3%	2.9%
1999年からの最大ドローダウン	-24.3%	-55.3%

　５月からはわくわくするような展開になった。５月がこの年の底で、パフォーマンスは再び上昇し始めた。しばらくは指数と抜きつ抜かれつの状態が続いたが、ちゃぶついた下落のあとは上昇して、指数を上回って終えることができた。リターンは何と19％だった。

　2012年で好調だったポジションはたくさんあるが、その１つがｅベイだ。これは図13.59に示したとおりである。株価はずっと上がり続けた。なぜ上昇し続けているのに売ったのか、と聞きたくなるだろう。それは、私たちは今、強気相場にあり、強気相場では選ぶことのできる銘柄がたくさんあるからだ。重要なのは正しい銘柄を選ぶことである。

　ｅベイは上昇し続けていたが、ある時点でランクが下がり、指数のトップ100から外れてしまった。つまり、ｅベイを売って、トップリストから別の銘柄を選ぶときがやってきたということである。もしこのルールがなければ、ただ上昇しているというだけで標準以下の銘柄を持ち続けることになる。強気相場では上昇することは特別なことではない。ほとんどの銘柄が上昇するのだから。私たちはそのなかからベストなものが欲しいだけだ。

図13.60 パフォーマンス（1999〜2012年）

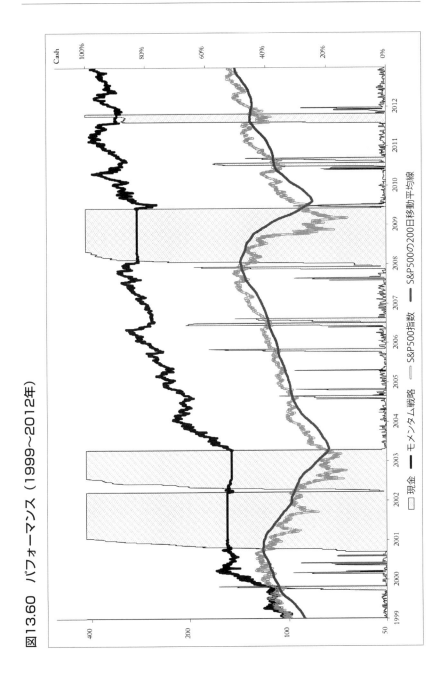

　2013年の初期、強気相場にあることに疑いはなかった。テレビの経済番組ではいつものスーツ族たちが、なぜ強気相場が今まさに終わろうとしているのかを代わる代わる説明していた。紙幣の過度な乱発、中央銀行の政策による人工的な買い圧力というのが彼らのいつもの説明だった。モメンタムプレーヤーの私たちにとってこんな理由などどうでもよい。重要なのは、市場は上昇している、だから私たちは参入する、ということである。市場の上昇が止まれば、市場から撤退させてくれる安全装置を私たちは持っている。市場の動きを予測する必要などない。市場がなぜ上昇しているのかなどどうでもよいことなのである。天井を予測しようとしても失敗するだけである。

　2013年のポートフォリオも依然として一般消費財セクターのウエートが高い。しかし、もっと興味深いのは金融セクターのウエートも高いことである。これは今進行中の量的緩和の影響によるもので、金融株は1日遅れのサンタがトナカイを走らせるスピードよりも速い速度で上昇している。

　昨年のパフォーマンスは非常に良かったが、上下動は激しかった。1年だけで構わないので、でこぼこのない素晴らしいパフォーマンスにありつきたいものだ。あなたはきっとこう思っているだろう。だったら今年は最高だ。リラックスしてライドをエンジョイしよう。

　この年の最初は市場はゆっくりと上昇していったが、私たちは急速に上昇していった。そして、2月には利益はすでに2桁に達していた。もしかしたら今年はこのまま利益が増えていくかもしれない。

表13.29　最初のポートフォリオ（2013年）

会社名	ウエート	セクター
バンク・オブ・アメリカ	3.7%	金融
ピーボディー・エナジー	1.9%	エネルギー
シティグループ	3.7%	金融
シグナ	5.0%	ヘルスケア
コンピュータ・サイエンシズ・コーポレーション	4.2%	情報技術
ギリアド・サイエンシズ	3.8%	ヘルスケア
ゲームストップ	3.4%	一般消費財
ジェンワース・ファイナンシャル	3.3%	金融
ハドソンシティバンコープ	4.1%	金融
ハートフォード・ファイナンシャル・サービシズ・グループ	4.8%	金融
レゲット＆プラット	5.0%	一般消費財
レナー	3.3%	一般消費財
ロウズ・カンパニー	4.0%	一般消費財
ムーディーズ	5.4%	金融
マラソン・ペトロリアム	3.7%	エネルギー
M&Tバンク	6.4%	金融
ネットフリックス	2.1%	一般消費財
ニューウェル・ラバーメイド	6.4%	一般消費財
パルトグループ	2.4%	一般消費財
テネット・ヘルスケア	3.9%	ヘルスケア
タイソン・フーズ	5.6%	生活必需品
ワールプール・コーポレーション	3.6%	一般消費財
ウィン・リゾーツ	4.3%	一般消費財
ヤフー	5.5%	情報技術

図13.61　最初のポートフォリオのセクターアロケーション（2013年）

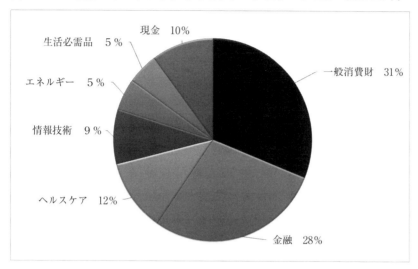

前の年までは、年の初めに大きな利益が出ても、そのあとすぐに市場に返してしまうことが何回かあった。一定の目標に達したら、もう家に帰ったほうがよいのではないかと、あなたは思ったのではないだろうか。今年は３月初めにすでに利益は15%に達していた。ここで売って、この年の残りは釣りにでも行ったほうがよいのではないか。

　この年は釣りが思った以上に高くつく可能性があることを教えてくれた。この年は上昇し続けていた。若干の上下動はあったものの、今にして思えば、大したことはなかった。３月に15%あった利益は５月には７%に減少したが、その後はエナジャイザーバニーのようにどんどん上昇し続けた。

　この年のパフォーマンスは指数とほとんど同じだった。何年にもわたって指数と同じパフォーマンスレベルであれば、パフォーマンスは月並みということになるだろう。しかし、この年はパフォーマンスが指数と同じでも文句を言う人は１人もいなかった。

図13.62　年間パフォーマンス（2013年）

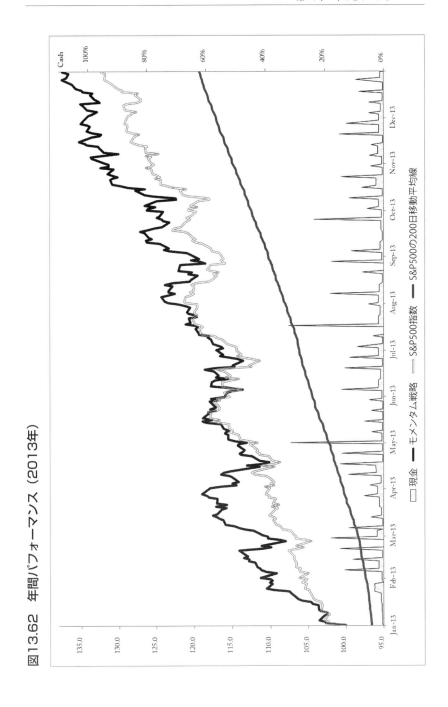

図13.63 ベスト・バイ

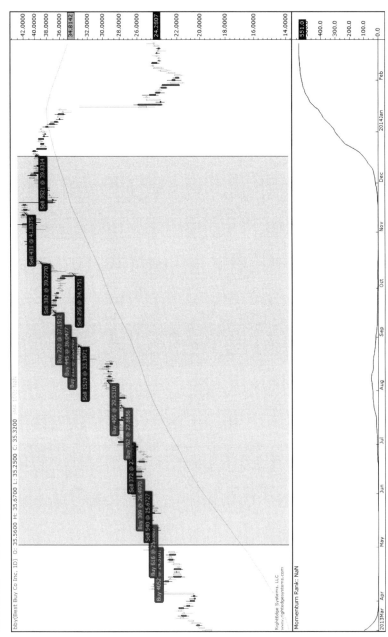

図13.64 パフォーマンス（1999〜2013年）

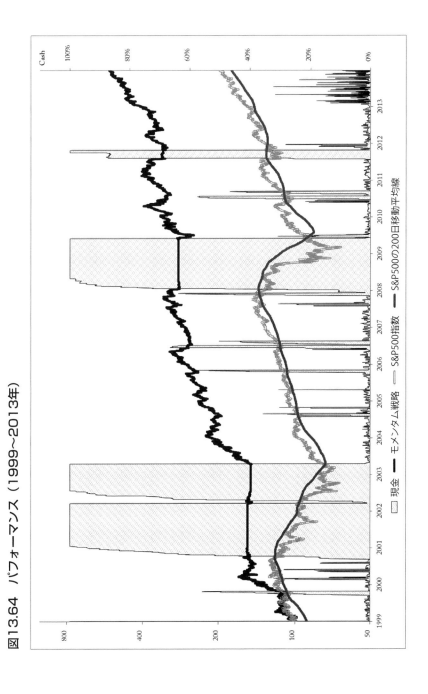

表13.30 結果（2013年）

	モメンタム戦略	S&P500トータルリターン インデックス
リターン	37.5%	32.4%
最大ドローダウン	-7.4%	-5.6%
1999年からの年次リターン	11.9%	4.7%
1999年からの最大ドローダウン	-24.3%	-55.3%

　１年を通じて評論家たちは、だれが天井を言い当てるかを競っていた。だれもが終わりを予言した者として記憶されたいのだ。しかし、間違えればだれの記憶にも残らない。人の記憶に残るのは正しかったときだけである。結局、いつも間違ったことを言っている人でもたまに正しいことを言う人がマーケットのグルになるのである。

　強気相場の終焉予測などすべて無視しよう。強気相場で最も起こる可能性の高いのは、それが継続することである。強気相場に乗り続けよ。そして、その時期が来たら、自動マーケットトレンドフィルターに従って市場から降りよう。

　この年は最終的には37％を超える大きなリターンを得て終えた。これは株式市場では極端に高いリターンだ。こんなことはめったにないと思ったほうがよい。

　強気相場は本当に楽しい。ターゲット・リッチ・エンバイロメントという言葉を思い出す。強い強気相場では、飛び立って上昇し続けるたくさんの銘柄がある。**図13.63**に示したベスト・バイはそんな銘柄だった。私たちはこの銘柄はほぼ１年にわたって持ち続けた。

　極端に良いパフォーマンスのおかげで、モメンタム戦略に投資した100ドルは今では500ドルになった。2008年に底を打ってからの市場の回復は非常に強かったが、モメンタム戦略ほど高いパフォーマンスを示したものはない。

2014年

　昨年の強力な強気相場のあと、このアプローチに対する確信は強まった。昨年の絶対リターンは非常に高かったが、パフォーマンスは指数とほとんど同じだった。絶対リターンが高くて、それでもって指数を大きくアウトパフォームできたら言うことはなかったのだが。

　2014年はモメンタム株にとっては本当に楽しい年だった。当時、懸念材料となることが１つあったが、すぐに忘れ去られた。最初の上昇で指数よりも一歩先んじることができ、最初の数日間で５％のリターンを達成。非常に好調な出だしだった。一方の市場は２月に同じだけ下落した。つまり、市場は５％下落して、私たちは５％上昇したということである。そのあと、市場がマイナス５％、私たちがほぼゼロラインのところから、半年にわたって大きく上昇した。その間、若干のボラティリティはあったものの、心配には及ばなかった。

　懸念していたことが10月に発生した。指数がいきなり大暴落したのだ。数カ月後にはだれもその理由を覚えてさえいないようなことを、当時の新聞のヘッドラインは書き立てた。量的緩和の終了に対する恐怖、ヨーロッパの成長の減速など、だれにとっても大した驚きではなかったはずだ。

　ところが市場は大きく下落し、私たちのモメンタム株は市場以上に下落した。それまでは17％を超える利益を出していたのに、わずか数日で５％にまで急落した。このとき指数は再び移動平均線を下回り、私たちはスケールアウトし始めた。

　私たちのスケールアウトはまたしてもタイミングが悪すぎた。市場を恐怖が襲ったのは一時的で、その月が終わるころには指数は再び移

表13.31　最初のポートフォリオ（2014年）

会社名	ウエート	セクター
アマゾン・ドット・コム	5.0%	一般消費財
チポトレ・メキシカン・グリル	6.2%	一般消費財
コグニザント・テクノロジー・ソリューションズ	6.5%	情報技術
デルタ航空	3.7%	資本財
イー・トレード	5.1%	金融
エクスペディア	4.0%	一般消費財
ファースト・ソーラー	2.3%	情報技術
ギリアド・サイエンシズ	3.8%	ヘルスケア
ハーマン・インターナショナル・インダストリーズ	4.0%	一般消費財
サウスウエスト航空	4.5%	資本財
マッキソン	6.2%	ヘルスケア
マイクロン・テクノロジー	2.9%	情報技術
ノースロップ・グラマン	7.2%	資本財
ピツニーボウズ	3.9%	資本財
コンステレーション・ブランズ	7.2%	生活必需品
セイフウェイ	3.6%	生活必需品
バレロ・エナジー	4.2%	エネルギー
ウィン・リゾーツ	5.0%	一般消費財
USスティール	3.5%	素材
ザイレム	5.5%	資本財
ヤフー	4.4%	情報技術

図13.65　最初のポートフォリオのセクターアロケーション（2014年）

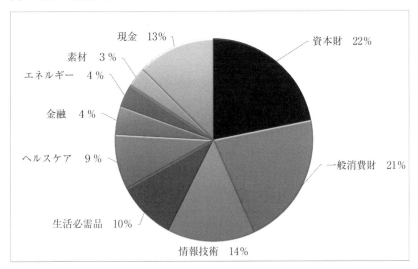

現金　13%
素材　3%
エネルギー　4%
金融　4%
ヘルスケア　9%
生活必需品　10%
情報技術　14%
資本財　22%
一般消費財　21%

表13.32　結果（2014年）

	モメンタム戦略	S&P500トータルリターン インデックス
リターン	18.4%	13.7%
最大ドローダウン	-10.7%	-7.3%
1999年からの年次リターン	12.3%	5.2%
1999年からの最大ドローダウン	-24.3%	-55.3%

動平均線を上回った。私たちは低イクスポージャーで置いてきぼりを食らったが、私たちの保有株が上昇し始めたのはそのときだった。

そこから年末のラリーによってモメンタム戦略は怒涛の如く上昇し、最終的には18.4%のリターンを達成した。この年は非常に強い年で、市場を大幅にアウトパフォームした。S&P500のリターンはおよそ14%で、私たちは指数を10%も上回った。

図13.67のアラガンは今年の興味深いトレードだ。数カ月上昇が続いたあとの2月に買った。3月の終わり、株価が少し下落してラン

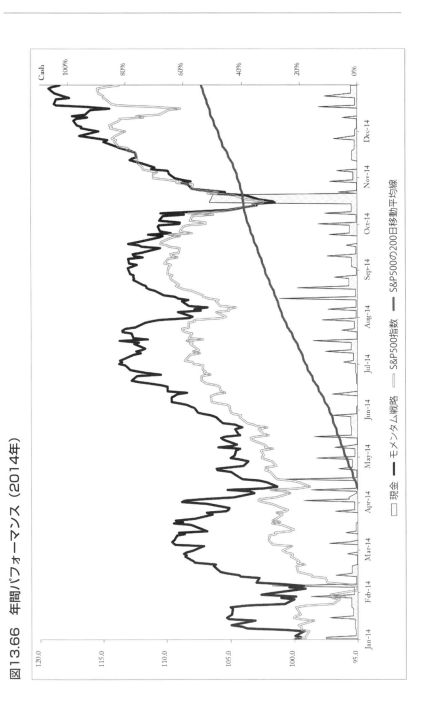

図13.66 年間パフォーマンス（2014年）

□ 現金 ━ モメンタム戦略 ━ S&P500指数 ━ S&P500の200日移動平均線

図13.67　アラガン

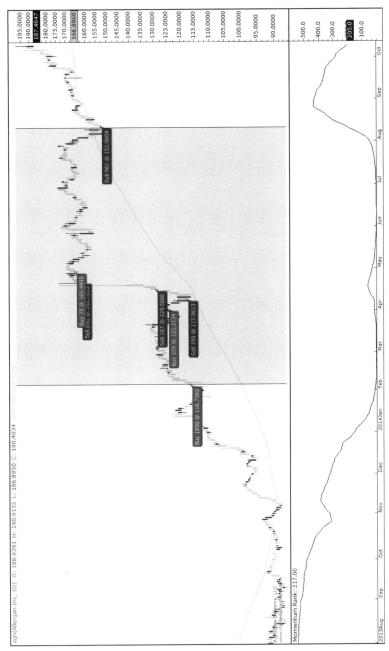

キングも下げ始めたため、私たちは売ろうとしていた。ところが、ものの数日で株価が突然25％も上昇し、その年のビッグウイナーの1つになりそうな雰囲気を呈した。しかし、それ以降は数カ月にわたって横ばいが続いた。まだランキングが高かったので売らなかった。夏の終わりに少し下落したところで売って、大きな利益を手にした。

年ごとのレビューのまとめ

よく見えるようにシミュレーションを行うことはそれほど難しいことではない。問題が発生するのは実際にトレードを行ったときである。長期的なシミュレーションチャートや月々の結果を表にしたチャートを見ると、うまくいっているように見える。そういったデータを見て長期的視点に立つことは難しいことではない。ところが、いざ実際にトレードをやってみると、それはシミュレーションとはまった違うのである。

皮肉なことに、しっかりとした長期戦略を採用する多くの人々が、たちまちのうちに短期的なストレスに屈して、モデルを変更し始める。長期戦略を、それからどういったことが予想されるのか分からずに使い始めると、それに従うことはもうできない。

本章で私が読者のみなさんに伝えたかったのは、目先のことだけ考えると、フラストレーションがたまり困難に遭遇するだろう、ということである。大金をリスクにさらしているときに、市場がものすごいスピードで逆行すると、世界は一変する。本章を使えばシミュレーションを行うことができ、その戦略は過去にはうまくいったであろうことを知ることができる。これは安心感を与えてくれるため、悪い時期でもルールに従うことができるようになる。しかし、それだけでは十分とは言えない。

トレードモデルをライブで使うことに関しては、事前にどんなに準

図13.68　パフォーマンス（1999〜2014年）

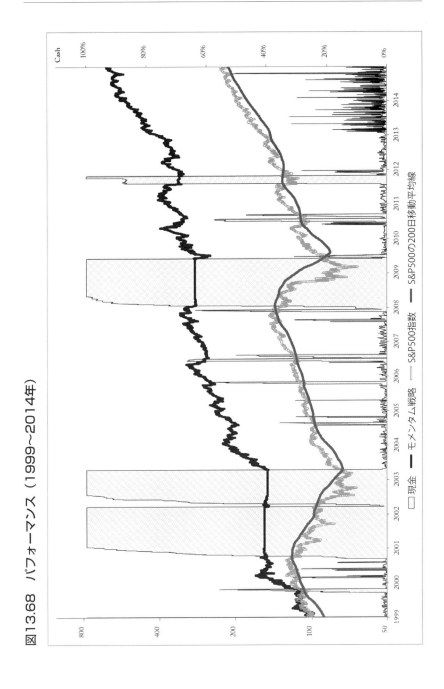

備していても実際にやってみないと何が起こるか分からない。もしあなたがラッキーなら、偶然良いタイミングでモデルを立ち上げ、最初から素晴らしいリターンを上げることができるだろう。最初の何年間か良い年が続くと、悪い年でもルールに従い続けることができるものだ。しかし、モデルを立ち上げていきなり悪い年に遭遇すると、ルールに従うことはできなくなり白旗を上げることになる。

モメンタム投資戦略をマネジメントしていくうえでは必ずアップダウンに遭遇する。本章を読んでそういうこともあり得るということを分かってもらえたのなら幸いだ。しかし、真のテストは1つしかない。あなたが戦略をやり抜くことができるかどうかを知るには、実際のお金を使ってやってみる以外にはない。

第14章 戦略の分析
Strategy Analysis

これまで完璧に機能するモメンタム投資モデルを見てきた。長期にわたるパフォーマンスは素晴らしく、時の試練にも耐えてきた。強気相場でも弱気相場でも、このモデルは指数を大幅に上回るパフォーマンスを上げることができることを示してきた。明確なルールもあり、これらについては第10章で説明した。ルールは提示されたとおりに機能するが、このルールでなければ機能しないといった戦略は堅牢な戦略とは言えない。重要なのは、どのルールが重要で、どのルールが重要ではないかを知ることである。本章ではこの戦略の要素を変えられるかどうか、変えられるとすればどのように変えられるかを見ていく。どの要素が重要で、どの要素が重要でないかを理解すれば、ルールの背景にあるロジックやどのようにしてお金を稼ぐのかを理解する手助けになるはずだ。

トレンドフィルターはどれくらい重要か

第13章を読んですでにお気づきだと思うが、トレンドフィルターは時として煩わしく感じることもある。底に近づきイクスポージャーが減じると、その直後に市場が上昇して私たちは置いてきぼりを食らうといったことが何回もあった。こんなトレンドフィルターは本当に必

要なのか、と疑問に思うのは当然だ。15年間でトレンドフィルターが大きく貢献したのはわずか２つの時期しかなかった。

　一言で言えば、トレンドフィルターは大きな付加価値を持つ。これは、市場という船が下落したときに船もろとも沈まないためのものである。市場というものは遅かれ早かれ必ず下落する。長きにわたる弱気相場のときに失わずに済んだお金は、長い目で見ると大きな違いを生む。

　インデックストレンドフィルターの価値に確信が持てない人のために、簡単なテストをしてみよう。**図14.1**のラインを見ればテスト結果は一目瞭然だ。使ったトレードルールはこれまでと同じものだが、インデックストレンドフィルターを使ったものと使わないものを示している。インデックスフィルターを使わないものは、常に市場に参入し、手仕舞った銘柄は常にほかの銘柄と入れ替えるということである。私たちの基準を満たす銘柄があるかぎり、それらを買う。弱気相場のときはフィルターをパスする銘柄が指数にほとんど含まれていないので、スケールダウン（段階的に手仕舞い）する。2000〜2003年にかけての弱気相場のとき、インデックスフィルターを使った場合と使わない場合のパフォーマンスがどう違うかに注目しよう。そのあと2008年まではインデックスフィルターを使った戦略と使わない戦略のパフォーマンスは同じだ。そのあと、フィルターを使わない戦略は50％を超える下落を喫している。短期間のうちにお金の半分を失ったのである。

　市場もおよそ50％下落しているが、それは別問題だ。フィルターを使わない戦略がこれだけ大きく下落すると大きな後れを取り、フィルターを使った戦略には再び追いつくことはできない。トレンドフィルターを使わない戦略でもベンチマークをアウトパフォームしているが、弱気相場をフィルターで除去した人に追いつくことはできないだろう。

　長期のシミュレーションの結果を見て、長いフラットな時期があったのはなぜかを考えると、今ではその答えははっきり分かる。私たち

図14.1　トレンドフィルターの効果

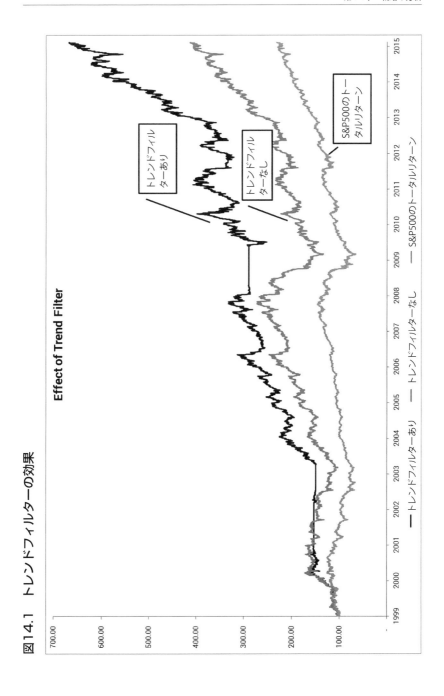

Effect of Trend Filter

のモメンタム戦略では長い間利益のない時期が2回あった。そのとき
のリターンは長期にわたって完全にフラットだった。この期間には
2000～2003年も含まれている。重要なのは、これらの期間はトレード
するのに最悪の時期だったということである。トレードした人はだれ
もが損をした、しかもそれはかなりの大損だった。

　あとになって人々はそんなときは売るべきだったと言うが、こんな
ことを言っている人のほとんどはこういった時期にはトレードはして
いない。実際のところ、強力な弱気相場で売った人のほとんどは損を
している。売りは非常に難しいのである。売るべきだったと言う人々
は、売り経験のない人がほとんどだ。

　しかし、タイミングの悪さの問題は残る。この戦略ではダマシのシ
グナルがたくさん出た。指数が200日移動平均線を下回ったので私た
ちがスケールアウトを始めると、その直後に上昇するといったことが
何回もあった。最適化することはできないのだろうか？

　最適化はできない。最適化は悪でしかなく、あなたはそれに殺され
るだけだ。最適化を信じてはならない。

　本書では、設定はほとんど無作為に選んだ。最適化することなく、
意味があると思える数値を選んだ。数値を可能なかぎりベストなもの
にするための最適化は行わなかった。最適化は愚かなことでしかない。
最適化なんて行えば、結果が非現実的なほどよく見えるだけである。
これはだれの助けにもならない。本書をもう何冊か売る以外には。

　最適化を行えば、237日あるいは178日の移動平均が最もうまくいく
という結果になっただろう。そして、これは将来的なトレードと何ら
かの関係があると、あなたに本当に思わせてしまうかもしれない。し
かし、結局は特定のヒストリカルデータにカーブフィットした結果を
得たにすぎない。重要なのは、数値ではなく概念で考えることである。

　さらに最適化すると、3で割り切れる年は月食のある年とはトレン
ドフィルターの速度を異ならせるべきだといった結果を得るだろう。

表14.1　トレンドフィルターの比較

	トレンドフィルターありのモメンタム戦略	トレンドフィルターなしのモメンタム戦略	S&P500トータルリターンインデックス
年次リターン	12.4%	9.1%	5.2%
最大ドローダウン	-24.3%	-50.9%	-55.3%

しかし、こんなことをしても将来的なトレードの役には立たない。

　最適化したいという衝動に負けてはならない。重要なのは最適化ではなく、トレードの概念そのものである。あなたには何らかの長期トレンドフィルターは必要だ。それをどんなふうに作るかはそれほど重要ではない。

リスクパリティはどれくらい重要か

　非常に重要だ！

　指数を打ち負かす簡単な方法を知りたいのなら、時価総額加重ではなくて、リスクパリティサイジングを使うこと。

　ここでもう一度S&P500指数を考えてみよう。S&P500はどのように構成されているのだろうか。これはアメリカの大型株指数で、アメリカで最も価値のある500銘柄で構成されている。「価値のある」という言葉は、その企業の持つ理論的な価値、つまり時価総額を意味する。発行済み株式数に現在の株価を掛けたものが時価総額だ。時価総額は、証券取引所が開いて、取引が行われるたびに秒刻みで変動する。企業の価値はあくまで理論的なもので、この理論的価値を支払っても会社を丸々買うことはできない。

　S&P500指数は企業価値、つまり時価総額を基に組み込み比率（ウエート）を決める。最も価値のある会社がウエートが最も高くなる。ウエートは企業の価値に比例したものになる。つまり、この指数は必

然的に大企業の影響を受け、小企業の影響はあまり受けないということになる。

　指数がこのタイプの重み付けを採用するのは理にかなっている。結局、指数にとって重要なのは、市場全体の動向を測ることができるかどうかである。そういった意味ではS&P500の重み付けの方法は良いと言えるだろう。ダウ平均が使っているような古臭い価格加重形式よりもはるかに良いのは明らかだ。

　時価総額加重方式はこの指数にとっては良いが、だからと言ってこの方式が投資を行う合理的な方法というわけではない。アップルを4％買って、ダイアモンド・オフショア・ドリリングはわずか0.01％しか買わない理由はなんだろう。アップルはダイアモンドよりも本当に400倍良いのだろうか。ダイアモンドは時価総額が40億ドルを超える。したがって、これは小型の低位株でもない。

　もっと重要なのは、世界最大の銘柄が時価総額が2倍、あるいは3倍になる可能性がどれくらいあるのかということである。ある銘柄の時価総額が7500億ドルで、世界第2位の会社の2倍であるとき、それが1.5兆ドルになる可能性はどれくらいあるだろうか。そういった銘柄に小型株の400倍の価値を保証するのに十分な潜在性は本当にあるのだろうか。アメリカの大型株に投資するもっと良い方法はないのだろうか。質問はこれくらいにしておこう。

　こんなときはリスクパリティを使う。第8章でリスクパリティサイジングの計算方法を示したが、覚えているだろうか。考え方は、まず過去のボラティリティを測定して、ボラティリティの高い銘柄のウエートは低く、ボラティリティの低い銘柄のウエートは高くなるように配分する。これは思ったより簡単だ。したがって、どの株もポートフォリオの結果に与える影響が理論的に等しくなる。現実に目を向けると、ウエートが0.01％のダイアモンドは、S&P500の動きにほとんど影響を及ぼすことはない。

表14.2　リスクパリティウエート

	指数に含まれるすべての銘柄を リスクパリティで重み付け	S&P500トータルリターン インデックス
年次リターン	13.1%	5.2%
最大ドローダウン	-48.4%	-55.3%

　ここで簡単なシミュレーションをやってみよう。私たちは指数全体を買う。つまり、指数に含まれる全500銘柄を買うということである。各銘柄のウエートはボラティリティの逆数に基づいて配分される。複雑なことはまったくない。ボラティリティが高い銘柄ほど、ウエートは低くなる。

　毎月、すべての銘柄のボラティリティをチェックして、それに応じてウエートを調整する。このタイプのリバランスは非常に重要だ。リバランスをやらないと、まったくでたらめなポートフォリオになってしまうからだ。リスクは時間とともに変化する。したがって、ポジションもそれに応じて変更する必要がある。

　銘柄が指数から外されたり指数に加えられたときにも同じようなリバランスが必要だ。いついかなるときでも指数の実際の構成要素のみを保有するためだ。

　図14.2を見てみよう。リスクパリティを使ったポートフォリオは指数を大きくアウトパフォームしている。これは、小型株は時間がたつにつれて大型株よりもパフォーマンスが良くなる、というこのビジネスでよく知られた現象だ。しかし、2008年には私たちは資産のおよそ半分を失った。これは指数も同じである。こんなに大きな損失を出すのはけっして楽しいものではない。これは以前に話したトレンドフィルターを使って回避することができる。

　なぜモメンタム株を選ぶなんて面倒なことをするのかと思っている人もいるだろう。なぜインデックストレンドフィルターを使って、ち

図14.2　指数に含まれるすべての銘柄をリスクパリティで重み付け

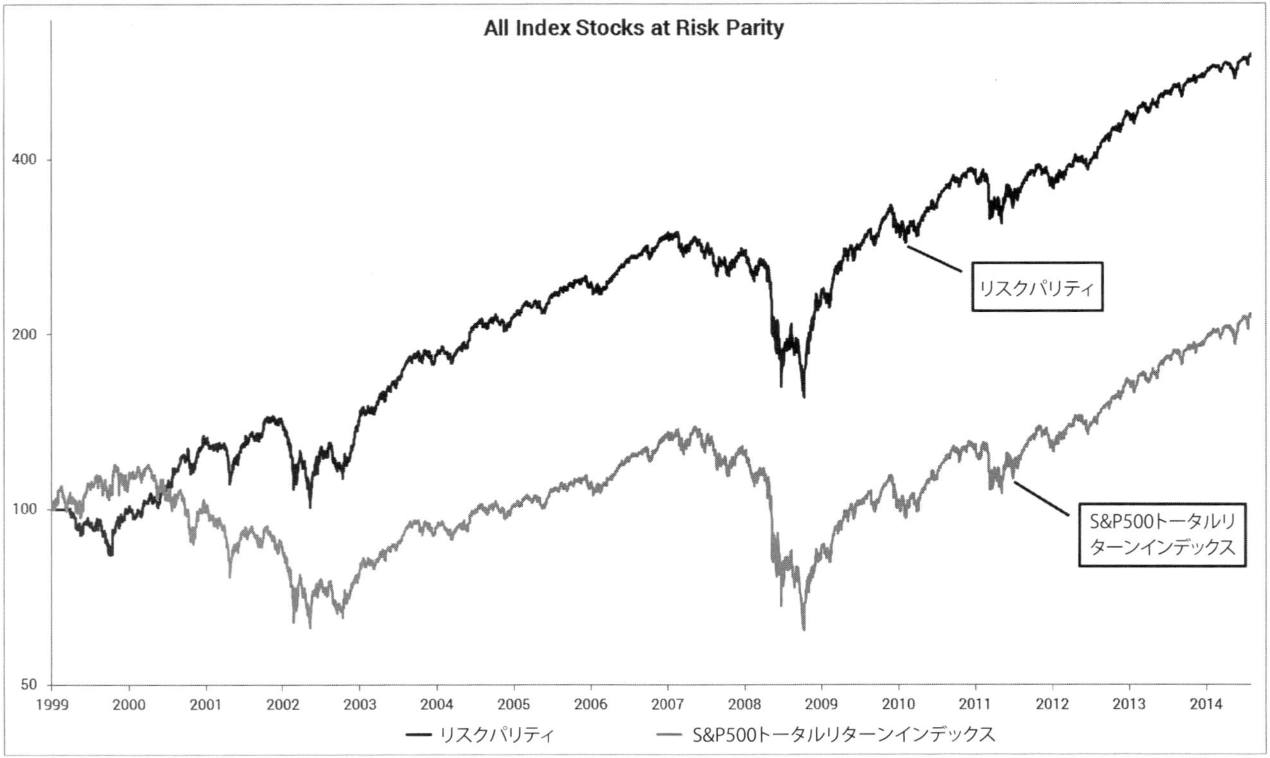

All Index Stocks at Risk Parity

リスクパリティ

S&P500トータルリターンインデックス

400

200

100

50

1999　2000　2001　2002　2003　2004　2005　2006　2007　2008　2009　2010　2011　2012　2013　2014

── リスクパリティ　　　── S&P500トータルリターンインデックス

ゃっちゃっと売買してしまわないのかと。

　インデックストレンドフィルターは理論的にはおそらくはうまくいくだろう。しかし、多くの人にとっては500銘柄のポートフォリオを持つのは非現実的だ。リスクパリティウエートを使えばモメンタム効果を得られるが、これはほとんどの投資家にとっては現実的な解決法ではない。私たちがトップのパフォーマンスを示す銘柄からなる小さなポートフォリオを構築しようとするのはこのためだ。

モメンタムの測定期間はどれくらい重要か

　これまでのシミュレーションでは90日のモメンタムランキングを使ってきた。これはこれまでに見てきた回帰分析を行うのに使うデータポイントの数が90ということである。つまり、過去90日のトレード日を基にモメンタムを測定し、そのモメンタムに基づいて銘柄をランキングするということである。しかし、なぜ90日なのだろうか。

　簡単に言えば、90日で十分だからである。中期的なモメンタム日数を使うかぎり、何日を使うかはそれほど重要ではない。

　最適化を行うのは良い考えとは言えない。計算を何百回と繰り返せば、最適な日数として97、74、103といった数字が出てくるだろう。しかし、こんなことをしても間違った安心感を持つだけである。結局のところ、最適な数字なんてものはないのである。カーブフィットは簡単だが、何の役にも立たない。あなたにとって重要なのは、マジカルナンバーをトレードするのではなく、概念をトレードすることである。ここでは私たちは中期的な日数を使いたいので、適切な中期の数字をランダムに選んだ。

　しかし、健全性テスト（サニティーチェック）は最適化とはまったく違うので、混同しないようにしたい。簡単な健全性テストの方法は、適切と思える数字をあといくつか選んで、似たような結果が得られる

表14.3 回帰分析の期間を変えても結果はほぼ同じ

	60日	90日	120日	240日
年次リターン	10.8%	12.3%	12.5%	11.6%
最大ドローダウン	-28.3%	-24.0%	-24.6%	-26.3%

かどうかをチェックする。結果が大きく違ったら、全体的な概念は安定したものではないということになる。私たちが望むのは、入力量を少し変えても結果に大きな差がないことである。

これまでは90日を使ってきたので、今回はいくつか似たような数値を使って調べてみることにしよう。60日、120日、240日を使ってまったく同じシミュレーションを行った。**表14.3**は結果を示したものだ。

表14.3を見ると分かるように、最も妥当な数値は90日のように思える。期間を60日にすると結果は若干悪くなるが、それでも指数は上回っている。120日だと結果は90日とほとんど同じで、240日だと若干悪くなる。しかし、長期的にはこれらの数字のどれを使っても結果はほとんど変わらないだろう。

どういった期間を選ぶかはそれほど重要ではないのである。

ランキングはどれくらい重要か

本書で紹介したのは私の好きなランキングの方法だ。統計分析に不慣れな人は難しく感じるかもしれないが、実際にはそれほど難しくはない。私が一見難しそうに見える方法を紹介したのはなぜなのだろうと思いたくなるだろう。

第7章に戻らなくてもよいように、ランキングのための計算式をもう一度説明しよう。ランキングのための計算式は、年次指数回帰の傾きに決定係数を掛けたものである。この数値に基づいてランキングを行う。う〜ん、なんだか難しそう。でも、思ったほど難しくはないの

図14.3　回帰分析の期間を変えても結果はほぼ同じ

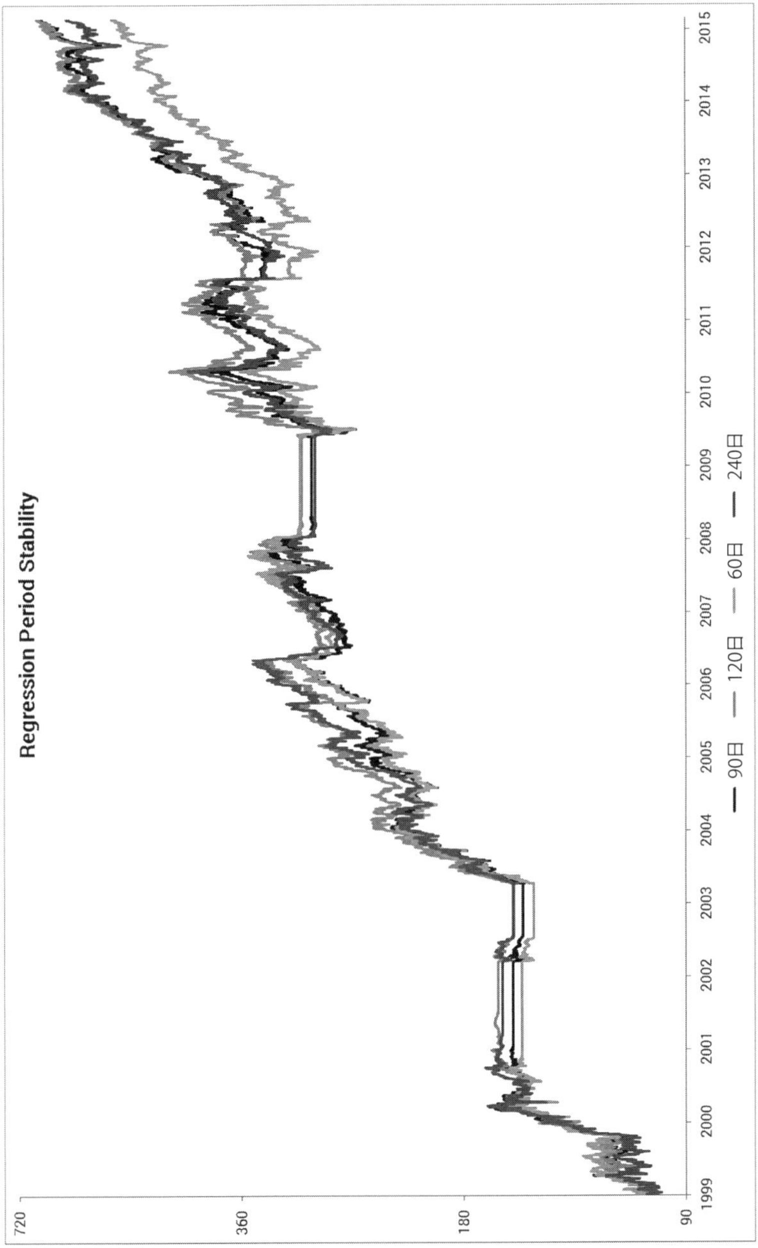

Regression Period Stability

90日　— 120日　— 60日　— 240日

で心配は無用だ。。

　私がこの方法を紹介したのは、私がこの方法が好きだからだ。この方法は安心できそうな銘柄の候補を提供してくれる。年次指数回帰の傾きはモメンタムを測る便利な尺度だ。これは、その銘柄がずっと同じように動き続けた場合、1年間で何％動くかを教えてくれるものだが、ボラティリティについてはこれからは何一つ分からない。そこで決定係数（R^2）を掛けることでボラティリティの高い銘柄を罰するのである。これによって、ギャップを空けちゃぶついた動きをしがちなボラティリティの高い銘柄は、ランクが下がる。その結果、スムーズなリターン特性を持つ銘柄を選ぶことができるというわけだ。

　私のモデルを単純化し、もっと簡単な尺度を使っても、大きな違いはないだろう。モメンタムを測定する別の方法を見つけたら、その方法を使うとよい。ただし、概念をしっかりと理解し、どんな方法を選んだとしても、同じ原理にのっとっていることが重要だ。おそらくあなたはモメンタムを測定して、ほかの銘柄よりもスムーズに上昇する銘柄をランキングの上位に置きたいはずだ。

　しかし、私たちのモデルがもっとシンプルになるとしたらどうだろう。モデルをシンプルにして、結果がどうなるかを見てみよう。もっと簡単なモメンタムの測定方法を使って、同じシミュレーションをやり直したら、なぜ私がこの方法を選んだかが分かるはずだ。

　モメンタムを測定する2つのもっと簡単な方法を見てみよう。1つの方法は、上下動したパーセンテージを見るというものだ。前と同じ90日の期間を使った場合、過去90日間にその銘柄がどれくらい上昇したかや下落したかを測定し、それに基づいて銘柄をランキングする。

　本来ならば当てはまりの良さを調整するために決定係数を使うのだが、これは無視して、過去90日間の年次回帰曲線の傾きだけを使うのが2つ目の方法だ。

　これら2つのシンプルな方法を使えば、新たなシミュレーションを

表14.4 異なるランキングメソッド

	年次換算した指数回帰の傾き×R²	価格の上下動のみを使用	回帰のみを使用
年次リターン	12.4%	12.7%	12.9%
最大ドローダウン	-24.3%	-26.2%	-24.1%

行うことができる。結果を比較してみよう。

表14.4を見ると、異なるランキングの方法を使っても大した違いはないように思える。図14.4を見ても、大した違いはないように思える。チャートだけを見ると、シンプルな方法のほうが優れているように思える。シンプルな方法のほうがy軸の数値が若干高くなっている。

まず最初に言っておきたいのは、パフォーマンスの小さな違いは単に丸め誤差によるものだ。シミュレーション結果のこうした小さな違いは、ノイズでしかない。したがって、パフォーマンスに差はないと考えよう。

どのメソッドもパフォーマンスが同じなら、なぜ複雑な方法を使わなければならないのか。

重要なのは最終結果ではない。重要なのは、そこにどのようにしてたどり着いたかと、そこにたどり着くためのあなたの能力なのである。最終結果は実質的に同じでも、シンプルなメソッドはあなたに危険でバカげた状況に投資させようとするだろう。しかし、長期的に見れば、あなたがルールに従っているかぎり、結果は同じになる。しかし、システムが指示してきた銘柄に心地良さを感じなければ、それらを買い続けることはないだろう。

本書で紹介した、当てはまりの良さが調整された回帰メソッドは、モメンタムが高い状態を見つけ、危険で快適でない状況を除去するように設計されている。買収が行われているような状況に投資させるこ

図14.4　ランキングメソッドの比較

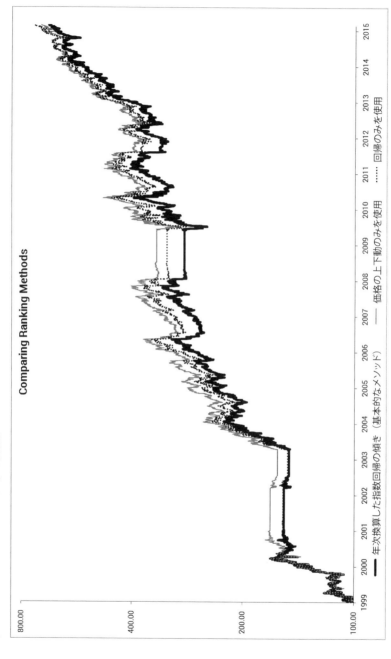

Comparing Ranking Methods

—— 年次換算した指数回帰の傾き（基本的なメソッド）　—— 価格の上下動のみを使用　…… 回帰のみを使用

とはない。1回だけ大きく上昇した銘柄を買わせるようなこともない。このメソッドは、良く見え、理にかない、問題がない銘柄を提案してくれるものである。

ポジションサイズはどれくらい重要か

これまでどのようにしてポジションサイズを決めたか覚えているだろうか。これは覚えておくべきである。なぜなら、背景にある原理が非常に重要だからだ。私たちがやったポジションサイジングは、各銘柄のボラティリティを見て、ボラティリティの高い銘柄は少なく買い、ボラティリティの低い銘柄は多く買った。これは各銘柄のリスクをほぼ均等にするのが目的だ。この部分は非常に重要だ。ところで、各銘柄に対してどれくらいのリスクをとるべきなのだろうか。

第8章で説明したオリジナルの公式ではリスクファクターとして10ベーシスポイント（bp）を使った。このリスクファクターはポートフォリオのトータルリスクに関するものではなく、各銘柄のリスクに関するものだ。私たちは現金がなくなるまで株を買い続ける。リスクファクターを下げれば、各ポジションは小さくなる。したがって、ポートフォリオに含まれる銘柄数は多くなる。逆に、リスクファクターを上げれば、ポートフォリオに含まれる銘柄数は少なくなるが、各ポジションは大きくなる。

そこで疑問になるのが、オリジナルの公式でリスクファクターとしてなぜ10ベーシスポイントを使ったのかということである。この数字には特別な何かがあるのだろうか。それは否だ。しかし、これは十分に妥当な数字である。この数字を使えば、満杯のポートフォリオに含まれる銘柄数は20〜30になる。もちろん、正確な数字はあなたがランキングを基に選んだ銘柄のボラティリティがどれくらいかによって異なる。

20～30銘柄からなるポートフォリオは適度に分散されている。銘柄数がもっと少ないと、イベントリスクが高くなりすぎる。構成銘柄が10銘柄を下回ると、1銘柄のショックイベントリスクが高くなる。ショックイベントはどちらの方向にでも起こり得るが、戦略は運不運に左右されることになる。こうした構成銘柄の少ないポートフォリオでは、1銘柄に突然ショックが降りかかると、それによって1年間の命運が左右されてしまうことになる。

　逆に、構成銘柄が多すぎてもまた別の問題が発生する。1つのポートフォリオに50銘柄も組み込むと、それは実用的とは言えない。しかも、結果は指数とほとんど変わらなくなる。

　構成銘柄が多すぎても少なすぎても問題が発生するのである。リスクファクターとしてなぜ10ベーシスポイントを使ったのかを説明したが、ここでシミュレーション結果を見てみよう。

　図14.5は異なるポジションサイズの結果を比較したものだ。このチャートの一番下の太いラインは指数を示している。ポジションサイズをいろいろに変えても、依然として指数をアウトパフォームしている。ここに示した3つのシミュレーションはリスクファクターとしてそれぞれ10ベーシスポイント、50ベーシスポイント、5ベーシスポイントを使っている。5ベーシスポイントを使ったポートフォリオは多くの銘柄で構成された幅広いポートフォリオになり、50ベーシスポイントを使ったポートフォリオは保有銘柄数はわずか5～6銘柄である。

　ここで興味深いのは、シミュレーションではポジションサイズが大きいほど結果が良いように見えることである。ここで注意してもらいたいのは、これは全体的に大きなイクスポージャーをとるということではなく、大きなポジションサイズの銘柄を少量買うことを意味するということである。

　ということは、構成銘柄数が極端に少ないポートフォリオを持ったほうがよいということになるのだろうか。わずか3～4銘柄からなる

図14.5　リスクファクターを変えたときのポジションサイズの影響

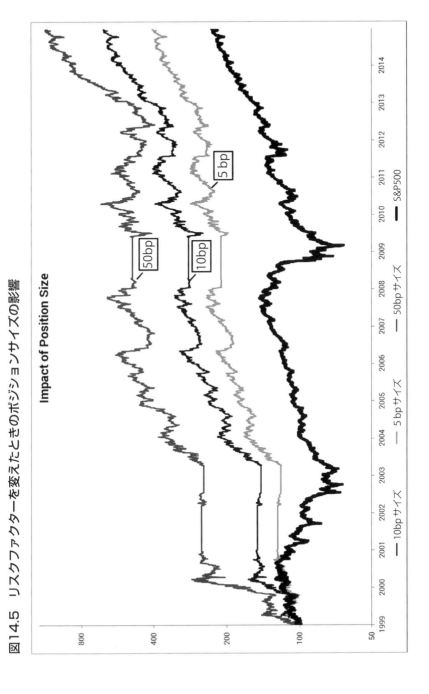

Impact of Position Size

表14.5　リスクファクターを変えたときのポジションサイズの影響

	10bp	5 bp	50bp	S&P500
年次リターン	12.3%	9.0%	16.3%	5.2%
最大ドローダウン	-23.8%	-20.4%	-40.3%	-55.3%

ポートフォリオを持ったほうがよいのだろうか。私は構成銘柄数を少なくしすぎるのは勧めない。理論的にはこういったポートフォリオは長期的に見るとリターンは高くなるが、銘柄数が少ないと不運やクラッシュの犠牲になることもある。

　私たちがどういったことを目指しているのかを見失ってはならない。ポートフォリオにわずか3～4銘柄（8～10銘柄でもよいが）しか含めなければ、イベントリスクが高くなりすぎる。銘柄数が少なくても長期的にはうまくいくことをシミュレーションは示しているが、マネーマネジメントの観点で言えば、それは賢明とは言えない。運に対する依存度が大きすぎるからだ。

　では、多くの銘柄を含む広範なポートフォリオはどうだろう。1銘柄当たり5ベーシスポイントを使えば、構成銘柄数は40～50銘柄からそれ以上になるだろう。シミュレーションによれば、結果が悪くなるだけでなく、実用的観点から言っても管理が難しくなる。

　先物と比較した場合の株式のメリットは、1株から買えるのではるかに少額でトレードできることである。10ベーシスポイントで20～25銘柄のデフォルトバージョンは、資本が少なくても実行することが可能だが、40銘柄のポートフォリオを目指しているとすると、各銘柄は1株ずつしか買えず、リスクパリティ効果もリバランス効果もなくなるだろう。

　したがって、完璧な数字は10ベーシスポイントということになるのだろうか。もちろんそんなことはないが、10ベーシスポイントは良識

のある数字で、おそらくこの数字で十分通用するだろう。8ベーシスポイントを使おうが15ベーシスポイントを使おうが、さほど大きな違いはないだろうが、できればこの辺りの数字を使いたい。

指数の選択はどれくらい重要か

どの指数を選ぶかは長期的に見れば影響は大きい。本書を読んでこのテーマに興味を持ち、独自のリサーチを始めたいと思ったのであれば、やってみるとよいだろう。

本を書くとき、ある程度の単純化は必要だし、限界もある。あらゆるものをカバーしようとしたら大部の本になってしまうだろうし、書くのに時間もかかり、ほとんどの読者にとっては退屈すぎる本になってしまうだろう。本書で使った単純化は、指数としてS&P500しか使っていないことである。

S&P500を選んだのは単に現実主義によるものである。S&P500はだれでも知っている指数で、多くの人が何らかの方法で投資している指数でもある。世界一の経済大国の500の大型株で構成されている。モメンタムがほかの指数よりもこの指数でうまくいくという理由で選ばれたのではないことは確かだ。

モメンタムポートフォリオ戦略は、大きな潜在性を持った銘柄を選ぶことがすべてだ。S&P500の大型株がS&P500に含まれているのは、過去に大きな潜在性を持ち、この指数に含まれるべく十分な価値を持つようになったからだ。これらの銘柄は依然として良いパフォーマンスを示しているが、大型株になる前の過去と同じくらい大きな潜在性を持っているわけではない。

モメンタムアプローチがS&P500でうまくいくのは、含まれる銘柄が大型株だからというわけではない。モメンタムアプローチは、大型株であろうがなかろうがうまくいく。

真剣にリサーチする気があるのなら、ほかの指数を試してみるとよいだろう。まずはS&P400中型株指数やS&P600小型株指数辺りから始めるとよいだろう。また、ほかの国の指数や国際指数を試してみるのもよいだろう。複数の通貨を含む指数を使う場合は、通貨換算と通貨貢献度を考慮する必要がある。

　こういったリサーチを行えば、小型株や中型株が本書で見た以上に大きなモメンタムの潜在性を持っていることが分かってくるはずだ。もちろん、リターンのボラティリティも大きくなる可能性はある。

第15章 ランダムアプローチでウォール街をやっつけろ

A Random Ass kicking of Wall Street

あなたの望みが指数を打ち負かすことだけなら、本書はまったく必要ない。世界中のファンドマネジャーを打ち負かす方法を知りたいのなら、本書はその秘密を知るのに打ってつけの本だ。

まず、指数を打ち負かすゲームとは何かを考えてみよう。世界には何千という投資信託がある。世界中の銀行はありとあらゆる指数に連動する独自の投資信託を販売している。投資信託とは、限られた資産を持つ個人が広範な株式市場に参加できるようにするためのものである。少なくとも過去にはそうであった。金融知識をあまり持たない個人がS&P500指数の全500銘柄を買うことは難しいが、投資信託ならS&P500指数に連動したり、アウトパフォームすることを目指したファンドを買うことができる。

投資信託は何でもやりたいことをやれるわけではない。投資信託にはトラッキングエラーバジェットというものが厳格に決められていて、目指す指数の構成から大きく乖離することはできない。100ベーシスポイント（bp。これは1％に相当する）アウトパフォームすれば、非常に強い年だったとみなされる。投資信託は相対投資ビークルであることを覚えておくことは重要だ。投資信託の仕事はお金を稼ぐことではなく、ベンチマークをアウトパフォームすることである。これはベンチマークと似たような方法で投資し、小さなトラッキングエラー

バジェットを使って、投資信託の付加コストを補うことで達成する。

　投資信託は絶対リターンを示すことを求められているわけではない。ベンチマークである指数のある年のリターンがマイナス10％だったとすると、投資信託はプラスのリターンを示す必要はない。この場合、リターンがマイナス9.5％だったら、使命を果たしたことになり、成功したことになる。重要なのはベンチマークに対する相対パフォーマンスなのである。

　第2章で見たように、ほとんどすべての投資信託は求められている唯一の仕事さえ達成できていないのが実情だ。

　どの3年間を見ても、75〜85％の投資信託がベンチマークをアンダーパフォームしている。3年以上になると、ベンチマークと互角のリターンを示すファンドは実質的にゼロに等しい。ファンドマネジャーはなぜS&P500を打ち負かすことができないのか。映画『ウォール街』のゴードン・ゲッコーによれば、彼らは羊であり、羊は虐殺されるだけだからである。もっと良い答えは、彼らはトラッキングエラーシステムに手足を拘束されているからである。彼らはアロケーションを指数に近づけておかなければならないのである。彼らにとって年に数％もアンダーパフォームしようものなら、それはもう惨事にほかならない。しかも、彼らには支払わなければならない大きなコストがある。管理報酬、信託報酬、取引手数料など、いろいろなコストを支払わなければならない。

　どうしても指数をトレードしたいのであれば、ETF（上場投資信託）を買うことだ。S&P500と同じパフォーマンス（ただし、手数料は差し引かれる）が欲しいのであれば、SPYトラッカーを買えばよい。SPYトラッカーは指数とまったく同じ銘柄を同じウエートで投資したものだ。トラッカーを買えば、コンピューターがすべての銘柄のウエートを割合に応じて自動的に増やしてくれる。結果は事前に知ることができる。指数を買えば、指数と同じ結果を得ることができるとい

うことである。

　でも、あなたは本当に指数をトレードしたいのか。

S&P500トレードシステム

　ほかのすべての市場指数同様、S&P500はトレードシステムにほかならない。S&P500にはいつ買って、いつ売るかについてのルールがあり、各銘柄をどれくらい買うかについてのルールもあり、リバランスについてのルールもある。S&P500は保有期間が長い長期のトレードシステムだ。パフォーマンスが上昇していて、時価総額が一定の限度を超え、さらにほかの基準が満たされた銘柄を買う。ポジションサイジングは時価総額に基づき、時価総額が高いほどウエートも高くなる。

　S&P500をトレードシステムと考えるのは奇妙な気もするが、実際そうなのだ。これはまたほかのトレードシステム同様、分析できなければならないことも意味する。

　S&P500をトレードシステムと考えると、S&P500はもはや魅力的には思えない。これは最悪のトレードシステムだ。長期的に見れば、年間リターンは5〜6％を期待できるが、莫大な損失も被る。時にはあなたのお金の半分を失うことだってあり、リカバーするのに数年かかることもある。

　したがって、SPYトラッカーを買えば、S&P500とほぼ同じパフォーマンスを達成できるうえ、すべての投資信託を打ち負かすことができるかもしれないが、これはあまり魅力的な投資ではない。指数を打ち負かさなければ、魅力的な投資とは言えないのである。

　指数を打ち負かすのは非常に困難なことだ。プロのファンドマネジャーでも毎年負けているのだから。彼らは経験豊富なマーケットのプロたちで、何百万ドルというボーナスももらっている。彼らにさえ指

数を打ち負かすことができないのに、私たちに本当にできるのだろうか。

それができるのだ！

市場を打ち負かすのは非常に簡単だ。超簡単だ。乱数発生器を使えばよい。

これは真面目な話だ。ランダムに選んだ銘柄が指数を打ち負かすことができるのだ、しかも大きく。

簡単なシミュレーションを使って、指数を打ち負かすことができることについて見ていこう。ランダムなポートフォリオを構築して、どうなるか見てみよう。

このシミュレーションでは、コンピューターにS&P500から銘柄をランダムに選ばせる。毎月初めに、ポートフォリオをすべて清算して、50銘柄をランダムに買う。ポジションサイジングには基本的なリスクパリティを使う。つまり、各銘柄のリスクがおおよそ同じになるように、第8章で説明したシンプルなATR（真の値幅の平均）ベースのモデルでポジションサイズを決めるということである。どの銘柄のパフォーマンスが良くて、どの銘柄のパフォーマンスが悪いのかは私たちは知らないので、各銘柄に異なるリスクを配分する必要はない。会社が大きいからといって、大きなリスクを配分する必要もない。

これはランダムアプローチなので、シミュレーションを1回だけやっても意味はない。サイコロを1回投げれば、何らかの数字は出るわけである。私はこのシンプルなモデルを数百回シミュレーションしたが、結果は一貫したものだった。どのシミュレーションも指数を下回ることはなかった。

図15.1は代表的な50のシミュレーションとトータルリターンインデックスを示したものだ。一番下の太いラインがS&P500トータルリターンインデックスである。なぜシミュレーションがわずか50回なのか。50回だけでもチャートはかなり込み合っている。500回もやれば

図15.1　ランダムアプローチのシミュレーション

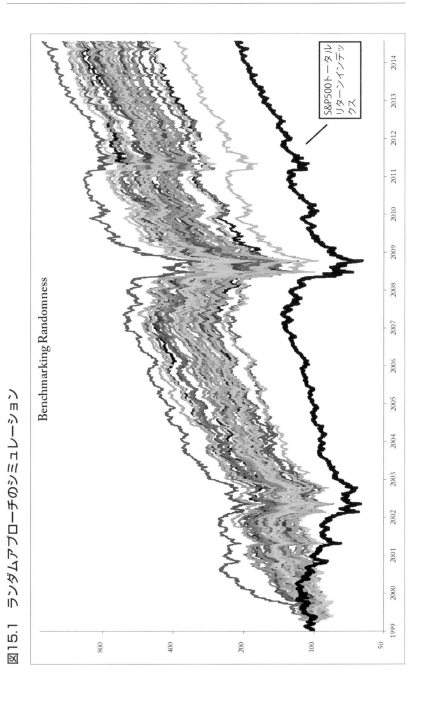

Benchmarking Randomness

S&P500トータルリターンインデックス

ドラッグをやっていたピカソの絵みたいになってしまうだろう。

　チャートをじっくり見てみると、短期間なら何でも起こり得ることが分かるはずだ。指数が良い月もあれば、ランダム戦略が良い月もある。最初のころは指数が良い時期もあったが、長期的には指数は負けている。

　毎月銘柄をランダムに選ぶことを勧めるわけではないが、それをやれば指数を打ち負かせる確率は高くなる。

　このランダムアプローチとこれまで本書で説明してきたモメンタムアプローチの違いを認識することは重要だ。まず第一に、モメンタムアプローチでは**図15.1**の上のほうのラインをも打ち負かしたい。上の方のシミュレーションラインに似たリターンを達成する確率を上昇させるのが私たちの望みだ。第二に、ドローダウンを避けたい、あるいは少なくとも減らしたい。これは言うは易く、行うは難しだ。

　このランダムアプローチがウォール街を打ち負かしているという事実を見てからも、あなたはまだ本当に指数を買いたいと思うだろうか。

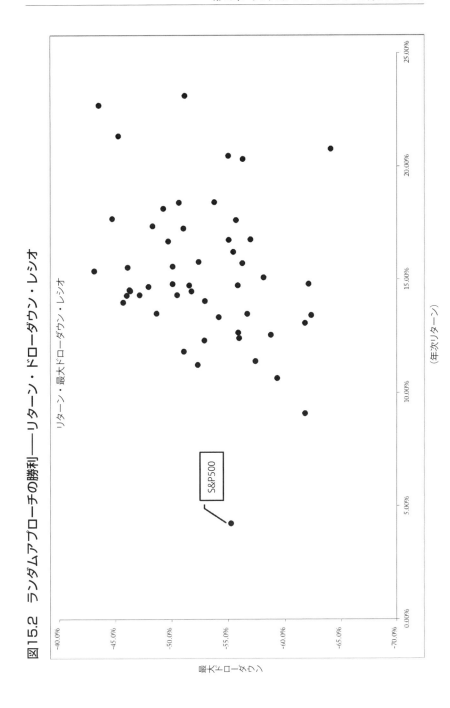

図15.2　ランダムアプローチの勝利——リターン・ドローダウン・レシオ

第16章 戦略のシミュレーション
Simulating the Strategy

　株式モメンタム戦略は概念は簡単だが、モデル化してシミュレーションを行うとなると驚くほど難しい。重大なことを見落としたり、何らかの過ちをつい犯してしまう。テクノロジーは常に変化しているので、ここではソフトウェアによる解決法やデータプロバイダーについて詳しく論じるつもりはない。この種のことはウェブサイトのほうが詳しい。なぜなら、ウェブサイトでは状況の変化に応じて情報を更新することができるからだ。ここでは株式モメンタム戦略をシミュレートするときに重要になる概念について説明したいと思う。

　私のシミュレーション結果に満足し、自分自身でシミュレーションすることに関心がなければ、この章は飛ばしてもらって構わない。

データ

　がらくたを入力すれば、がらくたしか出てこない。あなたは世界一のシミュレーションを行うことはできるだろうが、まず正しいデータを使わなければ、そんなシミュレーションは役には立たない。シミュレーションのために正しいデータを取得するのは難しい。

　まず第一に、どんなデータユニバースを使うかを決める必要がある。あなたの好きな株式バスケットというのではダメだ。あなたがそれら

の銘柄が好きなのは、パフォーマンスが良いからだろう。そして、それらを使ってシミュレーションを行えば素晴らしい結果を得ることができると考えているからだろう。しかし、得られる情報はまったく役には立たない。必要なのは市場のロジカルな組み合わせだ。

そういう意味では指数を選ぶのはこの問題に対する合理的な解決法だ。指数の構成要素をトレードするのは完全に合理的だし、これは正しく検証することができるルールベースのアプローチだ。本書で私が以前行ったシミュレーションではS&P500を使った。

今現在S&P500に含まれている銘柄を知るのは簡単だし、無料で知ることができる。問題は、過去10年においては現在のS&P500の銘柄をトレードしたであろうとは想定できないことである。指数は構成銘柄が絶えず入れ替わるからだ。

さらに悪いことに、指数に含まれる銘柄は価格が過去に大きく上昇した銘柄であるのが普通だ。したがって、現在のS&P500の構成銘柄で10年間にわたるモメンタム株のシミュレーションを行えば、素晴らしい結果を得ることができるだろう。

さらに、あなたはほかの株価指数同様、S&P500はすでにモメンタム戦略であると主張するかもしれないが、そんなことはない。

また、これまで指数に加えられた銘柄と指数から外された銘柄を考慮する必要がある。つまり、シミュレーションのどの日においても、どの銘柄がどの日に指数の構成銘柄であったのかを、あなたのコードは知る必要があるということである。ちょっと複雑ではないだろうか。

当然ながら、シミュレーションには上場を廃止された銘柄も含めなければならない。5年前に倒産した会社もあるだろうし、ほかの会社に吸収合併された会社もあるだろうし、何らかの理由で存在しなくなった会社もあるだろう。これらの銘柄もシミュレーションには含めなければならない。こうした会社のデータを取得するのはちょっと面倒で、当然ながら無料で入手できるわけではない。

　次に重要なのは現金配当である。現金配当は時間がたつにつれて大きな違いを生む。配当のデータを取得したら、データを扱う方法は2つある。1つは、データプロバイダーが計算した配当ファクターを使って、トータルリターンを計算することだ。もう1つは、配当を資本注入として直接的に処理することだ。どちらの方法でも十分に良いシミュレーション結果を得ることができる。

　これらの1つでもスキップすれば、シミュレーションは時間のムダになる。データには、これまで指数に含まれていた銘柄の情報、指数から外された銘柄、上場廃止された銘柄のデータ、現金配当データが必要である。データの取得に高額なお金がかかる場合もあるし、複雑になる場合もあるが、これは避けて通ることはできない。

　本書の戦略を再現するのに必要なのは、1日の終わりのデータのみである。日中データはあっても害にはならないが、必要ではない。日中データがあれば、短期的な動きに対する興味深い統計量は得られるが、これで戦略自体が改善されるわけではない。

真のポートフォリオシミュレーション

　良いシミュレーションプラットフォームもあるが、まったく役立たずのソフトウェアプラットフォームもある。後者のほうがよく知られ、ユーザーベースも広く、値段ははるかに安い。

　個人のトレードコミュニティー向けに売り出されているよく知られたシミュレーションプラットフォームのほとんどは、単一戦略、単一商品をベースにしたものだ。これは1つの市場の1つのルールの組をシミュレートすることを想定したもので、考え方としては古い。これはナスダックをトレードするのに完璧なルールの組を見つけるという古臭い幻想に根差したものだ。あなたが思いつく10のシミュレーションプログラムを挙げれば、すべてがこのカテゴリーに含まれるだろう。

単一の戦略、単一の市場タイプのソフトウェアソリューションはプロが使ううえでは役に立たない。そういったソフトウェアのことは忘れて、少なくともポートフォリオを扱えるソフトウェアを考えよう。

次のレベルのプラットフォームは、元々は単一商品のために作成されたが、ポートフォリオを扱えるように改良されたソフトウェアパッケージだ。この手の商品は質にばらつきがある。良いものもあれば、がらくたもある。私の知識と経験から言えば、これらの商品には大したものはない。

よくある問題は、これらのシミュレーションソフトがデータをどう処理するかだ。もっと厳密に言えば、どの順序でデータを処理するかである。最初からポートフォリオ機能を持ったプラットフォームよりも、ポートフォリオ機能を後付けされたプラットフォームのほうがデータを非現実的な方法で処理する傾向が高い。これはおかしな結果を生み出すことが多い。

ポートフォリオ機能を後付けされたプラットフォームは、1回に1つの商品を処理するのが普通だ。1組の商品でシミュレーションを行わせると、まず1つの商品を選び、その商品のデータポイントごとに計算を繰り返し、その商品の各データポイントの計算が終わったら、次の商品に進む。例えば、日々のデータの場合、ある1つの商品の日々のデータを1日ずつ計算し、すべての日についての計算が終わったら、商品2に進むと言った具合だ。

この順序ですべての商品の計算が終わり、買いポイントと売りポイントをチェックしたら、ポジションサイズを決めるためにもう一度シミュレーションを繰り返す。

実際にはある1つの銘柄を10年間トレードするわけではないし、また別の銘柄も10年間トレードするわけではない。たとえソフトウェアが途中でポートフォリオの相互作用を見つけようとしても、それはモデル化する現実的な方法ではないし、問題も起きやすい。特に重大な

問題はデータスヌーピングだ。つまり、コードに将来のデータを盗み見させてしまうということである。

　正しいシミュレーション環境はこれらとは異なる。1回に1つの商品を処理するのではなく、時間に沿って処理する。例えば、日々のデータを扱っている場合、すべての商品について1日ごとに処理する。あなたのコードは将来のことは何一つ知る必要はないが、これまでに起こったあらゆることを知る必要がある。プログラミングの知識のある人は、これがマーシャリングについての話であることは分かるはずだ。この言葉は知らなくても構わないため、詳細に説明するつもりはない。日ごとに処理するか、商品ごとに処理するかの違いを理解すればそれでよい。

プログラミング言語

　システマティックトレーダーになりたい人は、プログラミングを学ぶ必要がある。これはアウトソースできるようなものではない。仕事のこの部分はごまかすことが非常に多いが、たとえあなたがヘッジファンドのクオンツチームのヘッドでも、プログラミングは理解する必要がある。

　医者や弁護士はタイプライターの使い方を知らなくてもよい時代があった。彼らにはタイプを打ってくれる人がいたし、忙しすぎてこんなことをやっている時間もなかった。残念ながら、意欲的なトレーダーの多くはプログラミングをこのように見ている。昨今においてタイプを打てない弁護士がいるだろうか。もちろん彼らにはアシスタントがいてタイプを打ってくれるが、タイプを打てないということは無能であると言っているようなものだ。

　うれしいことに、高度なプログラミングスキルは不要だ。もちろんプログラミングを深く学べば有利になるかもしれないが、そんなこと

は必要ではない。しかし、システマティックトレーダーになりたければ、「基本的」なプログラミングスキルは身に付けるべきだ。

「基本的」と言ったのは、ベーシックでgoto文を作る方法を学習しなければならないという意味ではない。しかし、あなたの戦略を構築する正しいプログラミング言語を選ぶことは非常に重要だ。

個人向けシミュレーションプラットフォームは簡易的なスクリプト言語を使うものがほとんどだ。たとえ使用者がノンプログラマーであっても、いかに簡単に始めることができるかを売りにする。こんなタイプのプラットフォームは避けよう。機能が極端に限られているので、有用なことは何一つできないだろう。

重要なのは柔軟性だ。シミュレーション環境を考えるときに唯一重要なことは柔軟性だ。頻度が極めて高くないかぎり、スピードはそれほど大きな問題ではない。高頻度トレードの分野はどうせビッグプレーヤーに有利なのだから。

個人向けプラットフォームの多くで使われている簡易的なスクリプト言語では柔軟性は得られない。柔軟性を得られるのは、業界標準のプログラミング言語だけである。こういった言語を使えば、サポートも実例もリソースも充実している。C#を使うかRを使うかMatlabを使うかは好みと便宜性の問題だ。とにかく、スクリプト言語を使ったプラットフォームは避け、本当のプログラミング言語を使ったプラットフォームを使うべきである。簡易的なスクリプト言語だとすぐに簡単に始められそうに思えるかもしれないが、こういった言語では多くの制約があることが分かると、すぐに後悔するだろう。

柔軟性

あなたの望むすべてのことができるシミュレーションプラットフォームはほとんどない。おそらく皆無と言ってもよいだろう。しかし、

良いプラットフォームは望むことが何とかできるような作りになっている。良いシミュレーションプラットフォームは柔軟性が十分に高いため、オリジナルの開発者が思いつきもしなかったような拡張が可能だ。プラットフォームはオープンであるほど良い。戦略開発者のあなたは、プラットフォームがもっといろんなことができればよいのにと思えるような状況に常に遭遇する。業界標準の言語を使うことが重要なのはそのためだ。

　例えば、私たちが考えているような戦略を想定して作られたシミュレーションプラットフォームはおそらくはないだろう。私たちの行うシミュレーションはほかの人が行うのとはまったく異なる。私たちは統計量を計算し、銘柄をランキングし、ランキングに基づいて銘柄を選び、ボラティリティと現在のポートフォリオ価値とに基づいてサイズを決定する。これはあなたが毎日行うシミュレーションとは違う。

　私たちは過去の任意の日におけるセクター貢献度やポートフォリオアロケーションといったデータにも関心があるだろうし、長期にわたる業界リスクや業界貢献度、あるいはアウトライヤーな銘柄のポジティブやネガティブの影響を分析したいと思っているだろう。良いプラットフォームはこれらのことを大した労力もなくすべて行える。良いプラットフォームは非常に柔軟性があるのである。

複数通貨のサポート

　これまでは通貨についての話はわざと避けてきたことにもうお気づきだろう。これまで見てきた戦略はアメリカ株のみに適用されてきた。これはアメリカ株がモメンタム戦略でうまくいくからというわけではない。スイス株よりもアメリカ株についての本のほうが売れるからというわけでもない。戦略をアメリカ株のみに適用したのは、この戦略を複製したいと思っているほとんどの人は、複数通貨のシミュレーシ

ョン環境にアクセスできないと思ったからである。

ただ1つの通貨建ての株式を扱うのは贅沢である。これまでグローバルポートフォリオを運用してきた人が、1つの通貨のポートフォリオに戻ると、まるでバケーションにでも行った気分になるだろう。通貨イクスポージャーの問題がないからだ。

株式ユニバースが複数の通貨にわたるとき、まったく新たな問題に遭遇する。例えば、いつ、どのようにイクスポージャーをとればよいか、外為スプレッドという名の追加コスト、通貨貢献度という厄介な問題などについての意思決定問題などがそうだ。これらの問題は実施上での新たな頭痛の種となるものばかりだが、シミュレーションの段階でも物事を複雑にする。

こういった戦略をシミュレートするときは、ソフトウェアがあなたの銘柄がどういった通貨建てなのかや、換算レートを知っていることが重要になる。為替レートの変動はあなたのパフォーマンスに大きな影響を及ぼす。イクスポージャーをヘッジするつもりなら、ヘッジ戦略のモデル化も必要だ。そうなれば、当然ながら複数戦略をモデル化してシミュレートする能力が求められる。

あるいはこうした問題を避けたいのなら、S&P500指数の銘柄のみをトレードするという手もある。

シミュレーションの構築

シミュレーションでは毎日、いくつかのことをチェックしたり計算する必要がある。

まずは、その銘柄がポートフォリオの組み込み銘柄として適格かどうかをチェックする。この場合、その銘柄が対象となる日にS&P500指数に含まれていたかどうかをチェックする。これを行う簡単な方法はカスタムインディケーターを作成することだ。この指標は参照デー

タを使って、その銘柄が対象日に指数に含まれていた場合は1を返し、そうでなければ0を返す。

次に、過去90日間におけるその銘柄の最大の動きを算出する。15%を上回るギャップが発生した銘柄は好ましくない、というルールを覚えているだろうか。あとあとの使用のために、過去90日間においてどれくらい大きなギャップが発生したかを算出しておく。

もちろん、ボラティリティを測定する必要もある。ボラティリティの測定には、ATRを使うのがよい。この戦略の基本バージョンでは20日ATRを使う。したがって、20日ATRも必要項目に加えておこう。

次は、ランキングだ。これはトレードする銘柄を選ぶのに使う統計量だ。したがって、リスク調整済みモメンタムを計算する指標が必要になる。統計学の知識があれば、計算はそれほど難しいものではない。まず、90日の指数回帰の傾き（年次換算）を算出し、この数値に決定係数（R^2）を掛けたものがリスク調整済みモメンタムである。

ランキングについては第7章を参照してもらいたい。

これ以外に必要なのは、指数の200日移動平均を算出し、移動平均線が指数を上回っているか下回っているかをチェックすることだ。

これまでに述べたすべてのデータを算出したら、ロジックの実行を開始することができる。まず、最初にやらなければならないのが銘柄のランキングだ。算出したランキングの数値を使って、この日に指数に含まれているすべての銘柄のリストを作成し、ランキングの数値に基づいてランキングする。

これまでのプロセスは実際に行うことを再現したものだ。1日の終わりの関連データをすべて算出したら、それらに基づいて行動を起こす。

ロジックを実行するのは1週間に1回だけ。これを怠慢に行おうと思ったら、シミュレーションを週次データで行えばよい。もっと良いのは、いつ（どの日に）ロジックを実行すべきかをチェックすること

だ。週次データを使ってシミュレーションを行えば、シミュレーションの精度が粗くなる。これは大きな損失だ。

　今日がトレード日なら、何か売る必要があるかどうかをチェックすることから始める。保有している銘柄が指数から外されたり、何らかの理由で取引停止になったら、その銘柄は手仕舞う。モメンタムのランクがトップ100から外れた銘柄も手仕舞う。また、株価が100日移動平均線を下回ったり、ギャップが15％を上回った銘柄も手仕舞う。

　次に、今日がリバランス日かどうかをチェックする。もしそうなら、各ポジションを見直し、目標ポジションサイズを計算し、今のサイズとの差を算出し、必要に応じてポジションサイズを増やしたり減らしたりして調整する。第8章で説明したルールとポジションサイジングの方法を思い出そう。トレードを減らしたい場合は、差が5％を上回るときだけ調整するためのフィルターを設定するとよい。

　さて、不要な銘柄を売り、リバランスを行ったあとは、現金がどれくらい残っているかが分かる。残っている現金で新たな銘柄を買う。

　買うときはランキングリストの上位から買う。これまでと同じリスクパリティサイジングを使って、現金がなくなるまで買う。その銘柄がランキングの上位で、まだそれを保有していなければ、買う。

　プロセスはこれで終了だ。

　ソースコードを欲しがっている人はいるだろうか。ソースコードは思ったほど役には立たない。それよりも論理的なステップを理解し、自分でシミュレーションを構築したほうがよい。私のソースコードは特定の環境向けに特殊な言語で書かれているので、ほとんどの読者にとっては役には立たないだろう。

　本当にシミュレーションをやりたいのなら、事前にハードワークが必要だ。シミュレーションは絶対にやるべきだが、かなりの重労働を強いられるだろう。

　ここで説明したロジックと、高品質のデータと適切なシミュレーシ

ョン環境があれば、私の調査結果と実験を再現することは可能だ。これはだれにでも向くわけではないが、興味のある人にシミュレーションに関する十分な情報を提供するのが本章の目的だ。

　幸運を祈る。多くのモメンタム投資家が成功することを心より願っている。

参考文献

アンドレアス・F・クレノー著『トレンドフォロー白書——分散システム売買の中身』（パンローリング）

ゲイリー・アントナッチ著『ウォール街のモメンタムウォーカー』（パンローリング）

アレックス・グレイザーマンとキャスリン・カミンスキー著『トレンドフォロー戦略の理論と実践——金融危機に負けない賢者の投資法』（パンローリング）

https://us.spindices.com/resource-center/thought-leadership/spiva/（日付不明。S&P Dow Jones SPIVA Scorecards より）

N・ジェガディーシュとS・ティトマン著「リターン・トゥ・バイイング・ウイナーズ・アンド・セリング・ルーザーズ（Return to Buying Winners and Selling Losers : Implications for Stock Market Efficiency）」（The Journal of Finance, Vol. 48, No. 1. (Mar., 1993), pp. 65-91.）

R・A・レビー著「レラティブ・ストレングス・アズ・ア・クリテリオン・フォー・インベストメント・セレクション（Relative Strength as a Criterion for Investment Selection）」（Journal of Finance、1967年）

N・ラッジ著『アンホーリー・グレイルス（Unholy Grails : A New

Road to Wealth)』（Radge Publishing、2012年）

C・ウィルコックスとE・クリッテンデン著「ダズ・トレンド・フォローイング・ワーク・オン・ストックス（Does Trend Following Work on Stocks」（Longboard Asset Management、2005年）

「ザ・グローバル・モンキー（The Global Monkey）」（Winton Capital Management、2015年）

■著者紹介
アンドレアス・F・クレノー（Andreas F. Clenow）
スイスのチューリッヒを拠点とするACIESアセットマネジメントのCIO（最高投資責任者）であり、パートナー。1990年代にIT起業家として成功を収めたのを皮切りに、ヘッジファンドの世界ではロイターで株式と商品のクオンツモデリングのグローバルヘッドとしてキャリアを積んだ。これまで数々のヘッジファンドを創設し運営し、今はアセットマネジメントとすべてのアセットクラスのトレードを監督している。世界的に絶賛されたベストセラー『トレンドフォロー白書』（パンローリング）の著者でもある。連絡はウェブサイト（http://www.followingthetrend.com/）まで。

■監修者紹介
長岡半太郎（ながおか・はんたろう）
放送大学教養学部卒。放送大学大学院文化科学研究科（情報学）修了・修士（学術）。日米の銀行、CTA、ヘッジファンドなどを経て、現在は中堅運用会社勤務。全国通訳案内士、認定心理士、2級ファイナンシャル・プランニング技能士（FP）。『ルール』『不動産王』『その後のとなりの億万長者』『IPOトレード入門』『株式投資 完全入門』『知られざるマーケットの魔術師』『強気でも弱気でも横ばいでも機能する高リターン・低ドローダウン戦略』『パーフェクト証券分析』『トレードで成功するための「聖杯」はポジションサイズ』『バリュー投資達人への道』『新版 バリュー投資入門』『財産を失っても、自殺しないですむ方法』『キャリートレードの興隆』『鋼のメンタルトレーダー』など、多数。

■訳者紹介
山下恵美子（やました・えみこ）
電気通信大学・電子工学科卒。エレクトロニクス専門商社で社内翻訳スタッフとして勤務したあと、現在はフリーランスで特許翻訳、ノンフィクションを中心に翻訳活動を展開中。主な訳書に『ラリー・ウィリアムズの短期売買法【第2版】』『損切りか保有かを決める最大逆行幅入門』『株式超短期売買法』『プライスアクションとローソク足の法則』『トレードシステムはどう作ればよいのか　1　2』『トレードコーチとメンタルクリニック』『トレードシステムの法則』『トレンドフォロー白書』『スーパーストック発掘法』『出来高・価格分析の完全ガイド』『アルゴリズムトレードの道具箱』『ウォール街のモメンタムウォーカー【個別銘柄編】』『プライスアクション短期売買法』『新訳 バブルの歴史』『トレンドフォロー大全』『アセットアロケーションの最適化』『フルタイムトレーダー完全マニュアル【第3版】』『アルゴトレードの入門から実践へ』『指数先物の高勝率短期売買』『出来高・価格分析の実践チャート入門』『イェール大学流資産形成術』『システム検証DIYプロジェクト』『強気でも弱気でも横ばいでも機能する高リターン・低ドローダウン戦略』『1日わずか30分間の作業ですむ株式自動売買戦略』『キャリートレードの興隆』（以上、パンローリング）のほか多数、『FORBEGINNERSシリーズ90　数学』（現代書館）、『ゲーム開発のための数学・物理学入門』（ソフトバンク・パブリッシング）がある。

2022年6月3日　初版第1刷発行

ウィザードブックシリーズ�329

ゼロから学ぶモメンタム投資
——長期的に市場を打ち負かす合理的な方法

著　者	アンドレアス・F・クレノー
監修者	長岡半太郎
訳　者	山下恵美子
発行者	後藤康徳
発行所	パンローリング株式会社
	〒160-0023　東京都新宿区西新宿7-9-18　6階
	TEL 03-5386-7391　FAX 03-5386-7393
	http://www.panrolling.com/
	E-mail　info@panrolling.com
編　集	エフ・ジー・アイ（Factory of Gnomic Three Monkeys Investment）合資会社
装　丁	パンローリング装丁室
組　版	パンローリング制作室
印刷・製本	株式会社シナノ

ISBN978-4-7759-7298-4

ウィザードブックシリーズ218

トレンドフォロー白書
分散システム売買の中身

アンドレアス・F・クレノー【著】

定価 本体5,800円+税　ISBN:9784775971871

必ず報われるシステマティックの強さ！

本書は、買いと売りのルールのように間違ったことに重きを置けばなぜ失敗するのかを示すと同時に、トレンドフォローで最も重要なことは何なのかを教えてくれるものだ。ナスダックやTビルから通貨ペア、白金、畜産まで、ありとあらゆるものをトレードすることで、経済状況や株式市場の相場つきによらずに大金を儲けることができる。トレンドフォローの年ごとのパフォーマンスを分析し、パフォーマンスに寄与するものを見つけだすことで、先物を大規模にトレードするということはどういうことなのか、本当の問題や機会がどこにあるのかを深く理解できるようになるはずだ。

ウィザードブックシリーズ285

トレンドフォロー戦略の理論と実践

アレックス・グレイザーマン博士, キャスリン・カミンスキー博士【著】

定価 本体5,800円+税　ISBN:9784775972540

過去800年以上にわたって利益を上げ続けてきた！ クライシスアルファを極める

長年、批判されてきたトレンドフォロー戦略だが、本書では、「歴史的な視野」「トレンドフォロー戦略の基本」「理論的な基盤」「代替資産クラスとしてのトレンドフォロー戦略」「ベンチマークとスタイル分析」「投資ポートフォリオのなかのトレンドフォロー戦略」の各部を通じて、効率的市場やエクイティプレミアムやバイ・アンド・ホールドなどの概念を補完するものであることを明らかにしていく。

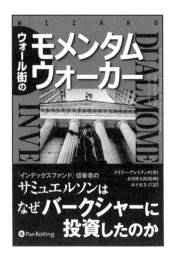

ウィザードブックシリーズ 227

ウォール街のモメンタムウォーカー

定価 本体4,800円+税　ISBN:9784775971949

「効率的市場仮説」を支持したサミュエルソンはなぜ投資先をバークシャーにしたのか

モメンタムは持続する！ 効率的市場仮説は経済理論の歴史のなかで最も重大な誤ちの1つである市場状態の変化をとらえ、低リスクで高リターンを上げ続ける戦略。200年以上にわたるさまざまな市場や資産クラスを調べた結果、1つの事実が明らかになった。それは、「モメンタムは常にアウトパフォームする」ということである。しかし、ほとんどの投資家はモメンタム投資のメリットを見いだし、十分に活用する方法を分かっていない。今まではそうだったが、これからは違う！ 個人投資家だろうが、プロの投資家だろうが、あるいはマネーマネジャーだろうが、デュアルモメンタム投資は、レラティブストレングスと市場トレンドの大きな変化のなかで常に利益を上げ続けることを可能にしてくれるものだ。

近代ポートフォリオ理論と最適化の専門家であるゲイリー・アントナッチは、素晴らしい研究に基づいて、モメンタムという概念をグローバル・エクイティー・モメンタム（GEM）という投資戦略に結実させた。レラティブストレングス・モメンタムと絶対モメンタムを組み合わせたGEMは、大きなドローダウンを避けながら、市場間のトレンドをつかんで利用するという画期的なモデルである。この戦略を規律に従って導入することで、各トレーダーには次のことが可能になるだろう。

- ●米国株、非米国株、債券の切り替え回数を最低限に抑えながら、リスクを低減し、大きな利益を得る
- ●資産価値が減少し始めたときに、投資リスクをコントロールする
- ●意思決定プロセスから感情と行動バイアスを取り除くと同時に、他人のバイアスを利用して、大きなリターンを上げる

本書ではGEMを、裏づけとなる理論、これまでの分析、理解しやすいデータを使って、簡単かつ明確に解説する。この実用的なテクニックは現実世界とも一致する。デュアルモメンタムトレードがなぜうまくいくのかについての理解を深め、あなたの投資にぜひ活用してもらいたい。コストの安いブローカーの選び方から、資産の選択、定年退職に向けてあなたの戦略をカスタマイズする方法まで、あらゆることを網羅している本書を読めば、投資に対する自信が向上ことだろう。

これまで富を稼ぐのに多大な努力をしてきたあなた。今こそ、次のステップに進むときだ。築いてきた富を守りながら、さらにそれを増やすように本書を活用してもらいたい。